Créer sa cave et choisir son vin

Photographie de couverture : Claude Herlédan.

GILLES DU PONTAVICE

Créer sa cave et choisir son vin

Éditions Ouest-France
13, rue du Breil, Rennes

INTRODUCTION

Je m'appelle Gilles du Pontavice. Je suis expert en vins. C'est une profession peu répandue, puisque nous ne sommes qu'une petite dizaine en France à l'exercer à plein temps. Mon métier consiste à donner le juste prix d'un vin à un moment précis, c'est-à-dire le prix auquel quelqu'un est susceptible de l'acheter. Et aussi à donner une valeur à des vins, dans le cas d'une assurance ou d'un sinistre. On le voit, c'est un travail qui demande une bonne connaissance du marché, des connaissances juridiques, de la rigueur et le respect du secret. J'y suis lié comme les commissaires-priseurs pour lesquels je travaille.

Mais, c'est surtout un travail qui, depuis une dizaine d'années, m'a mis en contact avec des viticulteurs passionnés, des collectionneurs acharnés, des amateurs éclairés, des flambeurs forcenés… Le vin est une grande famille, qui rassemble des personnes qui ne se seraient autrement jamais rencontrées. Devant un verre de grand vin, nous sommes tous égaux. Car il est là, encore vivant de la vie qu'il a connue en bouteille ; il nous décevra ou nous enchantera, mais ne nous laissera pas indifférent. J'écris cette introduction quelques semaines après avoir dispersé, à l'hôtel des ventes Talma de Nantes, une cave qui n'était ni la plus grande ni la plus riche de celles que j'ai vues. J'en ai vu d'énormes, empilages de caisses sans fin des plus grands crus, amassées sans espoir d'être bues un jour ; j'en ai vu de modestes, de ridicules, de pompeuses, d'expertes, et même une exhaustive : il y avait tout, tous les vins rares du monde entier, tous les millésimes, toutes les raretés… Celle-ci était une cave d'amateur, qui aime le vin et en boit avec plaisir. Comme la plupart de nos caves bretonnes, elle était humide, et les étiquettes étaient souvent tachées. Comme d'habitude, nous avons établi un catalogue, et l'avons largement diffusé. Dès les premiers appels téléphoniques, j'ai senti que les amateurs partageaient ce que j'avais éprouvé en lisant la liste de ces vins : il n'y avait que des grands crus. Oh ! pas seulement des premiers crus de Bordeaux et de Bourgogne, l'argent suffit à se les offrir. Mais les meilleurs Cahors, rugueux à souhait, les bons bandols débordant de générosité, les grands vins d'Alsace aux parfums inoubliables, les vins mutés d'une profondeur sans égale, les meilleures mondeuses de Savoie...

Inutile de le dire, cette vente fut une réussite. Les vrais amateurs de vins avaient reconnu dans le vendeur l'un des leurs. Car le vrai amateur de vins sait trouver, dans chaque vignoble, quelques perles rares qui en transcendent les caractéristiques. Tenez : la semaine dernière, j'ai goûté une bouteille fabuleuse. C'était du côtes-de-duras blanc. Je ne connaissais ni le vin ni le producteur mais l'ami, qui me l'a débouchée. Que de découvertes on peut faire ainsi !

Bien sûr, il n'est pas dans mes idées de vous faire vendre votre cave. Ce livre a pour modeste objet de donner à ses lecteurs quelques bonnes recettes de conservation ; et aussi de développer chez eux le don de curiosité, sans lequel il n'est pas de véritable amateur de vins. Et, enfin, d'essayer de leur donner le respect du vin. Issu d'une famille rurale, j'ai le plus grand respect pour les arbres qui ont entouré ma jeunesse. Mes grands-parents les ont plantés pour mes enfants, et j'en planterai d'autres pour les générations futures. La vigne vit elle aussi très longtemps. Et chaque plantation nouvelle est un acte d'espérance en l'avenir. Finalement, le vin est comme les arbres et les œuvres d'art : il survit à ses créateurs.

Je vous souhaite de fonder — et de transmettre — une cave idéale.

LA CAVE IDÉALE

C'est une pièce voûtée, ni trop grande ni trop petite. En entrant, on en perçoit immédiatement la fraîcheur naturelle. L'air y est humide, mais sans odeur de moisissure. Deux bouches d'aération permettent le renouvellement de l'air, et la cave respire par le sol en terre battue recouverte de gravier et d'un peu de brique pilée... On y a laissé les bougeoirs du grand-père et le rat-de-cave, mais quelques ampoules de faible puissance l'éclairent aujourd'hui. Le long des murs, un socle cimenté supporte de solides casiers en béton ; certains contiennent une centaine de bouteilles, d'autres douze seulement ; au milieu, une table épaisse et, dans le coin le plus sombre, le plus sûr, deux casiers métalliques pour les très vieilles bouteilles, en petites quantités. Pas de cartons qui se gonfleraient vite d'humidité, mais les grands bordeaux reposent dans leurs caisses en bois d'origine.

Elle en a vu défiler des générations cette cave modèle ! Le grand-père y roulait des fûts de pauillac ou de bourgogne qu'il posait sur un chantier de bois pour les embouteiller. Il achetait des quarts-de-chaume ou des sauternes sans en compter les calories, des beaunes tendres et des pommards épais, du « gris d'Orléans », et parfois des vins de Constance ou d'Alicante, des muscats et même du chambertin mousseux, de la Tâche-Romanée, des bordeaux hermitagés et, sans doute, quelques vins plus exotiques encore, noahs toxiques ou piquettes innommables.

Son fils a gardé les quelques vieux yquems et les sauternes de 1900, et l'on en ouvre une bouteille pour les grandes fêtes ou les grands malheurs. Il y a rajouté de grands bordeaux d'années glorieuses 1945, 1959, 1961, des savennières racés, puis des cahors rustiques, des crus du Beaujolais, des vins d'Alsace, quelques bouteilles de Californie pour faire la pige aux amis. Il n'achète plus de vins en fûts, mais des Cubitainers d'anjou, de côtes-de-bourg ou de forez qu'il embouteille en mars avec la vieille boucheuse à bras.

Elle n'a pas tellement changé cette cave ! Il y reste même quelques bouteilles de trop vieux bourgognes qu'on ne boira plus, des champagnes depuis longtemps sans bulles, des flacons sans âge et sans nom. Derrière la lourde porte en chêne, quelques caisses de grands crus sont marquées aux noms des enfants qu'on entend courir sous la tonnelle. Contre un casier, un thermomètre paresseux descend parfois à 8° et monte rarement jusqu'à 14° ; la chaudière, avec son air asséché et sa fumée, a été reléguée tout au bout de la maison. Un hygromètre indique 75 % d'humidité dans cette cave dont le vinaigrier, les légumes, les fromages sont évidemment bannis.

Cette cave heureuse, je l'ai parfois rencontrée parmi mes nombreuses visites professionnelles. Elle a demandé un peu d'argent, pas mal de vigilance et beaucoup d'amour. Mais le plaisir qu'elle donne rend au centuple ces attentions. Avec la cuisine et la cheminée, la tonnelle et le potager, elle est l'une des âmes de cette maison idéale.

Bien sûr, toutes les maisons, ni toutes les familles, ne sont pas celle-ci. Bien sûr, on n'a pas toujours la place, ni l'argent ni la patience ! Mais une cave est une chose sérieuse que l'on a parfois reçue en héritage, que l'on pourra transmettre un jour, et que l'on gère en n'y puisant pas plus que l'on n'y apporte. Les quelques conseils de ce livre vous permettront d'en tirer le meilleur parti et de donner à vos vins, si modestes soient-ils, la sérénité qu'ils méritent. Vous en serez vite grandement récompensé !

A. LA CAVE

1. QU'EST-CE QU'UNE BONNE CAVE ?

Une bonne cave est une enceinte close, de température modérée, d'une bonne humidité, tranquille et protégée. Elle n'est, malheureusement, pas le premier souci des architectes. Si vous n'avez pas reconnu la vôtre dans cette cave idéale, voici quelques conseils qui vous aideront à donner à vos vins leur meilleur écrin possible. Tout d'abord, voici les grands ennemis à combattre :

- la chaudière qui chauffe et dessèche l'air,
- le fioul, les solvants, les peintures, tout ce qui est volatil,
- la chaleur,
- la sécheresse,
- la lumière,
- les cambrioleurs.

2. LA TEMPÉRATURE

Un bon vin doit vieillir à bonne température. On constate des différences de qualité importantes entre des bouteilles du même cru conservées: les unes dans des conditions idéales, les autres dans une mauvaise cave. Une cave idéale aurait une température stable toute l'année, autour de 11°. Ce n'est pas fréquent. En fait, on peut admettre sans aucun problème une certaine amplitude de température, pourvu qu'elle soit progressive d'hiver en été. Ce qui casse un vin, ce n'est pas la variation de température mais des hauts et des bas répétés.

On peut admettre comme excellente une cave qui se tient entre 10° et 14°, comme bonne une cave qui ne dépasse pas 16° en été et ne descend pas en dessous de 8° en hiver ; en dehors de ces limites, ce n'est pas la catastrophe, mais les vins de grande garde évolueront moins sereinement. Commencez par installer un thermomètre et relevez les variations de température (ou installez un thermomètre minima/maxima qui fera ce travail tout seul).

Tout dépend aussi de l'usage de la cave : si tous les vins doivent être consommés dans les quelques mois qui suivent, ils ont peu de risques de se gâter ; mais est-ce une vraie cave ? Même si vous n'avez que cinquante belles bouteilles à faire vieillir, autant en prendre soin. Pour modifier la température, vous pouvez agir sur trois éléments :

- le sol. La terre est à température constante, 10° environ. Un sol en terre est le meilleur régulateur de température possible. S'il y a une dalle de béton, il est peut-être possible de la casser, au moins au milieu de la cave.
- les murs et le plafond. Des murs épais maintiennent la température. S'ils sont en briques ou en béton, il convient de les isoler. Vous pouvez installer des panneaux isolants tels que des plaques de polystyrène, s'ils ne sont pas trop sensibles à l'humidité. Pour ma part, j'ai doublé les murs de ma cave d'un mur en parpaings, en laissant un vide d'air qui tient lieu de tampon. Le plafond doit être isolé de la même façon par des plaques de polyester, doublées éventuellement de laine de verre. Enfin, la porte doit être calfeutrée et fermée contre un seuil qui évite les courants d'air.
- l'air. Nous verrons comment entretenir une bonne aération dans une cave ; en jouant sur le circuit d'air, on peut sensiblement modifier la température. Il faut évidemment couper la cave de tout ce qui produit de l'air chaud : la chaudière, en premier lieu, mais aussi les conduites d'eau qui doivent être soigneusement emmaillotées (papier journal et laine de verre).

Dans la cave, on réservera les parties les plus stables aux vins les plus fragiles. Les vins blancs et les vieux vins seront de préférence entreposés près du sol où la température est plus constante.

Enfin, rappelons une évidence bien connue des cuisinières : chaque contenu se plaît dans un contenant approprié. Les variations de température sont moindres dans une petite cave bien pleine que dans une grande bien vide. Une cave doit être adaptée, et pas immense pour quelques bouteilles. Bonne occasion de recommander la séparation en deux parties: l'une dévolue aux vins courants, l'autre, mieux isolée, plus saine, pour les vins en vieillissement.

3. L'HUMIDITÉ

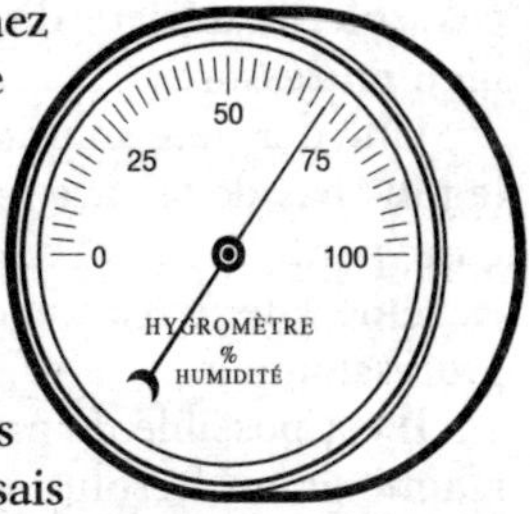

On reconnaît au premier coup de nez si la cave est saine ou non. Si une odeur de moisi domine, c'est qu'elle est trop humide ; si elle ne sent rien, c'est qu'elle est trop sèche. Un hygromètre permettra de connaître le degré d'humidité : c'est un instrument de mesure que l'on trouve dans les magasins d'articles de cave et, je ne sais pourquoi, chez les opticiens. Grâce à un « cheveu », il mesure le degré d'humidité qu'il indique en pourcentage : 100 % étant le maximum, une atmosphère totalement saturée d'humidité. Une telle humidité est excessive : on peut la toucher du doigt sur les murs. Une bonne cave doit avoir une humidité de 75 % environ, jamais en dessous de 50 %, car cela compromettrait la santé des bouchons. Une forte humidité n'est pas très agréable, mais elle ne fait aucun mal au vin.

Une cave sur terre est naturellement protégée d'une forte sécheresse. Le béton, par contre, absorbe plus d'humidité qu'il n'en donne, et c'est le principal inconvénient des caves d'immeubles ; il faut alors rajouter de l'humidité : vous pouvez recouvrir le sol de sable (de rivière) ou de gravier et l'arroser régulièrement ; disposer des bassines d'eau (avec une poignée de cendre pour qu'elle ne croupisse pas) ; enfin, ralentir la circulation de l'air.

Lutter contre l'humidité n'est pas chose facile, mais c'est moins important. Le vin ne souffre pas d'une atmosphère humide, les bouchons non plus, à moins que des moisissures ne s'y développent. Par contre, les étiquettes pourrissent vite, ainsi que tous les papiers et cartons qui donnent au vin un goût de moisi, que l'on prend souvent à tort pour un goût de bouchon. Une bonne aération fait facilement descendre le taux d'humidité. Vous pouvez aussi mettre dans le couvercle renversé d'une poubelle en plastique des cristaux absorbants (en vente chez les fournisseurs d'articles de cave), qu'il faut renouveler régulièrement.

Si la cave est très humide, voire inondable, il faut peut-être attaquer le mal par l'extérieur : si c'est un bâtiment extérieur, vous pouvez creuser contre le mur un fossé, le drainer ou isoler le mur par un enduit ou des bâches ; il faut dans ce cas isoler l'extérieur du mur, car l'humidité qui y rentre devra bien en ressortir.

Une dernière solution est de creuser un puisard à l'endroit le plus bas de la cave pour y recueillir l'eau de ruissellement. Une petite pompe refoulante en évacuera l'eau ; solution extrême que je n'ai rencontrée que dans de grandes caves de professionnels.

Il est possible de protéger les étiquettes des bouteilles. Je n'aime guère la solution qui consiste à donner un bon coup de laque sur l'étiquette. Mais vous pouvez très bien entourer vos bouteilles de film étirable alimentaire ; prenez soin de le faire dans un milieu bien sec pour ne pas emprisonner d'humidité, le remède serait pire que le mal ; attention aussi à ne pas recouvrir la capsule, ce qui empêcherait le bouchon de respirer. On trouve un film spécialement étudié pour la protection des bouteilles, souple et de bonne conservation.

Une solution peu connue consiste à attaquer les spores des moisissures, qui se déplacent en suspension dans l'air humide. Ces spores sont sensibles aux lampes à ultraviolets, comme celles que l'on trouve dans les boucheries ; une petite lampe suffit à assainir une atmosphère en quelques semaines. Attention ! les ultraviolets endommagent le vin, surtout en bouteilles claires : la lampe doit donc être placée dans un coin, orientée contre le plafond.

Si vous vous moquez des étiquettes, vous pouvez enterrer vos bouteilles dans du sable qui garantira la meilleure isolation.

Dans les caves humides de tuffeau du Val de Loire, les producteurs stockent leurs vins bouteilles nues, et ne posent les étiquettes qu'au moment de les commercialiser.

4. L'AÉRATION

Un air confiné devient vite vicié, et ce n'est pas bon pour le vin ; il faut donc entretenir une circulation d'air, mais pas un courant d'air ! On convient généralement de deux aérations : l'une basse au nord, l'autre haute au sud ; vous pouvez régler cette aération au moyen de grilles qui s'ouvrent à la taille désirée (et par exemple fermer la grille sud en été). Si la cave prend l'air par un soupirail, il vaut mieux le calfeutrer; il y aura toujours assez de fuites.

L'aération consiste à renouveler l'air d'une cave, lentement, avec un air extérieur et pur ; il faut donc séparer la cave, ou la partie du sous-sol dont elle fait partie, de tout contact avec un air chargé de mauvaises odeurs.

5. LA LUMIÈRE

Le vin craint la lumière, et tout spécialement les vins en bouteilles blanches, qui ne font pas écran aux rayons ultraviolets. Mais ce n'est pas une raison pour limiter l'éclairage à une bougie. Des ampoules de puissance faible, 40 ou 60 watts, font très bien l'affaire : pas de néon, évidemment. Attention aussi au champagne, qui est très vulnérable à la lumière.

6. LES ODEURS

Une cave à vin ne doit contenir que du vin (et des alcools). Les bouchons qui scellent les bouteilles ne les protègent pas contre l'infiltration de mauvaises odeurs. Il est évident qu'il faut bannir d'une cave tous les solvants : peintures, vernis, essences… Un grand vin de Bordeaux fut affecté il y a quinze ans d'un goût insupportable, et ce sur plusieurs millésimes ; après des recherches, on s'aperçut que les poutres du chai avaient été traitées avec un produit puissant, qui marqua pendant plusieurs années les vins au point de les rendre imbuvables. Faites cette expérience simple : coupez en deux un citron non loin d'un verre de vin, et vous comprendrez pourquoi le vin doit être protégé de l'odeur des fruits, des légumes et, évidemment, des fromages.

7. LES VIBRATIONS

Lors d'une dernière vente, un client, que je connais pour le soin qu'il apporte à sa cave, qu'il confine à la maniaquerie, m'a demandé si ses vins ne risquaient pas de souffrir du voisinage d'une bretelle d'autoroute, laquelle se trouvait à cent mètres de sa maison. Je l'ai évidemment rassuré. Les vibrations, s'il y en a, sont tellement infimes qu'elles ne peuvent troubler le sommeil de ses précieuses bouteilles.

Le vin est solide. Quand il arrive dans une cave, il a subi des épreuves : soutirages, mises en bouteilles, transports, autrement plus redoutables que quelques vibrations. Il n'y a pas de grosse inquiétude à avoir, sauf dans quelques cas particuliers : si une cave est contiguë à une route, ou pire à un feu rouge, l'arrêt des poids lourds engendre des vibrations continues ; près d'un passage de métro ou d'une ligne de chemin de fer, c'est encore pire.

Si c'est le cas de votre cave, vous pouvez établir un diagnostic simple : placez dans la cave une cuvette large remplie d'eau ; si la surface de l'eau se ride souvent, c'est le signe de vibrations intenses ; le vin ne vieillira pas bien.

Le seul remède est alors d'isoler tous les éléments de rangement par des matières absorbantes : polyester, plaques du genre styrodur, Silent-bloc en caoutchouc, à vous de choisir le bon moyen ; mais rares sont les caves qui nécessitent ce traitement.

8. LA RADIOACTIVITÉ

J'ai connu un amateur de vin qui avait stoppé tous ses achats en 1987. Il prétendait que le passage du nuage radioactif de Tchernobyl avait contaminé tous les vignobles de France. Je n'ai pas d'informations plus amples à ce sujet. S'il est évident que la vigne, comme toute plante vivante, absorbe et reverse les radiations auxquelles elle est soumise, je ne connais aucun cas où l'on ait pu détecter une radioactivité nuisible dans le vin, y compris dans nos caves bretonnes de granite.

9. AMÉNAGER SA CAVE : LES RANGEMENTS

Voici votre cave enfin terminée. Reste à la remplir, mais pas n'importe comment. Selon sa taille, les quantités de bouteilles prévues, diverses solutions sont à prévoir. Rappelons une évidence : une bouteille de vin doit toujours reposer couchée, de façon à ce que le bouchon soit entièrement baigné de liquide. Une poche d'air près du bouchon suffit à gâcher une bouteille en quelques mois. Seuls doivent vieillir debout :

- les alcools forts, qui rongeraient le liège ;
- les vins liquoreux de Tokayj, en Hongrie.

On peut conserver debout les xérès ; pour les portos, la question est plus délicate : les portos de bas de gamme seront laissés debout, car leur bouchon n'est pas de très bonne qualité ; les grands portos et tous les vintages (millésimés) doivent être impérativement couchés.

10. AMÉNAGER SA CAVE : LES CASIERS MÉTALLIQUES

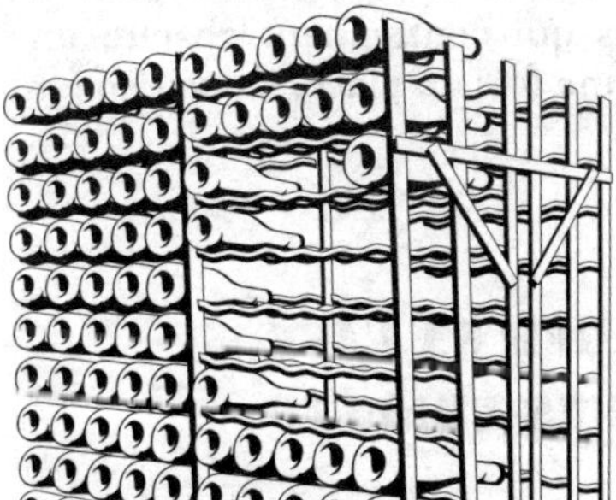

On en trouve partout, généralement repliables, et permettant de stocker sur un ou deux rangs de 50 à 200 bouteilles. Ils sont parfois plastifiés pour les protéger de la rouille. Bien que ce ne soit pas la solution idéale, ils sont utiles pour de petites quantités ou des lots disparates. Ces casiers doivent être très solidement fixés au sol et au mur, car leur structure légère devra supporter des poids importants. Chez moi, j'ai noyé leur base dans une dalle de béton pour plus de sûreté. À manier avec précaution, car une bouteille qui glisse en entraîne d'autres ! Certains de ces casiers sont munis d'une porte qui ferme avec un cadenas.

11. AMÉNAGER SA CAVE : LES ÉLÉMENTS DE RANGEMENT EN BÉTON

Je les préfère à tous les autres, car leur masse contribue à maintenir la température constante, et régule une cave humide. On trouve des éléments de toutes tailles et de toutes formes, de 3 à 300 bouteilles, qui se combinent harmonieusement. L'empilage des bouteilles est aussi une sécurité thermique.

Avant de monter un mur de ces éléments, vérifiez bien la stabilité du sol. S'il est en terre, il est prudent d'y couler une bordure de béton bien plane qui servira de support. Les éléments préfabriqués s'assemblent les uns aux autres et l'ensemble est quasi indestructible. Choisissez-les en fonction des quantités de chaque vin que vous pensez garder : 6, 12 bouteilles ou plus. Le prix élevé est compensé par la sécurité et la durée de l'installation.

Pour l'aménagement de ma cave professionnelle, où je devais stocker des milliers de bouteilles, j'ai choisi une solution moins esthétique, mais très économique : l'achat d'éléments préfabriqués destinés à des fosses septiques ! On les appelle des rehausseurs, et ce sont des cubes creux d'un poids très élevé, mais qui contiennent chacun une soixantaine de bouteilles. Une fois en place, ils ne risquent plus de bouger…

12 . AMÉNAGER SA CAVE : LES BRIQUES CREUSES

On trouve facilement ces éléments qui s'empilent et renferment le plus souvent une seule bouteille, parfois plusieurs.

Ils sont agréables à la vue, faciles à monter et pas trop lourds ; ils favorisent la stabilité thermique de la cave. Mais ils prennent souvent beaucoup de place pour peu de bouteilles.

13. AMÉNAGER SA CAVE : LES CAISSES EN BOIS

Les grands vins de Bordeaux sont généralement vendus en caisses bois étampées. C'est un mode de conservation très correct dans une cave à l'humidité tempérée ; dans une cave très humide, ces caisses peuvent pourrir et gâcher le vin dans leur atmosphère confinée ; dans une cave sèche, elles renforceront au contraire la sécheresse ; vous pouvez bien sûr les ouvrir mais aussi, simplement y faire quelques trous de respiration. Dans une cave humide, il ne faut jamais poser ces caisses directement sur un sol en terre mais sur des chevrons, ou sur un socle bétonné. Certaines caisses de Châteaux économes n'ont pas d'intercalaires en bois, mais en carton ; il est inutile de les conserver. Les cartons de transport ne doivent pas être conservés dans une cave humide, ils communiquent au vin un goût de pourri.

14. AMÉNAGER SA CAVE : COMMENT EMPILER LES BOUTEILLES

Il existe une méthode permettant d'empiler des bouteilles de façon très solide, et sans aucun support. Vous pouvez l'utiliser par exemple pour une grande quantité de petits vins : commencez par aligner deux rangées de bouteilles bouchon contre bouchon, puis complétez avec une troisième rangée au milieu, reposant sur les deux autres ; poursuivez l'opération, qui n'est réalisable qu'avec des bouteilles rigoureusement identiques. C'est ainsi que l'on empile les bouteilles dans les chais des vignerons.

15. AMÉNAGER SA CAVE : LA DÉCORATION

Et si vous la décoriez ? Une bonne cave mérite bien quelques efforts, surtout si l'on compte y recevoir des amis. Voici, en vrac, quelques idées, mais chacun pourra compléter selon son goût :

- les bouteilles vides. Les bonnes bouteilles ont toutes une histoire à raconter : « Bue le… avec X. et Y. autour d'un lièvre à la royale… »

- les bouteilles gravées. Avant l'invention des étiquettes, les bouteilles étaient étampées d'un cachet de verre au nom du domaine ou du propriétaire ; on en trouve parfois d'anciennes dans les salles des ventes. Mais il en existe encore de très nombreuses, dans le domaine des alcools mais aussi des vins : Giscours, Haut-Brion, Château-Lafite 1985 (orné de la comète de Halley), Lascombes, Rausan-Ségla (en bouteilles carrées jusqu'aux années 70), Pape-Clément, Pichon-Longueville comtesse de Lalande, ces grands châteaux de

Bordeaux parmi d'autres ont gardé la tradition d'une bouteille personnalisée. D'autres crus dans toute la France s'offrent ce luxe. Ma préférée est sans conteste celle du Château Bel-Air marquis d'Aligre, gravée au nom du château d'un côté et, de l'autre, de cette mention sans appel : « Défendu d'en laisser. » Elle est malheureusement très rare, n'étant plus fabriquée depuis un siècle.

- les étiquettes. Pourquoi ne pas consacrer un grand panneau aux étiquettes de vos meilleurs souvenirs ? Ce peut être aussi joli qu'une rubrique dans un logiciel... Les étiquettes se collent à la colle blanche, et vous pouvez, de temps en temps, recouvrir l'ensemble d'un vernis protecteur (mais sans odeur !),

- les étampes de caisses. Les grands vins, particulièrement à Bordeaux, sont en principe livrés en caisses bois dont le bout est étampé au fer rouge. Un mur recouvert de ces étampes est du plus bel effet. On peut aussi, parfois, les acheter directement lors d'une visite au château pour une somme modique,

- les ceps de vigne. Mon épouse a commencé cette collection lors d'un passage au château d'Yquem au cours de l'arrachage des vieilles vignes. Nous y avions ramassé un énorme, et sûrement très vieux, cep de sémillon ; c'était méritoire, car nous visitions alors le Sauternais sac au dos. Depuis, nous y avons ajouté d'autres ceps, du clos Vougeot ou du clos de la Dioterie à Chinon, donnés par les propriétaires. Chacun porte une petite plaque indiquant son origine,

- quelques grandes photographies que l'on peut faire plastifier pour les protéger de l'humidité,

- une bonne table de bois brut, de vieux instruments, un rat-de-cave... Inutile pour autant de transformer votre cave en capharnaüm ! Qu'elle soit belle mais propre !

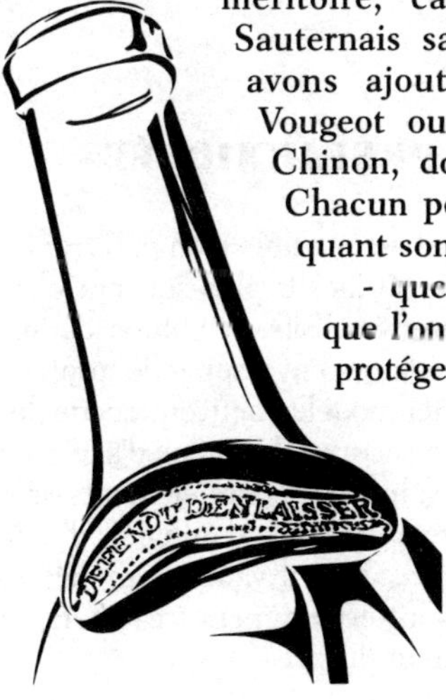

16. AMÉNAGER SA CAVE : LES CLIMATISEURS

Il est des cas où le maintien de la température pose des problèmes insolubles ; il faut alors installer un climatiseur qui le fera artificiellement ; il s'agit d'un groupe analogue aux groupes frigorifiques, avec un compresseur qui brasse l'air et le renouvelle. Cette solution suppose une prise d'air extérieure. Elle doit souvent être appliquée par un professionnel qui commencera par établir un diagnostic. Ayant eu à établir un tel diagnostic pour des clients, j'ai quelques conseils en tête :

- commencer par examiner l'isolation ; peut-être peut-on faire l'économie d'une installation onéreuse en la modifiant ?
- adapter cette isolation à la nouvelle situation de la cave. Inutile de chauffer ou refroidir le jardin !
- choisir un climatiseur adapté au volume d'air à traiter ; s'il n'est pas assez puissant, la consommation d'électricité mangera bien vite l'économie réalisée. Peut-être est-ce l'occasion de réduire la surface d'une cave trop grande pour le vin qu'elle accueille ?
- choisir, si cela semble utile, un climatiseur qui régule aussi l'humidité ; il faut alors prévoir une (petite) évacuation d'eau.

17. LES CAVES PRÉFABRIQUÉES

Si vous n'avez pas de cave, il est possible d'en enterrer une : plusieurs fabricants proposent, en kit ou plus souvent clés en main, des modèles de caves enterrées. Elles se composent d'une structure en béton entourée d'une enveloppe de protection contre l'humidité. Les différents modèles peuvent accueillir de 500 à 2 500 bouteilles en toute sécurité, la trappe d'accès étant dans la maison. Un escalier y est intégré, et des éléments de rangement couvrent toutes les parois. Tous les marchands d'articles de cave distribuent ces modèles, dont il vaut mieux laisser la pose à des professionnels. Ils sont évidemment très chers, mais garantissent un bon vieillissement du vin.

On trouve aussi des caves prêtes à poser dans un garage ou un hangar ; climatisées, modulables en dimension, elles ont un peu l'aspect d'une caisse frigo, mais donnent de bons résultats.

18. LES CAVES D'IMMEUBLES

Les caves collectives d'immeubles modernes sont parfois de bonne température, mais toujours trop sèches. Il faut les isoler par des panneaux et calfeutrer tous les conduits d'eau chaude. Recouvrir le sol de gravier permet, en l'arrosant de temps en temps, de rétablir un taux d'humidité acceptable. Il convient aussi de veiller à ce que l'air ne soit pas contaminé par des odeurs d'essence ou de peinture.

Le principal problème de ces caves est, bien sûr, le risque de vol. Toute isolation signale une cave à vin, et c'est un bien convoité ! Il faut donc prévoir une porte solide (pas une porte à claire-voie !) et une bonne serrure.

On trouve souvent des caves idéales dans les soubassements des vieux immeubles, et on peut même en louer.

19. LES CAVES D'APPARTEMENT

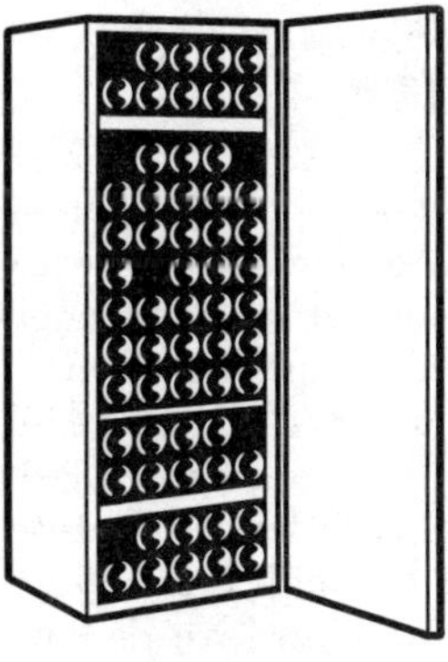

Les caves d'appartement sont aujourd'hui à la portée de bien des bourses. Il en existe de toutes tailles, vitrées ou non (mais le verre est plus conducteur de la chaleur). Elles affichent généralement à l'extérieur la température interne, et parfois le degré d'humidité. Certaines possèdent plusieurs zones de température, et sont donc plutôt destinées aux restaurants.

Avant d'acheter une telle armoire, il faut savoir ce qu'on veut en faire : si l'on veut stocker une centaine de grandes bouteilles à laisser vieillir, il est préférable de louer un coin de cave plutôt que de gâcher de l'électricité pendant dix ans ! Si l'on a une rotation assez rapide de la cave, il faut calculer combien de bouteilles en moyenne elle devra contenir, et choisir un modèle en conséquence. Selon le nombre de vins différents, on choisira un modèle avec de nombreuses étagères (où l'on peut mettre moins de vins) ou avec des clayettes plus espacées.

La consommation d'une telle armoire n'est pas bien importante. Le prix à l'achat a beaucoup diminué depuis leur apparition. Elles doivent comporter un système de filtration des odeurs, une régulation de l'humidité et un soubassement protégeant des vibrations.

20. UNE CAVE SANS CAVE

Si vous n'avez pas de cave, et que vous tenez à conserver quelques bouteilles chez vous, il est toujours possible de trouver un petit coin, frais, que vous isolerez soigneusement. S'il y a une grille d'air avec l'extérieur, l'atmosphère n'y sera pas trop sèche. Évitez de stocker vos bouteilles près d'une source de chaleur (comme un congélateur) et des fruits et légumes. Un vin solide tiendra plusieurs mois dans ce local ; on ne peut garantir qu'il y vieillira parfaitement.

21. LA SÉCURITÉ

Une cave installée dans une maison bénéficie de la même protection que l'habitation et est, en général couverte par l'assurance contre le vol s'il y en a une ; il faut cependant avertir l'assureur si la cave contient des vins de valeur ; il demandera peut-être une expertise avant d'en assurer le contenu. Les primes d'assurances sont environ de 2 % de la valeur des vins. Conservez, à toutes fins utiles, les factures d'achat et les bons de livraison de vos bouteilles, prenez des photos des belles bouteilles, tenez à jour un livre de cave, bref, préparez le pire à tout hasard.

Une cave d'immeuble ou isolée attire des convoitises. Elle doit donc être protégée par une bonne serrure, un système d'alarme, etc. On peut éviter d'être trop connu, par exemple en ne se faisant pas livrer par un transporteur : il suffit de demander, par l'intermédiaire de l'expéditeur, que les cartons restent « à quai » chez le transporteur, et de passer les prendre soi-même.

22. LOUER UNE CAVE

Si vous n'avez pas de cave, pas de garage, pas d'armoire, ou beaucoup de vin à stocker, vous pouvez envisager de louer une cave. On trouve dans les régions viticoles des caves en location chez des vignerons qui disposent de grands locaux ; on peut aussi trouver à louer une cave dans une grande ville ; on peut enfin entreposer ses vins dans une cave collective. Il y en a quelques-unes de grande qualité autour de Paris ; on y loue un espace à l'année, et l'on paye un droit pour chaque opération d'apport ou de sortie de vins. Ce n'est pas l'endroit où venir chaque jour retirer sa bouteille du dîner mais un lieu de stockage sûr pour des vins en vieillissement.

23. AMÉNAGER SA CAVE : QUELQUES EXEMPLES

Mon métier d'expert en vins consiste essentiellement à assurer la qualité d'une transaction entre un acheteur et un vendeur. Ma première tâche lors d'une demande de vente de vin est de comptabiliser, de vérifier et de chiffrer les bouteilles à vendre. J'essaye le plus souvent possible de voir les vins à vendre « en situation » dans la cave d'où ils proviennent, surtout s'il s'agit de bouteilles anciennes. La garantie du secret professionnel me permet d'avoir accès à de nombreuses caves de particuliers et d'en faire un « diagnostic », qui servira à évaluer l'état de conservation des vins. Voici quelques exemples significatifs tirés de mes visites :

- Une cave de château, en briques, voûtée et bien aérée. Idéale ? Elle l'était jusqu'à ce que l'installation d'une chaudière, pourtant éloignée, ne vienne bouleverser l'équilibre hygrométrique en asséchant tout le sous-sol. La solution consiste à isoler cette partie du sous-sol et à réhumidifier la cave.

- Une cave bien enterrée, humide, avec une climatisation réglée de 10° à 14°, mais le plafond n'est pas isolé ! Cette cave refroidit en été et chauffe en hiver la pièce du dessus, pour une consommation électrique redoutable !

- Une cave fortement blindée construite au milieu du jardin et recouverte de terre. Là aussi pas d'isolation, la terre touchant directement le béton ; l'humidité y est trop forte. Quant au climatiseur, il travaille aussi pour le jardin !

- Une cave de producteur dans le Maine-et-Loire, très profonde. Les caves enterrées dans le tuffeau sont peut-être les meilleures de France par la température égale qui y règne. Elle est tellement humide que les bouteilles doivent y être stockées nues, et sont « habillées » au moment de la vente. Mais les vins y vieillissent très lentement. Ce producteur a donc aménagé un second caveau, plus soumis aux variations de température, où il fait « vieillir ses vieux vins » un an avant de les commercialiser.

- Une bonne cave de vins liquoreux, avec une fenêtre peu voilée. Les vins qui voient parfois le jour sont plus oxydés que les autres.

- Une cave tout en béton. Le béton conduit la chaleur ou le froid, et assèche l'atmosphère. Les bouchons sont secs, et les bouteilles coulent en quelques années. Il faut humidifier cette cave en permanence.

- Une cave naturellement humide emplie de cartons pleins et moisis ; l'odeur se communiquera vite au vin.

- Dans un pavillon récent, entre la chaudière et le congélateur, de très vieilles bouteilles de bourgogne de grande origine, aux niveaux bas malgré de belles couleurs. Je n'en donnais pas cher, car les bourgognes sont des vins fragiles. Une bouteille dégustée (un échézeaux 1937 du domaine de Romanée-Conti) s'est révélée extraordinaire. Il s'agissait en fait d'une cave transférée l'année précédente. Ces pauvres grands crus avaient sûrement très bien vécu auparavant, et n'avaient commencé à s'abîmer que récemment.

Mais… tout serait si simple sans quelques contre-exemples célèbres : le vin demande du calme et du silence pour bien se bonifier, et pourtant… J'avais un jour à organiser une dégustation verticale d'un prestigieux cru de Bonnezeaux. Le propriétaire des vins me confie une dizaine de bouteilles de bonnes années : 1928, 1933, 1943, 1947, 1959… et puis, pour une expérience, deux bouteilles du millésime 1980. L'une avait vieilli paisiblement dans les caves fraîches de l'Anjou. L'autre l'avait suivie en Afrique, était restée sur un quai de la Réunion plusieurs mois, avant d'en revenir. Nous avons soigneusement étiqueté ces deux bouteilles pour éviter toute confusion ; et je les ai présentées à mon panel de dégustateurs chevronnés, œnologues et viticulteurs, comme deux bouteilles jumelles. Sans hésitation, celle qui avait voyagé a été jugée plus mûre, plus complexe, bien meilleure.

On sait que les voyages forment la jeunesse. Et que les vins dits « retour des Indes », qui avaient lesté les navires de commerce, étaient autrefois très appréciés. Mais c'étaient le plus souvent des vins mutés, dont l'alcool protecteur s'assouplissait au gré des flots. Alors ? L'expérience est trop rare pour en tirer des conclusions hâtives. Je me contente de vous la signaler.

B. CHOISIR LE VIN

Comme ce serait simple s'il était possible de goûter chaque vin que l'on destine à sa cave ! Cela est d'ailleurs prévu par une très ancienne réglementation sur le commerce qui donne à l'acheteur le droit de goûter les liquides pour s'assurer de leur qualité ; je ne sais si elle existe encore, toujours est-il qu'on ne l'applique plus guère. Comment se repérer dans le maquis des appellations, distinguer le palette (qui est une AOC de Provence) de la rosette (qui vient de Bergerac) ? Il existe d'innombrables livres sur la question, et j'en cite quelques-uns dans la bibliographie en annexe. Les meilleurs ne sont pas les plus lyriques, ni forcément les mieux illustrés. L'essentiel à ce chapitre est de savoir lire une étiquette sur une bouteille et d'en tirer le plus de renseignements possibles sur la qualité du contenu.

24. LIRE UNE ÉTIQUETTE

Chaque bouteille de vin porte une étiquette, sur laquelle se trouvent des mentions obligatoires, et d'autres facultatives. Il faut, bien sûr, savoir repérer du premier coup d'œil les mentions obligatoires que voici :

- la dénomination du vin. Il doit porter l'une de ces quatre indications :

• vin de table : il s'agit des vins les plus modestes, parfois capsulés et non bouchés,

• vins de pays : ils proviennent d'une région, d'un département ou d'une zone délimitée. Ils doivent porter la mention « Vin de pays de… ». En général, on leur demande d'être des vins francs et plaisants, d'un prix peu élevé. Mais il arrive, et de plus en plus souvent (et surtout dans le Languedoc et le Roussillon), de que bons viticulteurs choisissent cette dénomination pour pouvoir échapper aux règles très strictes des appellations contrôlées - le plus souvent pour pouvoir employer des cépages interdits dans lesdites appellations : on trouve alors de très bons vins dont le plus célèbre est le Mas de Daumas-Gassac. En général, le prix de vente est bien conforme aux ambitions du vin.

• VDQS : mention « Appellation d'origine. Vin délimité de qualité supérieure ». Cette catégorie comprend des vins soumis à des règles de conditions plus proches des AOC que des vins de table. Un certain nombre de VDQS sont régulièrement promus en appellation contrôlée.

• AOC : mention « Appellation contrôlée » ou « Appellation… contrôlée ». Les appellations d'origine contrôlée regroupent tous les grands vins de France, avec quelques exceptions de grands vins de pays atypiques. Il y a en France plus de 350 AOC différentes, qui vont du bordeaux (près de 100 000 hectares possibles) au romanée (0,8345 hectare !). Un seul vin d'AOC est dispensé de cette mention sur l'étiquette : le champagne.

- Le degré alcoolique et la contenance de la bouteille. Le degré alcoolique n'est obligatoire sur les vins d'AOC que depuis 1992.

- Le nom et l'adresse de l'embouteilleur :

• Il peut être le vigneron : X., propriétaire (ou viticulteur, ou récoltant) à Y. Le vin aura alors été récolté et mis en bouteilles par l'exploitant du vignoble. Une interprétation large du droit de propriété permet de considérer une coopérative comme l'extension de la propriété. Le vigneron qui porte son vin à une coopérative a donc le droit de se déclarer « exploitant ». De même, l'embouteillage par un « groupe » mobile sur camion est considéré comme étant fait à la propriété. Le propriétaire-récoltant, n'ayant pas de statut de négociant, ne peut embouteiller que son propre vin. Le cas du champagne est étudié dans le chapitre qui lui est consacré.

• Il peut être un négociant : la mention n'est pas obligatoire, mais on lit généralement « mis en bouteilles par X. à Y. ».

La mention d'embouteillage étant prédominante, elle peut cependant être accompagnée de celle du propriétaire : cas assez fréquent de viticulteurs qui ne mettent eux-mêmes en bouteilles qu'une partie de la production et cèdent le reste au négoce ; il peut alors s'agir de deux vins de qualités différentes. En Bourgogne, les grandes maisons de négoce sont aussi propriétaires de vignobles, et signalent parfois sur l'étiquette les vins venant de leur domaine propre.

Voici maintenant les mentions facultatives :

- L'indication du cépage employé, mais uniquement si le vin en est entièrement composé. Dans de nombreux pays, il existe une tolérance pour l'emploi de cépages d'appoint.

- Le millésime, uniquement si le vin en provient entièrement. Les vins de table ne peuvent être millésimés. Un vin non millésimé est un assemblage d'années différentes, ou un vin d'une seule année, mais de consommation courante. La quasi-totalité des grands vins sont millésimés. Les champagnes sont le plus souvent des vins d'assemblage sur plusieurs années. On trouvait aussi dans les côtes-du-rhône quelques grands vins non millésimés, mais l'usage en a disparu.

- La marque : marque déposée, nom du château.

- Des indications de terroir ou de cru : parcelle de terrain (voir Bourgogne), classement des crus, mention d'un clos, etc. Ces indications sont facultatives, mais doivent correspondre à une réalité.

- La mention « Produit de France » ; mondialisation du commerce obligée, elle est de plus en plus souvent remplacée par « Produce of France »…

Chaque bouteille de vin est fermée d'une capsule qui indique son régime fiscal : les vins de pays ont une capsule (ou Marianne) bleue, les VDQS et AOC une capsule verte. Cette capsule indique aussi si l'embouteilleur est récoltant ou négociant. De grands vins, spécialement à Bordeaux, sont vendus avec une capsule exclusive aux armes de la propriété dans certains circuits de distribution et à l'exportation. Le vin de ces bouteilles est le même que si elles portent la Marianne, seul le régime fiscal est différent.

25. L'ACHAT EN VRAC

En 1924, le baron Philippe de Rothschild décréta que le vin de Mouton-Rothschild serait désormais entièrement mis en bouteilles au château. Le négoce bordelais, comme dans toute la France, achetait alors les vins en fûts et en assurait l'embouteillage et la commercialisation ; c'est ainsi que l'on trouve pour les vins anciens de nombreuses étiquettes différentes et des variations de goût importantes. La mise en bouteilles à la propriété s'est généralisée pour les grands crus, puis pour l'essentiel de la production française. De nos jours, on voit rarement des barriques rentrer dans les caves. Mais les négociants transportent de grosses quantités de vins de table et de pays pour les vendre sous leur marque. Le développement des Cubitainers à emballages perdus permet aux amateurs de continuer à embouteiller eux-mêmes leur vin. Pas des grands crus, bien sûr, pas de champagnes ou de vins mousseux évidemment, pas de vins d'Alsace ni de muscadets sur lie (c'est interdit), mais des vins de pays ou d'appellation, souvent pour un prix très avantageux.

Puisque la quasi-totalité des vins en vrac voyage en Cubitainer, voici les précautions qu'il faut prendre, afin d'éviter de mauvaises surprises :

- savoir quel vin on achète : un vigneron garde toujours ses meilleures cuves pour son embouteillage ; de plus, le vin vendu en vrac peut l'être trop tôt, ou trop tard… Le mieux est de goûter un échantillon sur place,
- éviter de faire transporter le vin lors de grands froids, et surtout par forte chaleur,
- procéder à la mise en bouteilles dès l'arrivée du vin. Les vins expédiés « en cercles », c'est-à-dire en barriques, devaient se reposer une quinzaine de jours. Mais un Cubitainer est un milieu clos qui ne permet pas au vin de respirer ; il y prend

rapidement un goût de réduit (on trouve des cubitainers dont la poche se rétracte à mesure que l'on en tire du vin ; cela ne vaut que pour de petits vins et ne remplace pas un bouchon).

Quels vins peut-on acheter en vrac ? La plupart des appellations génériques : Bordeaux, Côtes-du-Rhône, Anjou, mais aussi de bons vins comme des médocs ou des côtes-de-bourg. Si les bouchons sont bons, ils pourront vieillir quelques années sans problème si la mise a été soignée.

26. METTRE SON VIN EN BOUTEILLES

Avant d'embouteiller votre vin, préparez tout ce qui vous est nécessaire :

- lavez très soigneusement vos bouteilles et faites-les égoutter. Pensez à préparer quelques magnums que vous serez content de retrouver plus tard. Vous choisirez des bouteilles de forme adaptée au vin, bordelaises ou bourguignonnes,
- rincez tous les ustensiles dont vous pourrez avoir besoin : un entonnoir, un tuyau souple si vous voulez faire couler le vin au fond de la bouteille ; cela lui évite des chocs, mais n'est pas très pratique,
- nettoyez votre boucheuse, graissez-la si nécessaire. Il y a plusieurs types de boucheuses : les plus simples, à main, se posent directement sur la bouteille. Il faut, à la fois, serrer fort pour réduire le diamètre du bouchon et appuyer sur le levier tout en maintenant la bouteille : ce n'est pas facile ; si vous comptez embouteiller régulièrement, cela vaut la peine d'investir dans une boucheuse à bras, qui fixe la bouteille et permet de travailler rapidement et sans effort,
- préparez vos bouchons, commencez par en choisir de bons. Il est criminel d'entourer de soins un vin que l'on embouteille soi-même si on ne lui donne pas un bouchon de qualité. On trouve chez les marchands d'articles de cave différentes variétés de bouchons. Évidemment, les meilleurs sont les plus chers, mais l'incidence est faible sur le prix de revient de la bouteille. Évitez les bouchons coniques, que l'on enfonce à la main, et les bouchons en liège aggloméré, sauf

pour une garde de quelques mois. Les bouchons sont donnés pour une garde d'un an, ou de cinq ou dix ans : raccourcissez ces délais de moitié, c'est plus sûr ! Un bon bouchon doit être suffisamment long et, surtout, bien élastique et assez dur. Certains sont enduits de paraffine, mais ce n'est pas un critère déterminant.

Avant leur emploi, les bouchons doivent être conservés dans un local sec mais pas à la cave. Il faut les faire tremper dans de l'eau chaude un bon quart d'heure pour les assouplir.

Il faut aviner les bouteilles avant leur emploi : emplissez-en une au quart, faites tourner le vin, égouttez-la dans une seconde et ainsi de suite. Jetez le vin toutes les 20 bouteilles.

Ouvrez le robinet et faites couler le vin dans les bouteilles, pas trop vite et de biais pour qu'il coule sur le verre et ne se casse pas sur le fond. Une fois cette opération commencée, il faut la continuer sans arrêter ; c'est pourquoi il est préférable de le faire à plusieurs. Les bouteilles doivent être remplies de façon à laisser le minimum d'air entre le vin et le bouchon : si vous n'avez pas ce tour de main, remplissez-les jusqu'au goulot et complétez en veillant à laisser la place pour le bouchon : le vin n'est pas compressible !

Les bouchons doivent être posés immédiatement. Vous les aurez sortis quelques minutes auparavant pour qu'ils perdent leur eau. Placez votre bouteille, mettez le bouchon en place, et appuyez vivement sur le bras ; les boucheuses à levier permettent de régler la profondeur selon le type de bouteilles. Le bouchon doit affleurer l'ouverture sans la dépasser. Laissez les bouteilles debout quelques heures avant de les coucher pour permettre au bouchon de se couler dans son nouveau logement.

Il ne vous reste plus qu'à coller des étiquettes sur vos bouteilles. Lors d'un achat en vrac, les fournisseurs proposent généralement les étiquettes correspondantes, sur lesquelles, bien évidemment, il n'est pas inscrit « mis en bouteilles à la propriété ». Les imprimeurs spécialisés (on trouve leurs adresses, en tout petit, sur les étiquettes d'autres bouteilles) peuvent fournir des étiquettes « standard » des vins de leur région ; mais rien ne vous empêche d'en créer une à votre nom et d'en tirer des photocopies… sans tricher ! On colle les étiquettes avec une simple colle blanche, ou encore en les faisant tremper une minute dans du lait (non écrémé).

Avant de ranger vos bouteilles, il est bon de protéger le bouchon contre les moisissures et les vers : vous pouvez acheter des capsules et les poser à la main ou à l'aide d'un anneau coulissant. Vous pouvez aussi cirer vos bouteilles : la cire s'achète en blocs de diverses couleurs : jaunes ou verts pour les vins blancs, rouges ou marron pour les vins rouges. Faites fondre la cire dans une casserole (de réforme, car elle sera irrécupérable par la suite) jusqu'au bord de l'ébullition. Plongez-y le col de la bouteille en tournant vivement ; laissez sécher, c'est prêt !

Un vin qui vient d'être mis en bouteilles a subi un traumatisme dit « maladie de bouteille » ; il faut le laisser reposer deux semaines au moins avant d'y toucher. Sa garde dépendra ensuite de sa qualité et de celle des bouchons.

27. L'ACHAT À LA PROPRIÉTÉ

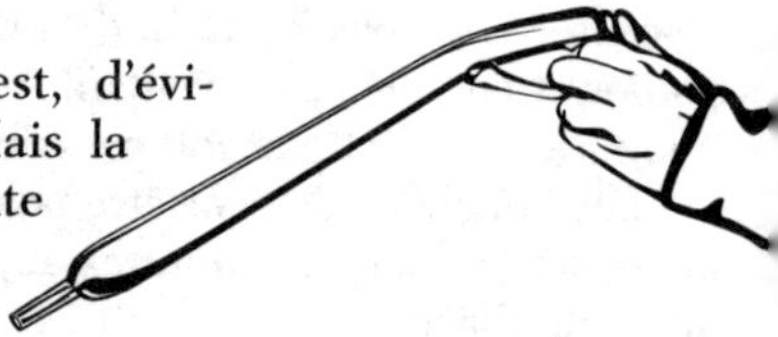

L'achat en propriété est, d'évidence, le plus naturel. Mais la distribution du vin emprunte des circuits différents selon les productions. Certains vins doivent être achetés à la propriété, par intérêt ou par nécessité ; dans la tournée des vins de France que je vous propose, j'ai essayé d'indiquer autant que possible les meilleurs circuits d'achat des vins. Voici quelques indications générales par région :

- LOIRE : dans tous les vignobles, je recommande vivement la visite et l'achat sur place, parce que les caves sont souvent belles, de tuffeau et profondes, et parce que la propriété est trop dispersée pour être bien représentée par les grandes surfaces ; seuls les cavistes présentent une bonne sélection des vins de Loire. En outre, les viticulteurs présentent souvent plusieurs appellations et ont de vieux millésimes à la vente.

- CHAMPAGNE : le vin le plus fragile ; évitez les bouteilles exposées à la lumière. Laissez-les là où elles sont. Les grandes maisons de champagne ne font pas de réduction spéciale, sauf pour une commande importante ; il est bon et confortable de créer des liens avec un (vrai) producteur.

- ALSACE : l'achat à la propriété est très intéressant, s'il est précédé d'une visite en cave. Attention ! les millésimes se suivent et ne se ressemblent pas. Sur des exploitations de petite taille, la multiplication des cuvées peut donner le tournis.

- BOURGOGNE : je ne pense pas qu'un propriétaire moyen puisse offrir autant de déconvenues qu'un négociant moyen. Les (très) bons négociants sont une minorité, les producteurs ont le mérite d'assurer leur production de A à Z. Visite recommandée, voire indispensable. Il y a souvent de grandes disparités entre les millésimes, surtout pour les vins de pinot noir, qui ne mûrit pas toujours assez.

- JURA : on ne peut qualifier M. Henri Maire de simple propriétaire ; pour le reste, l'achat à la propriété est souvent intéressant, sans oublier les bonnes coopératives.

- BEAUJOLAIS : la visite et l'achat chez le producteur sont recommandés ; quelques bons négociants couvrent l'étendue du vignoble.

- CÔTES DU RHÔNE : pour les grands vignobles du nord (les stars étant intouchables), il faut visiter des propriétaires ou faire confiance au négoce ; le sud est une région où l'on peut facilement acheter à la propriété, ou par des coopératives pour les côtes-du-rhône et les villages.

- PROVENCE : de grosses coopératives dominent le marché. On trouve facilement des vins à la propriété dès qu'on aborde l'arrière-côte.

- LANGUEDOC ET ROUSSILLON : c'était, grosso modo, comme en Provence. Mais depuis quelques années la région s'est réveillée. On ne compte plus les très bonnes propriétés qui élaborent des vins de grande classe, mélangeant les cépages de Provence et ceux du Bordelais, multipliant les essais de vieillissement, par bâtonnage ou sous bois neuf… Ces vins sont vite médiatisés et leurs prix ont fortement grimpé.

- SUD-OUEST : c'est surtout une région de propriété, les coopératives reflétant une qualité moyenne ; de plus, le vignoble mérite vraiment la visite. Les appellations suivantes sont essentiellement vendues par la coopérative locale : Irouléguy, Tursan, Béarn, Buzet, Côtes de Duras.

Une visite à la propriété s'accompagne du respect pour le travail du vigneron ; il est non seulement prudent mais normal de prendre rendez-vous et de s'y tenir. L'achat n'est pas une règle (il n'est pas possible dans un certain nombre de châteaux du Bordelais qui vous renverront à leur distributeur habituel), mais il est normal de récompenser une dégustation complète par une commande. Si le vin est très mauvais, autant le dire ! S'il est très bon, autant le dire aussi.

28. L'ACHAT EN GRANDES SURFACES

Les grandes surfaces ont acquis une part prépondérante dans le négoce des grands vins de Bordeaux, grâce notamment aux foires au vin ; celles-ci sont de mieux en mieux préparées et sont souvent précédées d'une dégustation (souvent encore dans des gobelets en plastique) réservée aux acheteurs de l'année précédente. Tâchez de vous y faire inviter. Il existe des guides qui ne s'attachent qu'aux vins vendus en grandes surfaces. Voici rapidement ce qu'il faut savoir :

- les grands bordeaux vendus y sont rigoureusement les mêmes qu'à la propriété ; le seul problème peut venir de vins mal stockés ou, surtout, réimportés des États-Unis ou d'un autre pays. Ces vins sont en général signalés par une étiquette supplémentaire (pas d'affolement, le cas est rare),
- les vins qui traînent un an en rayon ont évidemment perdu une partie de leur qualité,
- les grandes surfaces vendent beaucoup de seconds, ou même troisièmes, vins de crus bordelais ; ils viennent sou-

vent de productions trop importantes et sont alors bien dilués,

- les prix ne sont pas toujours les plus bas : les tarifs des négociants de Bordeaux, qui vendent facilement aux particuliers, leur sont parfois inférieurs,
- les grands vins annoncés à bas prix dans les publicités sont souvent en quantités très limitées, et parfois réservés avant l'ouverture des portes,
- sauf cas exceptionnel, les bourgognes sont de piètre qualité.

Les meilleures grandes surfaces, en ce qui concerne le vin, ont en fait développé une activité de caviste à part entière : spécialiste des achats, cave à bonne température, emplacement à part du magasin. Les foires au vin sont devenues de gigantesques marchés où l'on se rue à la première heure du premier jour. On trouve alors sur le parking les camions des négociants, qui raflent aussitôt tout ce qui a une valeur spéculative.

29. L'ACHAT CHEZ LES CAVISTES

Il serait temps de se rappeler qu'un bon caviste a une activité de conseil, une gamme de vins et une qualité de stockage qui méritent qu'on lui fasse confiance ; les prix sont souvent plus élevés en ce qui concerne les grands bordeaux récents, mais la qualité des autres vins les rend bien plus attractifs que ce qu'on trouve généralement dans la grande distribution.

Certains vendent aussi du vin « à la tireuse » ; ce sont de petits vins qu'il faut consommer rapidement.

30. L'ACHAT EN PRIMEUR

Il consiste à acheter des vins, généralement des grands crus de Bordeaux, dès le printemps suivant la récolte, alors que ces vins sont encore en cours d'élevage et ne seront livrés que l'année suivante. C'est un pari sur le prix et sur la rareté :

- Sur le prix, car le marché de ces vins est très fluctuant, dépend du dollar, de la qualité du nouveau millésime... L'achat en primeur des millésimes 1982 ou 1990 était une bonne affaire, alors qu'il n'a pas tenu ses promesses en 1984 ou en 1985, et qu'il se révèle une vraie mauvaise affaire en 1997.

- Sur la rareté, et c'est sans doute le plus intéressant : les meilleurs vins disparaissent très vite du marché, et se retrouvent rarement dans les foires au vin. En les achetant en primeur, on est au moins certain de se les procurer.

La plupart des négociants de Bordeaux, quelques négociants de France, des clubs de vente par correspondance proposent cette vente. Il faut se renseigner sur la qualité des différents crus et sur la fiabilité du vendeur : en cas de faillite, une banque est généralement garante de la transaction. Mais, en période de forte demande, surgissent de petites maisons sans fiabilité. Si on leur achète des primeurs, c'est avec un certain risque : comment vérifier qu'ils ont bien en commande les vins qu'ils devront livrer... deux ans plus tard ?

31. L'ACHAT DANS LES FOIRES ET SALONS

Il faut distinguer, parmi ceux qui ouvrent leurs portes aux particuliers, deux sortes de salons :

- Généraux, comme les foires agricoles : il faut apprendre à faire la différence entre les propriétaires, ou les groupements de propriétaires, qui vendent leur vin, et les maisons spécialisées dans ces foires. Des prix de 300 % supérieurs à la normale ne sont pas rares chez ces derniers.

Malheureusement, un certain nombre de maisons de bourgogne profitent de ces foires pour écouler à prix fort les plus mauvais vins. Les vendeurs sont des professionnels de la vente forcée qui n'hésiteront pas à vous faire boire quatre ou cinq grands verres bien remplis... Prenez avec vous un relevé des prix normaux par appellation. Si vous voyez quatre ou cinq représentants dans un petit stand, méfiez-vous ; si vous voyez un tarif rempli de 1977 et 1984, fuyez ! Si l'on vous propose des noms ronflants, marquis et comtes, mais que la maison n'est connue d'aucun guide et ne dispose pour adresse que d'une boîte postale, méfiez-vous : son unique activité est la vente, pas l'élevage des vins.

- Spécialisés avec vente, comme le Salon des caves particulières et de nombreux salons de province ; les plus grands n'y viennent pas (ils n'en ont pas besoin), mais c'est l'occasion unique de faire connaissance avec les propriétaires et de goûter leur production. Rien n'oblige à acheter sur place : vous pouvez aussi bien demander les tarifs et commander plus tard.

32. L'ACHAT EN VENTE PUBLIQUE

L'expertise en vente publique est mon métier ; j'essaierai néanmoins d'être objectif. Voici ce qu'il faut savoir sur les ventes publiques :

- Il s'agit pour l'essentiel de ventes volontaires (déménagement, successions, etc.) et de ventes judiciaires (faillites).
- Les prix d'adjudication (qui sont augmentés des frais d'achat de 10,854 %) sont largement inférieurs aux prix du négoce, sauf pour les vins rares.
- Les ventes publiques représentent le principal marché des vins rares et de collection, où s'approvisionnent aussi bien les marchands que les particuliers.
- Les ventes sont précédées d'une exposition des vins ; il est toujours intéressant de s'y rendre pour vérifier l'état des bouteilles. Le catalogue édité avant la vente, que l'on demande au commissaire-priseur, permet de suivre son déroulement et de préparer les enchères que l'on est prêt à risquer.
- L'expert est chargé du bon déroulement de la vente et de l'expertise des bouteilles ; il ne faut pas hésiter à le consulter pendant l'exposition ou à lui téléphoner pour obtenir des renseignements complémentaires ou les estimations de la valeur des lots.
- Les lots doivent être retirés rapidement après une vente : la plupart des hôtels des ventes n'ont pas de cave adaptée au stockage des vins.

C. LE TOUR DES VINS DE FRANCE

Il n'est possible, en quelques pages, de donner qu'une approximation de la diversité du vignoble français. Un examen, même rapide, des vignobles étrangers demanderait un autre volume ; ce petit tour de France des vins vous sera cependant utile pour situer les appellations et savoir comment acheter les vins des diverses régions.

33. LA VALLÉE DE LA LOIRE

On regroupe sous le nom de vins de Loire tous les vins qui sont produits sur le cours de ce fleuve, depuis l'Auvergne jusqu'à la Vendée ; on le voit, la Loire est longue ! Ces vins sont pour la plupart des vignobles septentrionaux, c'est-à-dire qu'ils ne sont pas éloignés de la limite de culture de la vigne ; cette limite n'est pas administrative mais naturelle : au-delà, les risques de gel sont trop importants pour permettre une viticulture rationnelle. Les vins de Loire, particulièrement les rouges, sont donc sensibles aux conditions climatiques qui conditionnent le bon mûrissement des raisins.

Les principaux cépages blancs sont :

- le chenin blanc, ou pineau de la Loire. À l'heure où le goût se développe pour des vins d'où rien ne dépasse, j'ai un grand attachement pour ce cépage à la forte personnalité, qui donne en moelleux comme en sec des vins inimitables. Le chenin n'est pas très répandu en dehors de la vallée de la Loire. Il se caractérise par une acidité assez forte, un peu d'amertume et une structure assez « carrée », qui en fait un grand vin de garde. Il donne sur Savennières de grands vins secs originaux, à Vouvray et dans les coteaux du Layon des vins moelleux qui restent toujours vifs et équilibrés,
- le muscadet est un vin universellement connu, qui porte le nom de son cépage unique, dit aussi melon de Bourgogne en raison de ses origines. On ne le trouve que dans le Pays nantais,

- la folle blanche, cépage qui a beaucoup servi pour la distillation du cognac et de l'armagnac, porte près de Nantes le nom de Gros-Plant ; assez acide quand il est récolté hâtivement, il donne des « vins de soif » qu'il ne faut pas mésestimer,

- le sauvignon, cépage très répandu, réussit surtout dans les vignobles du Centre : ferme et racé à Pouilly-Fumé, plus arrondi à Sancerre, il est aussi cultivé dans les vignobles en aval.

Les principaux cépages rouges sont :

- le cabernet franc, qu'on appelle ici « breton ». Souple ou puissant selon le sol, typé par ses arômes de fruits rouges et de framboise, il est à la base des principaux crus rouges,

- le cabernet-sauvignon, qui est rarement vinifié seul, car il mûrit difficilement ici. Il apporte en assemblage sa structure et ses tanins,

- le gamay, cépage qui d'Auvergne à Nantes donne des vins assez directs, parfois vinifiés en primeur, parfois élevés en fûts pour une semi-garde.

AOC ROSE DE LOIRE : ces vins proviennent de l'Anjou, du Saumurois et de la Touraine. A base de cabernet, de gamay, de grolleau ou de pineau d'Aunis, ils sont en général assez simples et désaltérants.

33.1. LES VINS D'AUVERGNE ET DU BOURBONNAIS

VDQS CÔTES DU FOREZ : ce sont les vins des « Hauts de Loire ». Le vignoble n'est pas très étendu, et produit des vins de gamay vifs et secs, en rouge ou en rosé ; la quasi-totalité vient d'une coopérative, qui expédie aussi des vins en vrac.

AOC CÔTES ROANNAISES : vins de gamay également, la proximité de Lyon leur donne un cousinage avec le beaujolais. Rouges et rosés à boire jeunes.

VDQS SAINT-POURÇAIN : le vin du Bourbonnais. Les rouges et rosés sont légers, à base de gamay renforcé par le pinot noir. Les blancs sont très originaux, grâce au rare cépage tressalier.

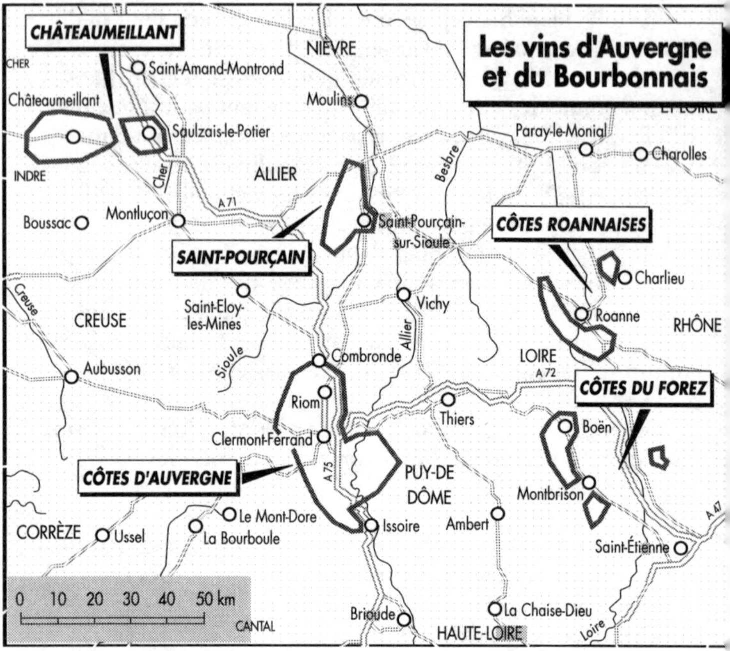

VDQS CÔTES D'AUVERGNE : à base de gamay essentiellement ce sont des vins francs et fruités, complices des charcuteries locales. Le cru de Chanturgue est le plus renommé.

VDQS CHÂTEAUMEILLANT : ce sont des vins de gamay dont la coopérative assure la plus grande part de la production : rouges frais et « gris » fruités.

33.2. LES VIGNOBLES DU CENTRE

AOC POUILLY-FUMÉ : on l'appelle aussi « blanc fumé » du nom local du sauvignon, cépage exclusif de l'appellation. Le sauvignon prend ici une belle vigueur, souvent renforcée par un élevage en fûts. Les meilleurs « voient » le bois neuf et peuvent vieillir plusieurs années ; ils sont alors embouteillés comme des cuvées de prestige et vendus à prix élevés.

AOC POUILLY-SUR-LOIRE : sur le même territoire que le pouilly-fumé, ce vin du cépage chasselas (qu'on rencontre plus souvent en Suisse) ; le vin est d'expression plus simple que le sauvignon, mais franc et agréable. Il est devenu de plus en plus rare.

AOC SANCERRE : près de 2 000 hectares suffisent à peine à étancher la soif de Paris et de la province en vin de sauvignon rond et équilibré ; les rouges de pinot noir sont parfois très fins mais de qualité bien inégale. Le pinot donne également des vins rosés.

AOC MENETOU-SALON : aux portes de Bourges, l'ancien vignoble de Jacques Cœur ressemble au Sancerrois :

blancs de sauvignon parfois assez fermes, rouges et rosés fins de pinot noir.

AOC QUINCY : sur la rive du Cher, ce vignoble de sauvignon produit des vins blancs fins et élégants, qui accompagnent les fromages de chèvre locaux.

AOC REUILLY : sur une aire théorique étendue, le vignoble est petit. Les blancs sont proches des quincy voisins, les rouges sont de bons vins de pinot, et les rosés de pinot gris sont tendres et parfumés.

VDQS COTEAUX DU GIENNOIS : du Sancerrois à Gien. Gamay (et pinot noir) pour les rouges, sauvignon pour les blancs ; vins assez légers et fruités.

33.3. LES VIGNOBLES DE TOURAINE

VDQS ORLÉANAIS : vins légers, entourant Orléans, et surtout le « gris d'Orléans », rosé de pressurage rapide, à base du pinot meunier que l'on cultive aussi en Champagne.

VDQS VALENÇAY : un vignoble épars dans cette région connue pour ses fromages de chèvre, donne des rouges et des rosés légers, et des blancs où le chardonnay épaule le sauvignon.

AOC TOURAINE : cette vaste appellation englobe la plupart des appellations plus restrictives de la région ; les touraines sont ordinairement des vins de primeur : les rouges sont marqués par le gamay, les blancs par le sauvignon ; mais il existe de nombreux particularismes, comme le « noble-joué », vin gris produit aux portes de Tours.

AOC CHEVERNY : les vins rouges de gamay incluent parfois le pinot noir ; comme les rosés de gamay, ils se boivent assez vite. Les blancs de sauvignon (avec un peu de chardonnay) sont floraux et élégants.

AOC COUR-CHEVERNY : dans le territoire de Cheverny, cette appellation récente se consacre uniquement aux blancs du rare cépage romorantin, secs et fruités, auxquels je trouve parfois un goût salé très original.

AOC TOURAINE-MESLAND : à l'ouest de Blois, elle produit les rouges les plus structurés de la région (cabernet, gamay et cot), mais aussi des rosés et des blancs, où nous voyons apparaître le chenin, que nous retrouverons souvent plus en aval de la Loire.

AOC TOURAINE-AMBOISE : autour du château royal d'Amboise, les rouges sont dominés par le gamay ; les blancs de chenin peuvent être secs ou demi-secs ; ils vieillissent bien quelques années.

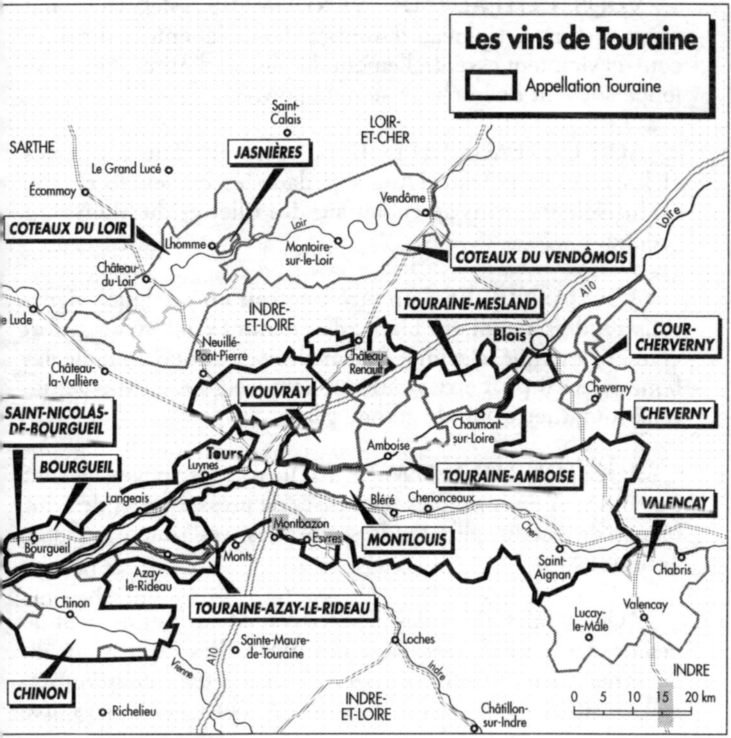

AOC VOUVRAY : c'est l'une des plus belles expressions du chenin ; les vins, blancs seulement, sont soit secs et vifs, soit moelleux et très amples avec des arômes typiques de pomme et de coing ; la gamme s'étend aussi aux vins « tendres », demi-secs, pétillants et, bien sûr, au vouvray mousseux de bonne garde. Les meilleurs vins de grande année ont un degré alcoolique assez peu élevé, mais une liqueur très présente. Les grands « 1947 » sont encore en pleine forme.

AOC MONTLOUIS : séparé de Vouvray par la Loire, Montlouis produit des vins assez similaires, peut-être un peu plus légers ; ils sont souvent bien moins chers et représentent un bon achat tant en sec qu'en mousseux.

VDQS COTEAUX DU VENDÔMOIS : les vins sont rouges (gamay et pineau d'Aunis), blancs (chenin) ou rosés : ceux-ci viennent essentiellement du pineau d'Aunis, qui développe souvent une délicieuse note poivrée.

AOC COTEAUX DU LOIR : on retrouve dans les rouges et les rosés le pineau d'Aunis et dans les blancs, le chenin exclusivement ; vins agréables sur des rillettes du Mans tout proche.

AOC JASNIÈRES : un étroit coteau où quelques vignerons produisent un vin blanc, de chenin exclusivement, fort et racé, marqué d'acidité les mauvaises années, ample les bonnes, où il peut être vinifié en demi-secs ou en vins liquoreux somptueux. Vin de grande garde.

AOC TOURAINE AZAY-LE-RIDEAU : les rouges ne sont que des touraines simples. Des rosés de pressurage et des vins blancs de chenin plus tendres que secs, voilà bien la douce Touraine !

AOC CHINON : des deux rives de la Vienne naît le célèbre vin de Rabelais, l'une des plus belles expressions du cabernet franc. Les terroirs vont de l'exceptionnel au moyen et le résultat aussi. Les bons chinons sont colorés, très aromatiques et fruités. Les meilleurs millésimes se gardent dix ans et plus. Les vins du domaine Charles-Joget, issus de très vieilles vignes et de petits rendements, sont très recherchés. Le chinon blanc, rare et élégant, mérite qu'on s'y attarde.

AOC BOURGUEIL : cette appellation qui surplombe la Loire donne des vins souvent assez taniques et de bonne garde ; le breton est le cépage dominant ; les vins sont soit coulants et aromatiques, soit denses et taniques ; les derniers prennent une belle complexité avec l'âge.

AOC SAINT-NICOLAS-DE-BOURGUEIL : sur cette seule commune, l'appellation se différencie par des vins un peu plus légers, parfumés et plus primes.

VDQS HAUT-POITOU : le dernier carré du vignoble de la Vienne est un bon producteur de vins francs et typés, grâce à l'importante coopérative de Neuville-de-Poitou. Les rouges viennent du gamay mais aussi du pinot noir. Les blancs, chardonnay et sauvignon, sont embouteillés par cépages et vendus à de nombreux restaurants.

33.4. LES VIGNOBLES DE L'ANJOU

VDQS VINS DU THOUARSAIS : tout près de l'AOC Anjou, rouges, rosés et blancs (80 % minimum de chenin) apparentés aux anjous.

AOC ANJOU : englobe les autres appellations de la région. Les anjous rouges de cabernet sont souvent un peu rustiques, mais pleins et généreux ; les blancs de chenin sont secs et vifs, parfois arrondis par une part de chardonnay. Les visites de cave incluent la dégustation des vins rosés, des appellations de moelleux, parfois de mousseux… Le rapport qualité-prix est souvent très bon.

AOC ANJOU-VILLAGES : ne concerne que les vins rouges sur les meilleurs terroirs ; ils peuvent être très fins ou presque rudes dans leur jeunesse. Les vins s'arrondissent avec l'âge et accompagnent bien les viandes grillées et les gibiers.

AOC ANJOU-VILLAGES-BRISSAC : la qualité des sols schisteux de Brissac a été reconnue par l'obtention récente d'une appellation contrôlée. Ces vins rouges puissants ont un bon potentiel de garde.

AOC ANJOU-GAMAY : vins de gamay comme leur nom l'indique ; à boire jeunes.

AOC ROSÉ D'ANJOU : vins demi-secs à base de grolleau (les vins secs s'appellent Anjou ou Rosé de Loire) ; ils semblent aujourd'hui un peu vieillots.

AOC CABERNET D'ANJOU : ces rosés demi-secs ou moelleux furent très renommés ; ils sont un peu oubliés ; ils peuvent être d'excellents « vins de tonnelle » avec des fraises.

AOC COTEAUX DU LAYON : c'est un grand vignoble de vins doux, qui eut son heure de gloire au début du siècle ; le cépage chenin y mûrit bien, et les vendanges par trie (de plus en plus fréquentes heureusement) donnent des vins demi-doux ou franchement moelleux, toujours soutenus par une acidité naturelle qui leur garantit un long vieillissement ; outre les deux crus particuliers, six communes et le village de Chaume peuvent rajouter leur nom à celui de l'appellation, d'où :

Coteaux du Layon Rochefort-sur-Loire
Coteaux du Layon Saint-Aubin-de-Luigné
Coteaux du Layon Saint-Lambert-du-Lattay
Coteaux du Layon Beaulieu-sur-Layon
Coteaux du Layon Rablay-sur-Layon
Coteaux du Layon Faye-d'Anjou
Coteaux du Layon Chaume.

Dans la pratique, le nom de la commune est souvent écourté sur l'étiquette. Ce sont les meilleurs terroirs, au bord du Layon, ruisseau qui permet la formation de la pourriture noble. Les vins les plus liquoreux peuvent maintenant porter la mention « Sélection de grains nobles ». Ce privilège, et les grands millésimes que sont 1989 et 1990, ont remis les coteaux-du-layon en vedette. Depuis s'est engagée une « course au degré » : en limitant sévèrement les rendements et en vendangeant le plus tard possible, les vignerons audacieux obtiennent des micro-cuvées très riches en sucre, dont le vin fermente lentement. Les degrés alcooliques restent bas, laissant une liqueur très riche. Ces vins sont bien éloignés du gai coteaux-du-layon de l'après-midi, mais très impressionnants en dégustation.

AOC QUARTS DE CHAUME : cette petite appellation baignée de soleil tire son nom d'une coutume des seigneurs de Chaume, qui se réservaient le quart de la récolte. Le quarts-de-chaume est normalement le vin le plus opulent du

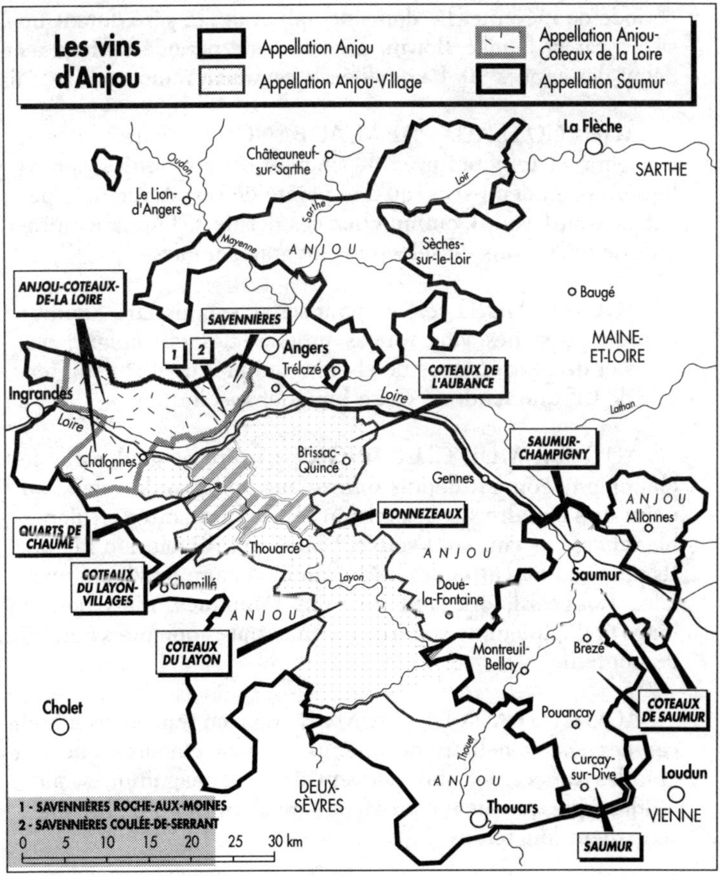

Layon, gras et complexe, et d'une très grande longévité. Mais les principaux vignobles ne sont pas actuellement à la hauteur de la réputation ; il faut donc goûter avant d'acheter, d'autant plus que les prix sont élevés. Les vins du domaine Baumard sont excellents.

AOC BONNEZEAUX : sur la montagne de Thouarcé, Bonnezeaux est l'autre grand cru des Coteaux du Layon ; les vins sont très fins, plus amples que gras, et de très longue garde. Le nom de Bonnezeaux est indissociable du château de Fesles, la principale propriété, qui a produit de grands vins même en période de mévente. Le domaine, qui avait été géré durant un siècle par la famille Boivin, a connu une période difficile au début des années 90. La qualité a récemment remonté.

AOC COTEAUX DE L'AUBANCE : juste au sud d'Angers, et toujours avec du chenin, on y produit des vins liquoreux ou demi-secs, qu'une pointe de vert différencie des coteaux-du-layon. Comme chez ces derniers, l'Aubance produit de beaux vins de sélections de grains nobles.

AOC SAUMUR : célèbre pour ses vins mousseux, Saumur produit aussi des vins rouges proches des champigny, des rosés et de beaux blancs de chenin, qui prennent sur son terroir de tuf une tendreté et un bouquet spécifiques.

AOC SAUMUR-CHAMPIGNY : fruité et gouleyant, le champigny connaît depuis quinze ans une grande vogue, au point de s'étendre sur des terrains autrefois plantés en vignes blanches. Les vins sont souvent faciles et d'évolution rapide. Ils permettent d'attendre les « grands » champigny, comme le Clos Rougeard, qui sont des vins tanniques, mais fins et longs et déploient de superbes arômes après quelques années de bouteille.

AOC COTEAUX DE SAUMUR : on n'en rencontre guère, car ces vins moelleux de chenin ne sont élaborés que les grandes années. Ce sont souvent des vins magnifiques, plus tendres que les coteaux-du-layon, qui s'ouvrent plus vite mais se gardent longtemps.

AOC CABERNET DE SAUMUR : vins demi-secs que l'on produit assez peu. Élégants et fruités.

AOC COTEAUX DE LA LOIRE : ces vins blancs, demi-secs en général, sont récoltés des deux côtés de la Loire à l'ouest d'Angers. Ils conservent une pointe de vert dans la robe, et sont moins définis que les coteaux-du-layon.

AOC SAVENNIÈRES : on trouve ici l'aristocratie du chenin sec ; les vins sont souvent sévères, parfois acerbes, dans leur jeunesse, mais ils vieillissent très bien ; la petite production ne favorise pas la publicité de l'appellation, qui semble d'ailleurs bien s'en passer. Les vins développent avec l'âge des arômes nobles qui les destinent à la haute gastronomie ; ils peuvent aussi être élaborés en demi-secs et, exceptionnellement, en moelleux. Le clos du Papillon est une parcelle réputée.

AOC SAVENNIÈRES-ROCHE AUX MOINES : regroupe des terrains exposés au sud : le vin y gagne de la chaleur et du gras.

AOC SAVENNIÈRES-COULÉE DE SERRANT : cette appellation monopole est l'un des fiefs de la biodynamie. Les vins, issus de rendements extrêmement faibles, sont gras et complexes dans leur jeunesse, puis se referment en bouteille et doivent être attendus.

33.5. LES VINS DU PAYS NANTAIS

AOC MUSCADET : issu uniquement du cépage muscadet, c'est un vin léger et fruité, d'un bon soutien acide, qui accompagne à merveille poissons et fruits de mer. Il se plaît dans les terres pas trop ensoleillées, car la chaleur l'amollit. Les meilleurs vins sont élevés « sur lie » : ils passent l'hiver sans soutirage et se nourrissent de leurs lies fines ; ils y gagnent de la complexité et un léger « perlant ». L'achat en propriété est de règle, et les prix sont tendres. Mais les meilleurs muscadets, élevés sur lie, sont obligatoirement embouteillés dans la région. L'AOC Muscadet recueille les

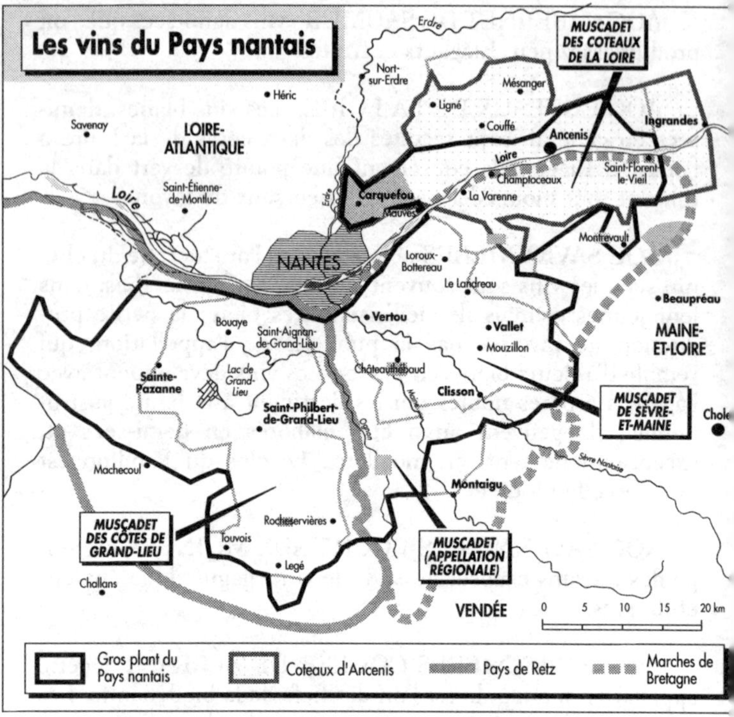

vins qui ne bénéficient pas d'une des trois appellations restrictives :

- Muscadet de Sèvre-et-Maine, la plus importante, qui regroupe les meilleurs terroirs au sud-ouest de Nantes,
- Muscadet des Coteaux de la Loire, à l'est de Nantes où le muscadet se fait plus proche de la « douceur angevine »,
- Muscadet des Côtes de Grand-Lieu, sur des terres plus légères ; cette appellation est toute récente.

VDQS GROS-PLANT DU PAYS NANTAIS : le vin de folle blanche, autrefois dominant dans la région, est relégué au rôle de comparse du muscadet : c'est l'aligoté du Pays nantais : sec, vif, simple et sain, il vient surtout de l'ouest du vignoble.

VDQS COTEAUX D'ANCENIS : entre Nantes et Ingrandes, qui marque l'entrée en Anjou, les Coteaux d'Ancenis chevauchent les appellations Muscadet et Gros-Plant. Les rouges viennent surtout du gamay et sont francs et faciles ; on trouve quelques vins de chenin et de rares malvoisies demi-secs.

VDQS FIEFS VENDÉENS : sur trois secteurs, des Sables-d'Olonne à Fontenay-le-Comte, ils donnent, grâce à de nombreux cépages, des vins agréables, dont les principaux crus sont le mareuil (rouges et rosés), brem (surtout blancs), pissotte et vix.

34. L'ALSACE ET LA LORRAINE

34.1. LES VIGNOBLES D'ALSACE

Le vignoble est très ancien : Bernard Ginestet cite une table des millésimes qui remonte à… 765, et ce n'est pas une faute de frappe ! Le vignoble alsacien est tout à fait original dans la production française :

- il n'y a qu'une appellation générique : Alsace et une appellation restrictive : Alsace grand cru,
- les vins portent en général le nom de leur cépage, dont voici les principaux :

RIESLING : cépage noble, vin ample, fruité mais distingué. Bonne aptitude au vieillissement.

GEWURZTRAMINER : cépage noble, vin puissant, parfums souvent exacerbés.

PINOT GRIS (TOKAY D'ALSACE) : cépage noble, vin élégant, droit, long en bouche.

MUSCAT D'ALSACE : cépage noble ; vin sec et fruité, orné parfois d'une touche de muscat ; fragile, se boit vite.

Ces quatre cépages sont dits « nobles ». Eux seuls peuvent être utilisés pour les vendanges tardives et les sélections de grains nobles, ainsi que pour l'appellation Alsace grand cru. Les autres cépages sont cependant très honorables :

TRAMINER : cousin proche du gewurztraminer, lui ressemble en plus simple.

SYLVANER : vin sec et bouqueté, simple d'expression mais séduisant par sa franchise.

PINOT BLANC ou KLEVNER : vin assez facile, frais.

CHASSELAS : vin de comptoir, frais et franc.

PINOT NOIR : cépage rouge presque toujours vinifié en rosés corsés.

- les étiquettes peuvent porter diverses mentions :

VENDANGES TARDIVES : ce sont des cueillettes de raisins surmûris, qui donnent des vins moelleux de grande longueur et de grande garde.

SÉLECTION DE GRAINS NOBLES : comme en Allemagne, les années à belle maturation permettent la vendange par trie de raisins très mûrs ou botrytisés, et donnent de grands vins liquoreux.

MÉDAILLES DIVERSES : il faut le signaler, car les très nombreux concours donnent lieu à une infinité de distinctions. Le sigille (sceau) de la confrérie Saint-Étienne correspond à une grande qualité. Les autres médailles ont une valeur moindre.

RÉSERVE : le même vignoble donne souvent lieu à des mises nombreuses, à cause de la diversité des cépages, bien sûr (tous les vignerons cultivent plusieurs cépages), mais aussi des différences de sols. Il n'est pas rare de trouver une gamme d'une douzaine de vins sur un vignoble de quelques hectares.

CLOS : la mention de clos, assez fréquente, correspond à l'existence d'un vignoble, souvent clos de murs, dont l'unité est prouvée ; les vignerons qui les possèdent en tirent souvent leur meilleur vin, car les vignes sont âgées. Citons quelques clos renommés :

Le Clos des Capucins, monopole du domaine Faller, 5 hectares pour un des meilleurs vins d'Alsace.

Le Clos Sainte-Hune, monopole de la maison Trimbach, 1 hectare de riesling.

Le Clos Saint-Urbain, 5 hectares, au domaine Zind-Humbrecht.

Les vins d'Alsace et de Lorraine
Appellation Alsace
Grand cru d'Alsace
LUXEMBOURG
BELGIQUE
ALLEMAGNE
Longwy
Thionville
Sierck-les-Bains
VINS DE MOSELLE
Forbach
Sarreguemines
Wissembourg
Briey
Boulay-Moselle
METZ
MOSELLE
MEUSE
VINS DE MOSELLE
Sarre
Niederbronn-les-Bains
Haguenau
VINS DE MOSELLE
Château-Salins
Sarrebourg
Saverne
Rhin
Commercy
Meuse
NANCY
Lunéville
STRASBOURG
Toul
Molsheim
BAS-RHIN
MEURTHE-ET-MOSELLE
CÔTES DE TOUL
Meurthe
Saint-Dié-des-Vosges
Barr
Ill
Neufchâteau
Moselle
VOSGES
Sélestat
Vittel
Ribeauvillé
Épinal
Gérardmer
Colmar
ALLEMAGNE
Munster
Guebwiller
HAUT-RHIN
HAUTE-MARNE
Luxeuil-les-Bains
Thann
Rhin
HAUTE-SAÔNE
Lure
MULHOUSE
Belfort
Saône
Vesoul
TERRITOIRE DE BELFORT
Altkirch
Bâle
0
20
40 km
DOUBS
Montbéliard
SUISSE

GRANDS CRUS : les grands crus sont des territoires délimités pour leur qualité ancienne ; il y en a actuellement une cinquantaine, dont la moitié est réellement de haute qualité. L'encépagement y est restreint aux quatre cépages nobles ; et le rendement y est limité (tout en restant élevé par rapport aux normes du reste de la France). Voici quelques-uns de ces grands crus :

Altenberg (cru) de Bergheim (commune). Exposition sud, riesling et gewurztraminer.

Brand de Turkheim. Grand vignoble en coteaux.

Eichberg d'Eguishem. Beaux gewurztraminers.

Geisberg de Ribeauvillé. Petite surface, mais sol caillouteux qui magnifie le riesling.

Goldert de Gueberschwihr. Bien drainé, bien ensoleillé, c'est un fief du cépage muscat et du gewurztraminer.

Kanzlerberg de Bergheim. Petit vignoble aux sols lourds, vins puissants.

Kastelberg d'Andlau. Caractérisé par son sous-sol schisteux propice au riesling.

Kitterlé de Guebwiller. Vignoble très pentu, vins puissants et de garde.

Rangen de Thann. Sur schistes et roches volcaniques. Grands vins.

Rosacker d'Hunawir. Sols lourds sur calcaire, beaux rieslings.

Schlossberg de Kientzheim. Vignoble de grande taille. A son meilleur, riesling de grande finesse.

Schoenenbourg de Riquewihr. Vignoble de coteau bien adapté au riesling.

Sporen de Riquewihr. Donne des gewurztraminers et des rieslings de longue garde.

Le caractère dominant des vins d'Alsace est leur fruité, car ils viennent de cépages expansifs ; mais les cépages les plus nobles vieillissent admirablement tant en vins secs qu'en moelleux.

Les vins d'Alsace, assez fragiles, ne peuvent être embouteillés que dans la région ; on ne peut donc acheter en vrac du vin d'appellation. Mais l'accueil à la propriété est proverbial, et c'est le mode idéal d'achat des vins. Il y a aussi un secteur coopératif très puissant. Je recommande de goûter les vins avant d'acheter, car les cuvées sont nombreuses et souvent différentes : par exemple, de nombreux vins secs contiennent une trace de sucre résiduel non négligeable, ce qui n'est pas de tous les goûts.

On trouve des vins à tous les prix, les plus chers étant, bien sûr, les rares SGN souvent vendus en demi-bouteilles. Vu la complexité des cépages et des lieux-dits, les vins rares sont légion.

À table, les vins d'Alsace accompagnent, bien sûr, les fruits de mer et les poissons, mais les cuvées plus charpentées se tiennent bien sur des viandes blanches et parfois même sur du gibier ! Les vins moelleux sont associés à la production locale de foie gras, et font aussi de grands vins de dessert.

34.2. LES VIGNOBLES DE LORRAINE

AOC CÔTES DE TOUL : ce vin de Lorraine existe en rouge et en blanc mais surtout en « gris » de gamay, qui se boivent jeunes.

VDQS MOSELLE : ce petit vignoble près de la frontière luxembourgeoise donne des vins fruités rouges et blancs.

35. LES VINS DU JURA

Le petit et très ancien vignoble du Jura produit l'un des vins les plus extraordinaires de la planète : le CHATEAU-CHALON. Cette AOC ne s'applique qu'à des vins de cépage savagnin, élevés pendant un minimum de cinq ans en fûts sans ouillage, c'est-à-dire qu'on ne compense pas l'évaporation du vin. Au lieu de s'oxyder et de tourner en vinaigre comme le voudrait la logique, le vin se recouvre d'une pellicule protectrice, et se métamorphose lentement en un nectar très sec, qui n'a d'analogies qu'avec le xérès. Le « vin jaune » est d'une énorme longueur en bouche, avec un goût de noix prononcé. Le vin jaune se boit presque chambré, seul ou en accompagnement de plats en sauce (c'est un des meilleurs vins de sauce qui existent). Il possède aussi l'avantage de vieillir très longtemps et de se conserver plusieurs jours après ouverture.

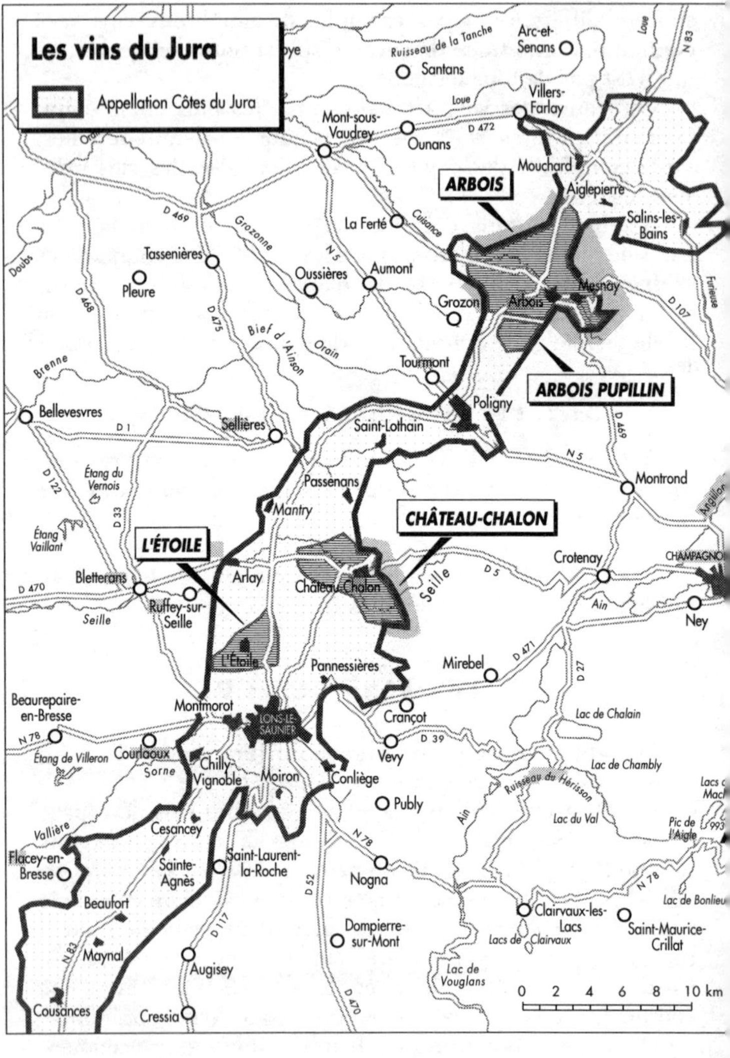

Les vins du Jura
Appellation Côtes du Jura
ARBOIS
ARBOIS PUPILLIN
CHÂTEAU-CHALON
L'ÉTOILE
Arc-et-Senans
Santans
Villers-Farlay
Mont-sous-Vaudrey
Ounans
Mouchard
Aiglepierre
Salins-les-Bains
La Ferté
Tassenières
Pleure
Oussières
Aumont
Grozon
Arbois
Mesnay
Tourmont
Poligny
Bellevesvres
Sellières
Saint-Lothain
Passenans
Mantry
Montrond
Crotenay
Bletterans
Ruffey-sur-Seille
Arlay
Château-Chalon
Ney
L'Étoile
Pannessières
Mirebel
Beaurepaire-en-Bresse
Montmorot
Lons-le-Saunier
Crançot
Courlaoux
Chilly
Vignoble
Moiron
Conliège
Vevy
Publy
Cesancey
Sainte-Agnès
Saint-Laurent-la-Roche
Flacey-en-Bresse
Nogna
Beaufort
Maynal
Augisey
Dompierre-sur-Mont
Clairvaux-les-Lacs
Saint-Maurice-Crillat
Cousances
Cressia
Lac de Chalain
Lac de Chambly
Lac du Val
Lac de Vouglans
Lacs de Clairvaux
Pic de l'Aigle
Étang du Vernois
Étang Vaillant
Étang de Villeron
Ruisseau de la Tanche
Ruisseau du Hérisson
Loue
Doubs
Cuisance
Grozonne
Bief d'Ainson
Orain
Brenne
Seille
Sorne
Vallière
Ain
Furieuse
D 472
D 469
D 468
D 475
D 1
D 122
D 33
D 470
D 5
D 471
D 27
D 39
D 52
D 117
D 107
N 5
N 78
N 83
0 2 4 6 8 10 km

On produit aussi du vin jaune dans d'autres appellations du Jura ; en voici la liste :

AOC COTES DU JURA : c'est l'appellation régionale ; vins rouges, rosés, blancs, vin jaune, vin de paille, mousseux. Les vins rouges peuvent être issus de poulsard, cépage fin et original, associé avec du pinot noir ; ils sont un peu rustiques mais fins. Les rosés sont typés de poulsard ou de trousseau. Les blancs sont soit de chardonnay, soit de savagnin ou d'un mélange des deux cépages ; le savagnin leur donne un petit goût capiteux de vin jaune.

AOC ARBOIS : mêmes vins qu'en AOC Côtes du Jura, sur des terrains plus délimités. Les vins sont généralement mieux définis et plus fins.

AOC L'ÉTOILE : cette petite appellation ne s'applique qu'à des vins blancs (ou jaunes). Bonne finesse.

Les vins du Jura se vendent à la propriété ou chez les cavistes. Le principal producteur, aussi négociant, est le célèbre Henri Maire, dont les représentants sillonnent toutes les foires agricoles ; les prix sont élevés. Le Jura est aussi renommé pour deux bonnes et anciennes caves coopératives: la Fruitière d'Arbois et celle de Château-Chalon qui vendent une bonne gamme de vins.

Ne serait-ce que pour récompenser la patience des vignerons, il faut posséder dans sa cave un « clavelin » de vin jaune : ce flacon ne contient que 62 centilitres, les 38 autres centilitres étant la « part des anges », l'évaporation du vin au cours de son affinement.

36. LES VINS DE SAVOIE

Les vins de Savoie portent l'appellation générique « Savoie » avec, souvent, mention d'un nom de cru ou de cépage. Ils sont peu connus, car l'essentiel est vendu sur place auprès des vacanciers des stations de ski. Il faut dire

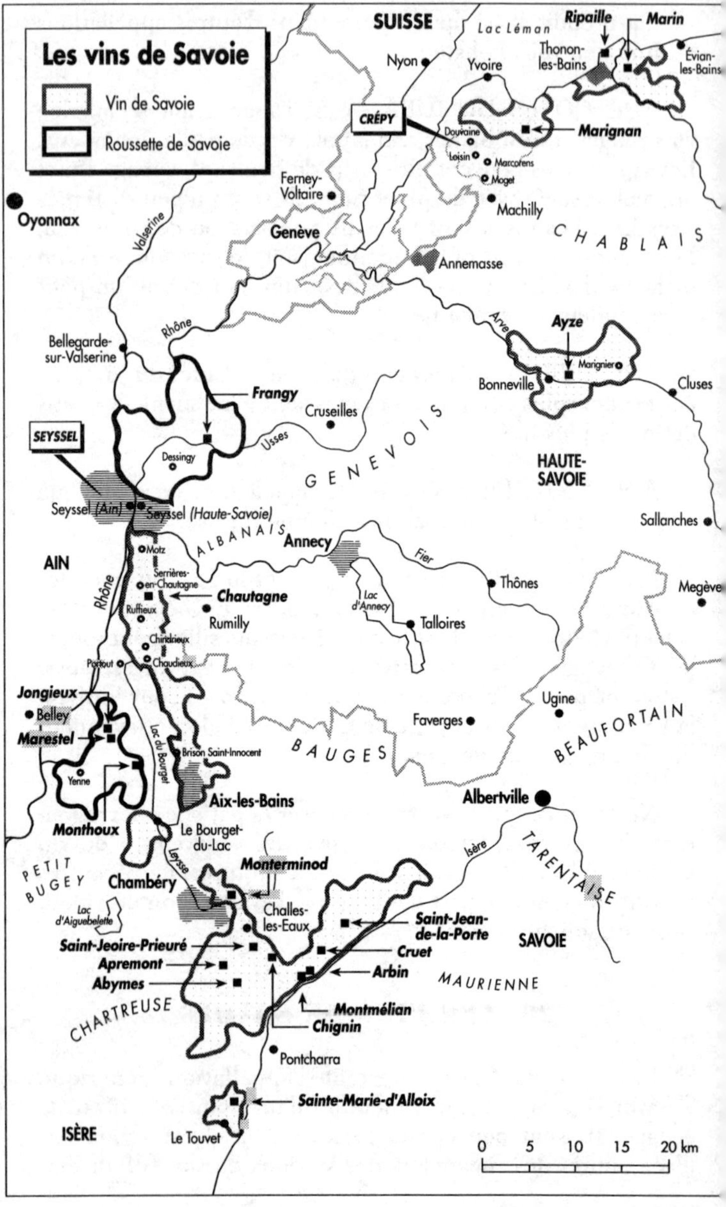
Les vins de Savoie
Vin de Savoie
Roussette de Savoie
SUISSE
Lac Léman
Ripaille
Marin
Nyon
Yvoire
Thonon-les-Bains
Évian-les-Bains
CRÉPY
Douvaine
Loisin
Marcorens
Moget
Marignan
Machilly
CHABLAIS
Oyonnax
Ferney-Voltaire
Genève
Valserine
Annemasse
Rhône
Arve
Ayze
Bellegarde-sur-Valserine
Marignier
Bonneville
Cluses
Frangy
Cruseilles
Usses
SEYSSEL
Dessingy
GENEVOIS
HAUTE-SAVOIE
Seyssel (Ain)
Seyssel (Haute-Savoie)
Sallanches
ALBANAIS
Annecy
Fier
AIN
Motz
Serrières-en-Chautagne
Chautagne
Thônes
Megève
Rumilly
Ruffieux
Lac d'Annecy
Talloires
Chindrieux
Chaudieux
Portout
Jongieux
Belley
Marestel
Lac du Bourget
Ugine
Faverges
BEAUFORTAIN
Brison Saint-Innocent
BAUGES
Yenne
Aix-les-Bains
Albertville
Monthoux
Le Bourget-du-Lac
Isère
TARENTAISE
PETIT BUGEY
Leysse
Monterminod
Chambéry
Challes-les-Eaux
Lac d'Aiguebelette
Saint-Jean-de-la-Porte
Saint-Jeoire-Prieuré
SAVOIE
Cruet
Apremont
Arbin
Abymes
MAURIENNE
Montmélian
CHARTREUSE
Chignin
Pontcharra
Sainte-Marie-d'Alloix
ISÈRE
Le Touvet
0 5 10 15 20 km

que la fraîcheur de ces vins blancs se marie bien avec la fondue savoyarde et la cuisine des poissons de rivière. Le cépage mondeuse donne des vins rouges assez tanniques et de bonne garde. Les principaux crus sont :

- Abymes et Apremont : vins secs de jacquère, souvent perlants.
- Chignin-Bergeron : de jacquère ou du cépage bergeron, nom local de la roussane.

AOC ROUSSETTE DE SAVOIE : vins secs très fins ; s'ils portent en outre un nom de cru, c'est qu'ils viennent seulement du cépage altesse. À boire avec les écrevisses de torrent.

AOC SEYSSEL : sec et racé, bouquet de violette.

AOC CRÉPY : le cépage chasselas, comme en Suisse voisine, donne légèreté, parfum raffiné et un léger perlant.

VDQS VIN DU BUGEY : les vins, rouges et blancs à égalité, sont assez proches des vins de Savoie. Les rouges utilisent le pinot, le gamay, la mondeuse et le poulsard.

AOC ROUSSETTE DU BUGEY : cette appellation est réservée aux blancs d'altesse ou de chardonnay. Vifs et parfumés, ils sont secs ou légèrement tendres.

37. LES VINS DE BOURGOGNE

La Bourgogne est la région viticole la plus irritante qui soit : elle produit des vins rouges et blancs parmi les meilleurs de la planète, mais aussi, avec une régularité tranquille, des breuvages insipides vendus à prix d'or. On n'y entre pas facilement : bien sûr, l'accueil à la propriété est parfois chaleureux, mais il faut une bonne connaissance du cadastre viticole pour se repérer dans les appellations. Nous verrons d'abord comment on doit lire l'étiquette d'un bourgogne, puis nous descendrons la région depuis

Chablis jusqu'à la côte Chalonnaise, enfin nous verrons comment l'on peut acheter des vins à la propriété et chez les négociants.

Les vins d'appellation de Bourgogne sont classés d'après le cadastre, et vont de l'appellation régionale au grand cru : l'indication la plus importante est le nom de l'appellation encadrée, ou immédiatement suivie de la mention « appellation contrôlée ».

Appellations régionales :

BOURGOGNE : Appellation Bourgogne contrôlée

ou

BOURGOGNE : Appellation contrôlée.

C'est l'appellation la plus globale, qui concerne tous les vins venant de la région viticole et même, éventuellement, quelques vins de cépage gamay des crus du Beaujolais.

Appellations sous-régionales :

BOURGOGNE HAUTES-CÔTES-DE-BEAUNE

L'appellation sous-régionale englobe plusieurs communes, généralement n'ayant pas d'AOC communale propre.

Appellations communales :

GEVREY-CHAMBERTIN

Le vin doit provenir de cette commune (ou des vignes qui lui sont rattachées). S'il provient d'un seul « climat » (parcelle cadastrale ou lieu-dit), il peut le mentionner, mais en caractères deux fois plus petits que ceux de la commune, par exemple :

BEAUNE

Les mariages

Appellations de premiers crus :

CHASSAGNE-MONTRACHET PREMIER CRU

Le vin doit provenir de parcelles classées en premiers crus. S'il provient d'un seul climat, il peut le mentionner :

CHASSAGNE-MONTRACHET
CLOS SAINT-JEAN

ou

CHASSAGNE-MONTRACHET PREMIER CRU
CLOS SAINT-JEAN

Dans ce cas, le nom du climat peut être de la même taille que celui de la commune. Les premiers crus sont les meilleurs terrains ; mais le Clos Saint-Jean peut aussi provenir de parcelles de premiers crus « colonisés » par ce dernier !

Appellations de grands crus :

BONNES-MARES
APPELLATION BONNES-MARES CONTRÔLÉE

La mention « grand cru » n'est pas obligatoire, mais elle généralement employée. Il y a en Bourgogne une trentaine de grands crus, dont voici la liste :

VINS ROUGES :

Chambertin, Chambertin-Clos de Bèze, Charmes-Chambertin, Latricières-Chambertin, Mazis-Chambertin, Ruchottes-Chambertin, Chapelle-Chambertin, Mazoyères-Chambertin, Clos de la Roche, Clos Saint-Denis, Clos des Lambrays, Clos de Tart, Bonnes-Mares, Musigny, Clos Vougeot, Grands Échézeaux, Échézeaux, Richebourg, Romanée-Saint-Vivant, Romanée Conti, Romanée, Grande Rue, Tâche-Romanée, Corton.

VINS BLANCS :

Chablis Grand Cru, Musigny, Corton, Corton-Charlemagne ou Charlemagne, Montrachet, Bâtard-Montrachet, Chevalier-Montrachet, Bienvenue-Bâtard-Montrachet, Criots-Bâtard-Montrachet.

Est-ce tout ? Non car, dans ce degré ultime de la hiérarchie, on trouve aussi des divisions : ainsi le grand cru Corton comporte des climats différents qui peuvent être mentionnés si le vin en est exclusivement originaire :

CORTON-BRESSANDES
CORTON CLOS DU ROI

Les noms de clos historiques ont parfois été utilisés dans la délimitation des AOC (clos Vougeot), parfois non ; ils peuvent parfois être mentionnés :

RUCHOTTES-CHAMBERTIN
CLOS DES RUCHOTTES

est un grand cru.

Ce système est à la fois simple et complexe ; un peu d'histoire permet de le comprendre aisément. Depuis des siècles,

les meilleures terres à vigne ont été recensées par les moines qui les exploitaient : le « Champ de Bertin » est devenu le Chambertin, et fut reconnu comme exceptionnel. Les crus, qui le touchaient (parfois du bout d'un rang de vigne), ont pu, après de longs débats juridiques, afficher leur cousinage :

LATRICIÈRES-CHAMBERTIN

Enfin, la commune tout entière de Gevrey bénéficia de cette aura en prenant le nom de Gevrey-Chambertin. Il en va de même dans les autres communes : les saint-georges sont le meilleur vignoble de Nuits-Saint-Georges, le corton celui d'Aloxe-Corton, etc.

Cette classification est essentielle, mais l'habit ne fait pas toujours le moine : au grand cru du clos Vougeot, on trouve environ 80 propriétaires, et une centaine de vins différents sont proposés chaque année, qui vont du sublime au bon. La hiérarchie des crus doit donc être corrigée selon la qualité des viticulteurs.

Les vins de Bourgogne sont presque exclusivement issus d'un cépage rouge, le pinot noir, et d'un cépage blanc, le pinot-chardonnay.

Le pinot noir est un cépage relativement fragile, qui donne des vins peu colorés, de bonne acidité et d'un grand raffinement. Selon les terrains et l'année, il prend des expressions très diverses ; s'il est produit à petits rendements, il peut vieillir de longues années.

AOC BOURGOGNE : c'est l'appellation générique des vins. Les blancs sont des vins de chardonnay. Plus nombreux, les rouges proviennent du pinot noir, sauf lorsqu'ils sont issus du repli de crus du Beaujolais. Ces vins sont très divers en qualité, et peuvent être excellents s'ils viennent de bonnes propriétés jouxtant les grandes appellations.

AOC BOURGOGNE GRAND ORDINAIRE : appellation réservée aux vins des cépages :

- pinot noir, gamay, césar pour les rouges (et les rosés),
- chardonnay, aligoté, sacy (dans l'Yonne) et en théorie melon-de-bourgogne pour les blancs. Le melon-de-bourgogne n'est pratiquement plus cultivé : il a émigré en Bretagne pour y devenir le muscadet.

AOC BOURGOGNE PASSE-TOUT-GRAIN : ce sont des vins rouges (ou rosés) assemblant le pinot noir (1/3 minimum) au gamay ; c'est souvent le vin de table des viticulteurs, plus frais et léger en alcool que les vins du seul pinot.

AOC BOURGOGNE ALIGOTÉ : un cépage plus simple d'expression que le chardonnay, mais qui donne de bons « vins de soif » ; les vieilles vignes lui permettent plus de concentration.

37.1. LA RÉGION DE CHABLIS

AOC CHABLIS : le Chablisien couvre environ 2 500 hectares tout au nord de la Bourgogne, dans le département de l'Yonne. Son sous-sol de marnes kidmérigiennes donne au vin son caractère très spécifique : sec, vif, marqué d'un goût minéral de pierre à fusil. Il est parfois élevé en fûts et y gagne en complexité. Il peut vieillir en évoluant bien cinq à dix ans. Il accompagne les poissons, les viandes blanches et les huîtres. On trouve, avec des grandes disparités de qualité, 4 appellations :

- Chablis Grand Cru. Il y a 7 grands crus : Blanchot, Bougros, Les Clos, Grenouille, Preuses, Valmur, Vaudésir, tous contigus sur la rive droite de la rivière Serein, en face de la ville de Chablis. Ce sont les meilleurs des chablis et les plus typés. Les prix sont assez élevés, mais moins que dans les autres grands crus blancs de Bourgogne.
- Chablis Premier Cru : il y a de nombreux premiers crus dont les plus récents ne sont pas à la hauteur de leur renom. Les meilleurs sont : rive droite : Chapelot, Côte de Fontenay, Fourchaume, Mont de Milieu, Montée de Tonnerre, Vaulorent ; rive gauche : Beauroy, Beugnons, Butteaux, Côte de Léchet, Forêts, les Lys, Montmains, Vaillons…
- Chablis : le chablis « tout court » est ordinairement plus léger que les crus ; il peut être excellent s'il vient de terres favorables, malheureusement une bonne partie des terres de Chablis ne sont pas aptes à la production de bons vins.
- Petit Chablis : vient des terrains les moins favorables ; en général, petit vin de consommation rapide.

On peut facilement acheter du chablis à la propriété ; on se renseignera sur l'emplacement des vignes et sur l'élevage des vins en cuves ou en fûts, selon son goût. Il existe à

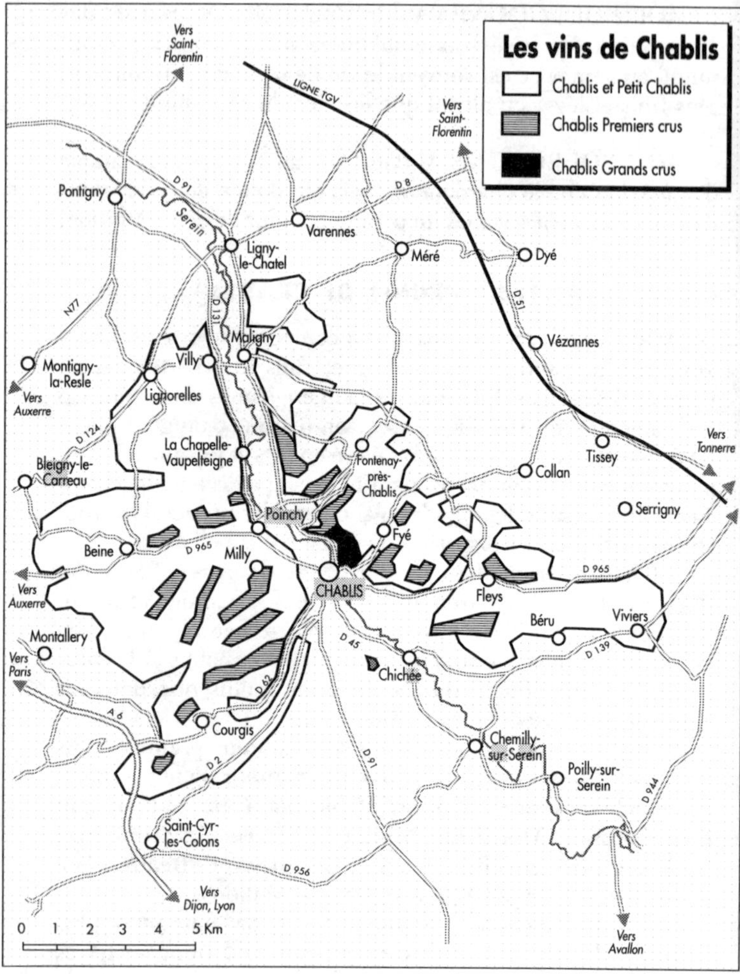

Chablis une bonne coopérative, la Chablisienne, et un petit négoce local digne de confiance. Quelques producteurs : R. et V. Dauvissat, W. Fèvre, Vocoret.

Vin rare : le domaine Jean-Marie Raveneau est le plus réputé de Chablis ; les vins sont sévères, stricts et très beaux au vieillissement. Pas de vin disponible à la propriété.

SAUVIGNON DE SAINT-BRIS : ce n'est pas une appellation contrôlée, mais un VDQS.

C'est une curiosité en Bourgogne puisqu'il vient du cépage sauvignon. Sur terrain calcaire, c'est un vin plutôt rond et plaisant.

AOC BOURGOGNE IRANCY : tout près du précédent, ce petit vignoble mêle au pinot noir le rare cépage césar, qui donne des vins assez corsés.

AOC BOURGOGNE COULANGES-LA-VINEUSE : dans le même secteur, cette mention s'applique aux vins récoltés sur le territoire de Coulanges-la-Vineuse.

37.2. LA CÔTE DE NUITS

AOC MARSANNAY : c'est la première appellation contrôlée de la côte de Nuits, qui va de Dijon à Corgoloin. Aux portes de Dijon, on produit des vins rouges et blancs, et surtout des marsannay rosés, production assez rare en Bourgogne.

AOC FIXIN : cette commune ne produit que des vins rouges, assez corsés. On y trouve un bon premier cru monopole, le Clos de la Perrière. Bons achats possibles à la propriété.

AOC GEVREY-CHAMBERTIN : vaste commune, de vins rouges uniquement, qui possède 6 grands crus : Chambertin, Chambertin-Clos de Bèze (qui peut porter le seul nom de Chambertin) et leurs 6 satellites : Charmes-Chambertin, Mazoyères-Chambertin (généralement déclaré en Charmes), Griotte-Chambertin, Latricières-Chambertin, Ruchottes-Chambertin, Mazis-Chambertin.

La commune possède aussi de nombreux premiers crus dont les meilleurs sont le Clos Saint-Jacques (aussi bon qu'un grand cru et moins cher), Lavaux Saint-Jacques, les Champeaux, la Combe aux Moines, les Cazetiers, Les Varoilles, Aux Combottes... Les vins d'appellation communale peuvent être excellents, ou moyens s'ils proviennent du bas de la côte.

Les vins de Gevrey-Chambertin sont pleins et colorés, avec de la mâche ; ils se gardent bien, et les meilleurs crus vieillissent longtemps. Il faut savoir que quelques grands propriétaires se signalent par la médiocrité de leur production.

Quelques producteurs : maisons Leroy, Faiveley, Bourée, domaines Maume, Roty.

Les vins rares : les domaines sont suffisamment importants pour qu'on puisse s'en procurer les vins. Rousseau et Roty sont deux vignerons très courus.

AOC MOREY-SAINT-DENIS : cette petite commune de vins rouges compte 4 grands crus :

- Le Clos de la Roche, à la limite de Gevrey-Chambertin : vins rouges profonds.
- Le Clos Saint-Denis, qui produit des vins nuancés et de grande qualité.
- Le Clos des Lambrays, vignoble qui a produit autrefois des vins extraordinaires. En quasi-monopole, il a été repris en main depuis dix ans.
- Le Clos de Tart, monopole de la maison Mommessin, actuellement bon vin élégant.

Le Clos des Ormes est un bon premier cru, ainsi que les Monts-Luisants, en altitude, qui donnent des vins très fins et de rares vins blancs. Les morey-saint-denis sont puissants et fins à la fois. La qualité d'ensemble est élevée.

Quelques producteurs : Ponsot, Roumier.

AOC CHAMBOLLE-MUSIGNY : cette commune produit des vins parmi les plus fins de Bourgogne. On y trouve 2 grands crus remarquables :

- Les Bonnes-Mares, au nord (une partie est sur la commune de Morey-Saint-Denis), donnent un vin riche et corsé, de bonne garde.
- Le Musigny, qui surplombe le clos Vougeot, donne sur ses terrains maigres des vins très fins et incisifs ; la majeure partie en appartient au domaine de Vogüé, qui est seul producteur du très rare musigny blanc, grand cru lui aussi.

La commune compte d'excellents premiers crus, dont les Amoureuses et les Charmes. Les vins de Chambolle-Musigny

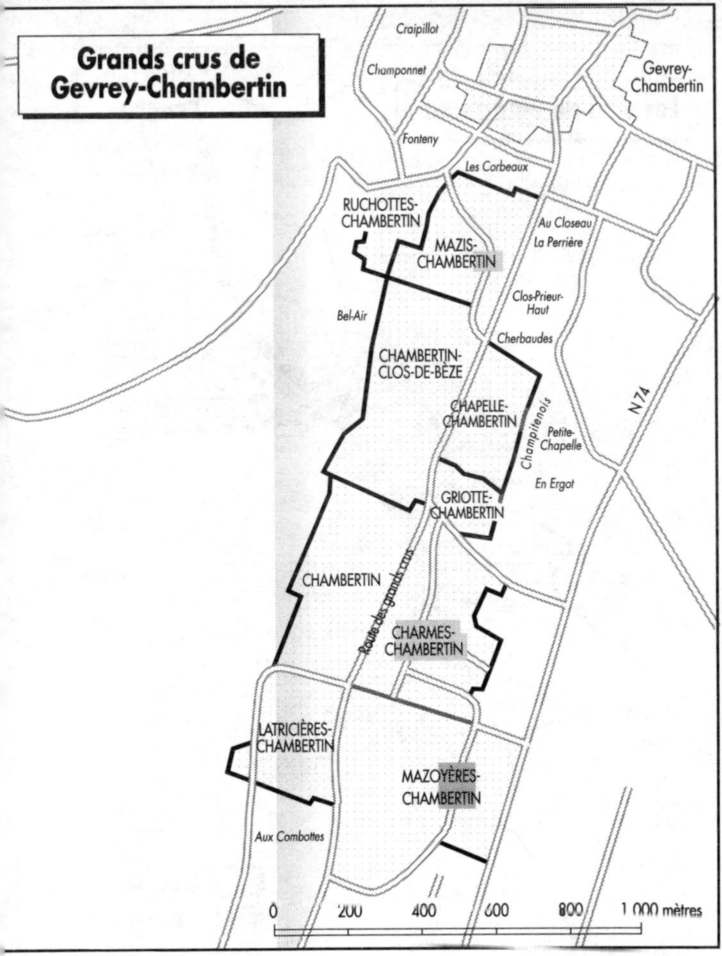

sont marqués par le sol calcaire ; ils sont très fins et élégants et méritent des plats raffinés. Quelques producteurs : maisons Jadot, Leroy, domaines De Vogüé, Mugneret, Mugnier.

Les vins rares : le musigny blanc de Vogüé n'est pas rare, il est rarissime ! Le domaine Georges Roumier et le domaine Munier produisent des vins recherchés, mais qu'on peut se procurer à la propriété.

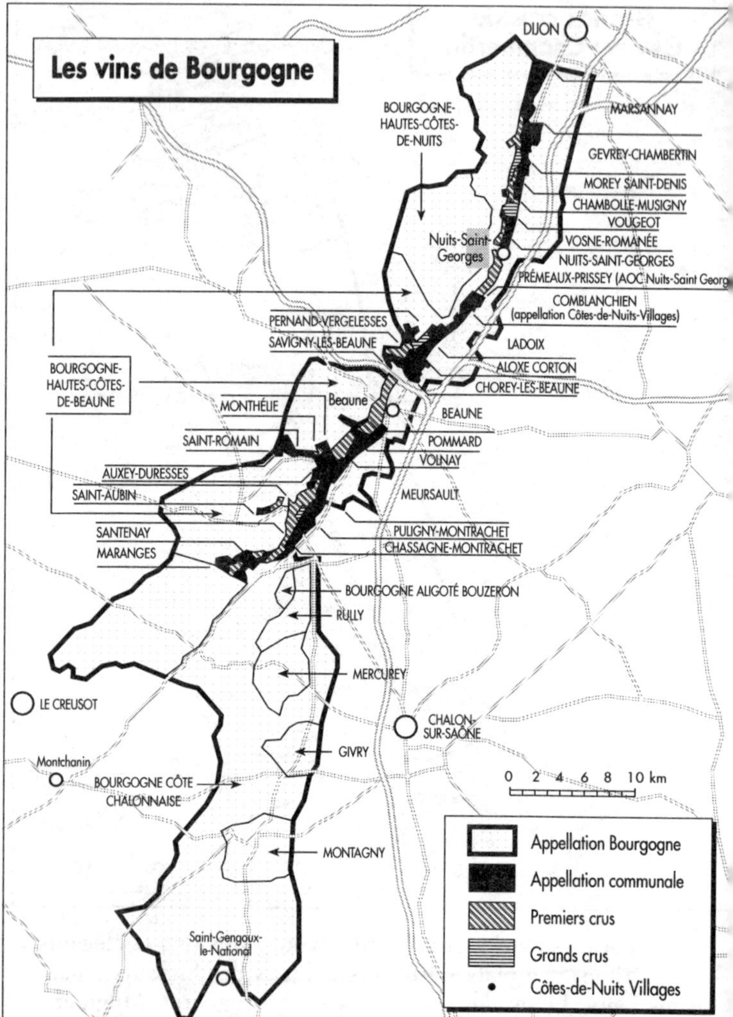
Les vins de Bourgogne
DIJON
BOURGOGNE-HAUTES-CÔTES-DE-NUITS
MARSANNAY
GEVREY-CHAMBERTIN
MOREY SAINT-DENIS
CHAMBOLLE-MUSIGNY
VOUGEOT
VOSNE-ROMANÉE
Nuits-Saint-Georges
NUITS-SAINT-GEORGES
PRÉMEAUX-PRISSEY (AOC Nuits-Saint Georg
COMBLANCHIEN
(appellation Côtes-de-Nuits-Villages)
PERNAND-VERGELESSES
SAVIGNY-LES-BEAUNE
LADOIX
ALOXE CORTON
CHOREY-LES-BEAUNE
BOURGOGNE-HAUTES-CÔTES-DE-BEAUNE
MONTHÉLIE
Beaune
BEAUNE
SAINT-ROMAIN
POMMARD
VOLNAY
AUXEY-DURESSES
SAINT-AUBIN
MEURSAULT
SANTENAY
MARANGES
PULIGNY-MONTRACHET
CHASSAGNE-MONTRACHET
BOURGOGNE ALIGOTÉ BOUZERON
RULLY
MERCUREY
LE CREUSOT
CHALON-SUR-SAÔNE
GIVRY
Montchanin
BOURGOGNE CÔTE CHALONNAISE
0 2 4 6 8 10 km
MONTAGNY
Saint-Gengoux-le-National
Appellation Bourgogne
Appellation communale
Premiers crus
Grands crus
Côtes-de-Nuits Villages

AOC VOUGEOT : cette petite commune est presque entièrement occupée par le clos Vougeot ; on trouve cependant quelques premiers crus rouges, et un vin blanc.

- Clos Vougeot : ce vaste grand cru de 50 hectares est divisé entre 80 propriétaires ; son rattachement à l'abbaye de Cîteaux et son unité, spirituelle plus que géologique, lui ont valu d'être classé grand cru en totalité ; les terrains sont pourtant très divers, le bas du Clos se sortant mal des années humides. Un bon clos vougeot est parfumé, puissant et velouté. Il doit vieillir pour s'affirmer.

Quelques producteurs : Méo-Camuzet, J. Confuron, Mongeard-Mugneret.

Les vins rares : le premier cru blanc de la maison L'Héritier-Guyot est aussi bon qu'introuvable. Les vignes du clos sont souvent exploitées par des vignerons des environs, dont il constitue évidemment le fleuron.

AOC FLAGEY-ÉCHÉZEAUX : cette commune de la plaine n'a pas d'appellation propre. Ses vins sont déclarés sous l'AOC Vosne-Romanée, sauf les deux grands crus :

- Les Grands Échézeaux se trouvent juste au nord du Clos Vougeot ; c'est un beau vignoble de vins séveux et corsés.

- Les Échézeaux sont bien plus étendus, au-dessus du précédent. Leur vin est plus léger et évolue plus rapidement.

Les vins rares : ceux du domaine de Romanée-Conti, bien sûr, mais aussi des domaines Leroy, Jayer et Engel.

AOC VOSNE-ROMANÉE : c'est la commune reine des vins rouges de Bourgogne, l'aristocratie des vins de soie et de velours. Voici d'abord les grands crus :

- Richebourg : sur 8 hectares, c'est un vin prodigieux de puissance et de générosité ; la qualité générale est très élevée, mais ces vins doivent impérativement vieillir.

- Romanée-Saint-Vivant : c'est le plus précoce des grands crus de Vosne-Romanée, le plus léger aussi, mais cette légèreté est toute relative ; belles qualités de bouquet.

- Romanée-Conti : d'une superficie de 1,8 hectare, c'est le vin le plus précieux de Bourgogne. La culture est extrêmement soignée ; le vin est délicat et nuancé, mais avec une force qui lui donne un grand pouvoir de vieillissement ; la production annuelle tourne autour de 6 000 bouteilles. C'est aussi l'un des vins rouges les plus chers du monde.

- Romanée est la plus petite appellation contrôlée de France. Le vin en est donc très rare. Il est peu connu, les millésimes anciens n'étant pas étourdissants. Les derniers sont en net progrès.

- Grande Rue, qui est un monopole du domaine Lamarche, est un grand cru depuis 1991. Ce vin était de qualité moyenne depuis trente ans, sa promotion peut lui donner un coup de pouce : le terroir est superbe.

- La Tâche est un vin musclé, corsé quand il est jeune ; peut-être un peu moins riche en nuances que Romanée-Conti, il vieillit fort bien.

En plus de ses grands crus prestigieux, Vosne-Romanée possède d'excellents premiers crus, comme les Suchots, les Gaudichots et, bien sûr, le mythique Cros Parantoux. Les vins du bas du village sont plus ordinaires. Les vosne-romanée sont des vins très fins dont la vigueur est cachée derrière une vivacité qui les destine aux meilleurs plats de haute gastronomie.

Quelques producteurs : Jayer-Gilles, Méo-Camuzet, Gros.

Les vins rares : le domaine de la Romanée-Conti possède en monopole Romanée-Conti, La Tâche, la moitié du Richebourg, les deux tiers de Romanée-Saint-Vivant, la moitié des Grands Échézeaux, des vignes en Échézeaux et en Montrachet. C'est le domaine le plus prestigieux de Bourgogne (contrairement à une rumeur, il n'a jamais été question de le vendre à des Japonais). Dans notre métier, nous l'appelons DRC. La qualité est très élevée comme les prix ; il est possible d'acheter du vin directement à la propriété, mais seulement en assortiment de 12 bouteilles, dont une de Romanée-Conti.

Les vins d'Henri Jayer sont introuvables, et l'étaient même avant sa semi-retraite.

Le domaine Leroy produit des vins fabuleux à des prix extraordinaires (et vice versa).

La commune regorge de bons producteurs.

AOC NUITS-SAINT-GEORGES : cette commune presque entièrement dévolue aux vins rouges ne compte pas de grands crus pour des raisons historiques. Les vins sont

Grands crus de Vosne-Romanée et de Vougeot
Les Chabiots
Les Borniques
Les Hauts Doix
Les Amoureuses
Les Bas Doix
Vougeot
MUSIGNY
Les petits Vougeots
Les Crâs
La Vigne Blanche
La Taupe
Combe d'Orveau
En Orveau
ÉCHEZEAUX
CLOS DE VOUGEOT
Les Rouges du Dessus
LES GRANDS ÉCHEZEAUX
ÉCHEZEAUX
s Beaux Monts Hauts
Les Beaux Monts Bas
ÉCHEZEAUX
Les Beaux Monts Aux Brûlées
Les Suchots
Cros Parentoux
RICHEBOURG
Les Petits Monts
LA ROMANÉE-SAINT-VIVANT
Aux Raignots
LA ROMANÉE
LA ROMANÉE-CONTI
Aux amps rdrix
LA ROMANÉE-SAINT-VIVANT
LA GRANDE RUE
LA TACHE
Vosne-Romanée
Aux Malconsorts
Les Chaumes
0
200
400
600
800 mètres

très corsés, surtout au sud de cette appellation très étendue, qui déborde au sud sur la commune de Prémeaux. Ce sont des vins que leur caractère un peu sauvage et « terroité » destine aux gibiers, après un certain vieillissement. Les meilleurs premiers crus sont au nord les Boudots, la Richemone, les Pruliers…, au sud les Saint-Georges, les Vaucrains, les Pruliers… La commune produit quelques vins blancs aussi rares que chers.

Nuits-Saint-Georges est un petit centre de négoce de vins, entre autres siège de la maison Faiveley. On trouve de nombreuses caves de producteurs dans le village.

Les vins rares : le nuits-saint-georges blanc du domaine Gouges.

Quelques producteurs : Michelot, Chicotot, Méo-Camuzet, Faiveley.

AOC CÔTES-DE-NUITS-VILLAGES : cette appellation s'applique à des vins, généralement rouges, récoltés soit tout au nord de la côte de Nuits, soit tout au sud. Ce sont souvent de bons vins à prix intéressant.

AOC BOURGOGNE HAUTES-CÔTES-DE-NUITS : cette appellation concerne des vins, surtout rouges, récoltés sur « l'arrière-côte », au-dessus des grandes appellations. On y trouve de bons vins plus légers qu'en côte de Nuits.

Quelques producteurs : Doudet-Naudin, Jayer-Gilles, Naudin-Ferrand.

37.3. LA CÔTE DE BEAUNE

AOC LADOIX : à Ladoix, nous entrons dans la côte de Beaune. Les meilleurs terrains sont en AOC Corton, qui est un grand cru. Les ladoix sont souvent assez corsés, voire un peu rustiques.

Quelques producteurs : Capitain-Gagnerot, Nudant.

AOC ALOXE-CORTON : les meilleurs terrains de la commune sont en AOC Corton. Les terrains en AOC Aloxe-Corton sont moins favorisés, mais les vins y sont puissants et « terriens ». On trouve à Aloxe, qui vaut la peine d'être visitée, quelques maisons de négoce dont le Château-grancey de Louis Latour, la Reine-Pédauque, vins plutôt lourds, et le Château-corton-andré bien connu des visiteurs de foires-expositions…

Quelques producteurs : Chandon de Briaille, A. Belland.

AOC CORTON : ce n'est pas une commune, mais un grand cru très étendu : 160 hectares, ce qui est énorme en Bourgogne. Il donne en rouge comme en blancs de grands vins de garde ; sur une telle surface, les vins peuvent être assez variés, d'autant que les expositions vont de l'est au sud-ouest en tournant autour de la montagne de Corton (qui culmine à 388 mètres). Tous les vins n'ont pas droit à l'appellation Corton (ou Corton blanc). Les vignes de 70 hectares en haut de pente ont droit à l'appellation Corton-Charlemagne (ou Charlemagne), pour leurs vins blancs uniquement. Un vignoble si étendu est composé de nombreux climats qui peuvent rajouter leur nom à celui de Corton : on peut citer le Corton, les Pougets, les Bressandes, le Clos du Roi, les Renardes… On comprendra qu'un tel vignoble donne des vins de qualités très diverses.

Quelques producteurs en rouge : Louis Latour, Chandon de Briaille, Dubreuil-Fontaine, Faiveley, hospices de Beaune, Nudant, Senard.

Quelques producteurs en blanc : Bonneau du Martray, Dubreuil-Fontaine, Coche-Dury, Faiveley, Jadot, Tollot-Beau.

AOC PERNAND-VERGELESSES : c'est une commune un peu en retrait de la côte de Beaune, dont les meilleurs climats sont en AOC Corton. Les premiers crus sont exposés au nord-est, mais ils produisent de bons vins fermes, notamment l'île-des-vergelesses. Les vins blancs sont parfois un peu durs.

Quelques producteurs : Chandon de Briaille, Dubreuil-Fontaine, Laleure-Piot.

AOC SAVIGNY-LÈS-BEAUNE : comme Pernand-Vergelesses, Savigny-lès-Beaune est une commune excentrée, située à l'entrée d'une combe. Les vins sont souples et annoncent déjà les beaunes. Ils sont presque exclusivement rouges.

Quelques producteurs : Bize, Champy, Machard de Gramont, Écard.

AOC CHOREY : cette petite commune utilise aussi l'appellation Côtes-de-Beaune ; elle ne possède pas de premiers crus. Produits en bas de côte, ces vins rouges sont souples et de consommation assez rapide.

AOC BEAUNE : commune très étendue, et siège du négoce bourguignon. On y trouve d'innombrables maisons de négoce dont on peut visiter les caves. Les vins sont essentiellement rouges. Ils ont plus de finesse que de corps, étant cuvés peu longtemps.

Il n'y a pas de grands crus mais des premiers crus au même niveau, comme le Clos des Mouches, les Épenottes, les Grèves, le Clos du Roi, les Teurons... La ville est aussi un centre touristique, et le lieu de la vente aux enchères de vins la plus connue au monde : chaque automne, les hospices de Beaune mettent en vente la production de leur domaine ; les vins sont vendus par cuvées portant chacune le nom du donateur de la vigne ; les prix atteints par cette vente de charité sont très élevés, bien plus que la normale, mais ils donnent la tendance du marché pour le millésime en cours ; cette vente est réservée aux professionnels, car les vins sont encore en fûts et doivent être élevés par l'acheteur.

Compte tenu de la qualité de la culture, ce sont souvent de très grands vins, mais la qualité finale est fonction de celle du négociant éleveur.

Quelques producteurs : Drouhin, hospices de Beaune, Bouchard père et fils.

AOC POMMARD : cette commune entièrement dévolue aux vins rouges ne compte aucun grand cru, mais certains premiers crus comme les rugiens et les épenots sont au même niveau. Les pommards sont charpentés, taniques et pleins. Leur belle structure les désigne pour accompagner les gibiers et les viandes en sauce ; ils vieillissent très bien.

Vins rares : on peut avoir quelques difficultés à se procurer les grands vins de la commune tant ils sont recherchés, particulièrement ceux du comte Armand, de Madame de Courcel et d'Hubert de Montille. Mais il y a bien des bons récoltants ; les vins classés en premier cru sont sensiblement supérieurs aux « villages ». Quelques producteurs : de Montille, de Courcel, comte Armand, Gaunoux.

AOC VOLNAY : l'appellation Volnay ne produit que des vins rouges, en incluant des parcelles des Santenots sur la commune de Meursault. Les vins sont réputés très fins, mais cette finesse n'exclue pas la puissance et la longévité. Le niveau moyen des vins est élevé. Les meilleurs premiers crus sont le Clos des Chênes, les Taillepieds et, au nord, le Clos des Ducs qui donne des vins très fins.

Vins rares : les volnay des comtes Lafon et du marquis d'Angerville ne sont pas faciles à trouver.

Quelques producteurs : d'Angerville, Lafarge, de Montille, domaine de la Pousse d'Or.

AOC MONTHELIE : sur un versant sud, la commune de Monthelie produit essentiellement des vins rouges assez corsés, d'un bon rapport qualité-prix.

Quelques producteurs : de Suremain, Pernin-Rossin.

AOC AUXEY-DURESSES : un peu en retrait, ce joli village produit surtout des vins rouges, parfois très fins. Les vins rares : ici se trouve le siège du domaine Leroy, qui propose de nombreux vins de très haute qualité. Certains amateurs ne jurent que par ces vins issus de culture biodynamique qui ont une concentration, un parfum et aussi un prix exceptionnels.

Quelques producteurs : Diconne, Leroy, Ampeau.

AOC SAINT-ROMAIN : c'est un village que l'on oublie facilement, car il est en retrait de la côte. Il mérite le détour pour la belle vue et pour les vins, surtout les bons blancs à prix tendre.

AOC MEURSAULT : cette grande commune est renommée dans le monde entier pour ses vins blancs amples, gras et parfumés, qui peuvent se boire relativement vite. Les vins récoltés sous l'appellation premier cru Meursault-Blagny sont également excellents. On trouve une petite production de vins rouges. Les meilleurs premiers crus sont les Perrières, les Genevrières, les Charmes, la Goutte d'Or, Poruzots, mais il y en a bien d'autres.

Les vins rares : les vins des comtes Lafon, très concentrés, et surtout les magnifiques meursaults de Coche-Dury sont des pièces de collection.

Quelques producteurs : hospices de Beaune, Leroy, Michelot-Buisson, Roulot.

AOC PULIGNY-MONTRACHET : les meilleurs terrains sont en grand cru, mais il existe d'excellents crus dans cette commune qui produit surtout des vins blancs plus secs, mais plus fins que les meursaults. Les Pucelles, les Folatières, les Combettes sont d'excellents premiers crus. Les prix sont élevés, car la demande est forte.

Les vins rares : les vins des domaines Leflaive et Sauzet sont somptueux, mais rares.

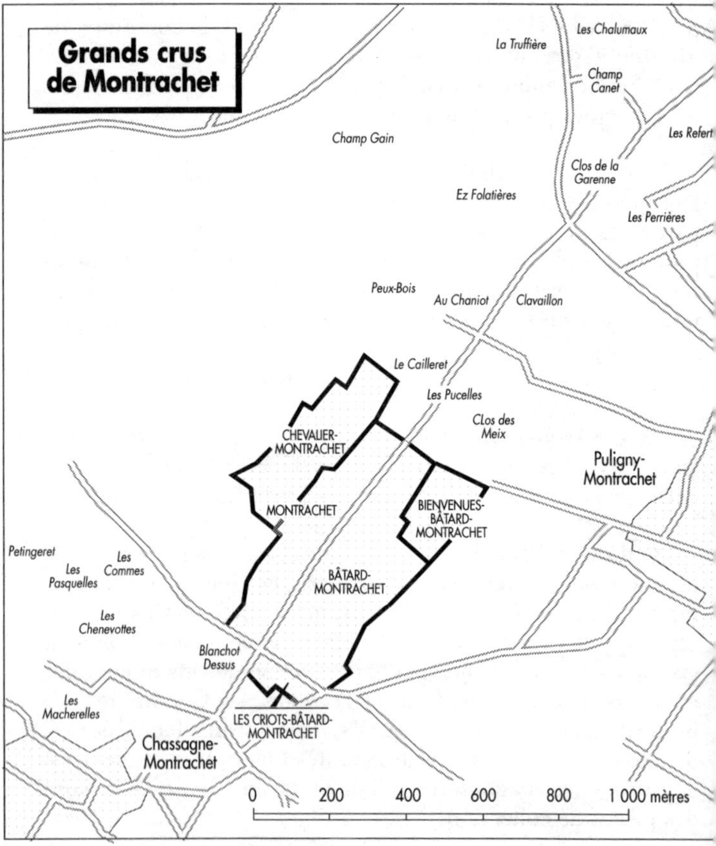

Quelques producteurs : domaine Leflaive, Niellon, Morey, Pernot, Carillon.

À cheval sur Puligny-Montrachet et Chassagne-Montrachet, on trouve les 5 grands crus qui produisent parfois les meilleurs vins blancs secs du monde :

- Le Montrachet, qui couvre 8 hectares. Un « vrai » montrachet est un vin très, très concentré, corsé, débordant de parfums ; un certain nombre ne méritent pas leur prix astronomique ; c'est un vin de garde, qu'il ne faut surtout pas ouvrir trop tôt.

- Le Chevalier-Montrachet, sur la commune de Puligny-Montrachet, doit à sa situation élevée de s'ouvrir plus rapidement que le montrachet. La qualité générale est très élevée.

- Le Bâtard-Montrachet se trouve « sous » le montrachet ; il est un peu plus « facile », mais reste un très grand vin chez les meilleurs producteurs.

- Le Bienvenue-Bâtard-Montrachet (commune de Puligny-Montrachet) est un peu moins connu, mais ses vins peuvent être de grande qualité.

- Les Criots-Bâtard-Montrachet ne couvrent que 1,5 hectare sur Chassagne-Montrachet. On rencontre rarement ce vin, un peu inférieur aux précédents.

Les vins rares : tous les montrachets sont rares, car la demande est mondiale. Certains producteurs n'en font qu'une barrique par an ; les plus rares sont ceux des domaines de Romanée-Conti, Colin, Sauzet, Amiot-Bonfils, Ramonet et Lafon.

AOC CHASSAGNE-MONTRACHET : si la commune produit beaucoup de vins rouges, elle est surtout réputée pour ses blancs. À côté des grands crus, on trouve de très beaux premiers crus comme les Cailleret, les Vergers, le Clos Saint-Jean (grand et inégal)... La propriété est locale. Les vins rouges sont assez solides.

Les vins rares : le très célèbre domaine Ramonet cède plus facilement ses premiers crus que son montrachet. Le domaine Niellon, lui, n'a en général rien à vendre.

Quelques producteurs : Marc Colin, J.-N. Gagnard, Ramonet, Gagnard-Delagrange, Pillot.

AOC SAINT-AUBIN : cette petite commune en retrait de la côte offre de bons vins blancs secs, ainsi que des vins rouges assez corsés.

Quelques producteurs : Chartron et Trébuchet, Colin, Roux père et fils.

AOC SANTENAY : cette commune assez étendue est renommée pour quelques vins blancs et surtout des vins rouges, parfois rustiques mais intéressants et d'un bon potentiel de garde. Quelques producteurs : Jean Moreau, domaine de la Pousse d'Or, Prieur-Brunet, A. Belland.

AOC MARANGES : sur plusieurs communes, cette nouvelle appellation permet d'acheter à prix intéressant des vins rouges charnus et quelques blancs bien fruités.

Quelques producteurs : Contat-Grangé, Girardin.

AOC CÔTE DE BEAUNE-VILLAGES : sous cette appellation sont vendus divers vins de la côte de Beaune ; elle est surtout employée pour des mélanges du négoce (ce n'est pas une critique en soi).

AOC BOURGOGNE HAUTES-CÔTES DE BEAUNE : à l'ouest des grandes appellations, les Hautes-Côtes de Beaune regroupent diverses communes à l'altitude élevée ; cela explique le caractère plus léger des vins, qui peuvent être très bons tant en rouge qu'en blanc.

Quelques producteurs : Doudet-Naudin, Parigot.

37.4. LA CÔTE CHALONNAISE ET LE MÂCONNAIS

AOC BOURGOGNE CÔTE CHALONNAISE : sur un territoire très étendu (mais il n'y a pas que des vignes), ces vins, rouges essentiellement, sont souples et fruités : c'est une bonne approche du pinot noir ; on trouve ici quelques crus réputés : Rully, Givry et Mercurey.

AOC RULLY : produit surtout des vins rouges, d'assez bonne garde. Peu de vins blancs, mais ils sont très bons.

Quelques producteurs : domaine de la Folie, Antonin Rodet.

AOC MERCUREY : une commune très connue avec quelques grands vignobles de bonne réputation ; les rares blancs comme les rouges sont de bons vins qu'on trouve facilement à la propriété.

Quelques producteurs : Faiveley, Jeannin-Naltet.

AOC GIVRY : surtout des vins rouges, assez marqués par leur terroir ; prix très abordables.

Quelques producteurs : clos Salomon, Joblot.

AOC MONTAGNY : vignoble de vins blancs assez faciles et pas chers. Le label « premier cru » est décerné très généreusement.

AOC BOURGOGNE ALIGOTÉ BOUZERON : cette appellation ne concerne que les vins d'aligoté ; le plus connu est celui d'Aubert de Villaine, un excellent apéritif.

AOC MÂCON, MÂCON SUPERIEUR : vaste région de vins plus modestes, qui portent parfois aussi le nom de la commune d'origine. Les mâcons sont les moins chers des vins de Bourgogne. Le Mâconnais compte quelques grands vins blancs dont la description suit :

AOC POUILLY-FUISSÉ : cette appellation a toujours rencontré un grand succès, et les prix sont très variés ; la qualité est très hétérogène : les meilleurs rivalisent avec les grands vins blancs de Bourgogne ; ils sont vifs, parfumés, moins gras que les meursaults et moins durs que les chablis.

Les vins rares : quelques domaines sont largement au-dessus du lot, comme le Château Fuissé et Madame Ferret.

AOC POUILLY-LOCHES : petite appellation de blancs de chardonnay, d'évolution assez rapide.

AOC POUILLY-VINZELLES : voisine de la précédente ; les vins (blancs) sont de même nature.

AOC SAINT-VÉRAN : ces vins blancs du sud du Mâconnais sont proches du beaujolais ; ils sont généralement fruités et souples.

37.5. CARACTÈRES DES VINS DE BOURGOGNE

Les vins rouges de Bourgogne tirent du pinot noir la quintessence de ses qualités de fruit et de bouquet. Nulle part au monde ce cépage fragile ne donne d'aussi beaux vins. Mais il faut savoir que la qualité est très irrégulière :

- d'abord, le pinot noir est très sensible aux années froides : il est fréquent qu'il atteigne juste son mûrissement et ne fournisse que 9° d'alcool ; cela explique qu'il soit très souvent chaptalisé, et parfois bien au-delà des normes légales,
- ensuite, de nombreuses erreurs ont été commises, il y a trente ans, dans le choix de mauvais porte-greffes, dans l'utilisation abusive d'engrais... pour augmenter les rendements ; les raisins sont souvent de qualité moyenne et manquent en particulier de l'acidité nécessaire pour bien vieillir, d'autant qu'ils sont ramassés trop tôt,
- enfin, les méthodes de vinification sont très différentes, et parfois trop systématiques, pour s'adapter aux variations climatiques : même dans les très bonnes années, on trouve toujours des vins ratés.

La fin de l'âge d'or, où n'importe quelle bouteille étiquetée « Bourgogne » trouvait vite preneur, a amené une certaine sagesse dans le vignoble ; je constate que certains de mes clients, qui avaient totalement épuré leur cave des bourgognes, recommencent à en acheter depuis la succession de très beaux millésimes entre 1985 et 1990. Plus qu'autre part, l'achat des bourgognes est affaire de confiance en un vigneron ou un négociant.

Quant aux blancs de chardonnay, si les rendements sont souvent bien trop élevés, particulièrement à Chablis, l'ensemble des vins est de belle qualité ; les plus modestes sont maintenant concurrencés par les vins du sud de la France et de l'étranger, car le chardonnay s'acclimate facilement.

37.6. ACHETER LES BOURGOGNES À LA PROPRIÉTÉ

En Bourgogne, les propriétés sont souvent petites et très morcelées : chaque vigneron propose plusieurs appellations, et peut être excellent dans une et moyen dans une autre si les terres sont mal placées ; habitant en général dans les villages, ils ne pourront vous montrer leurs vignobles comme le fait un châtelain bordelais ; c'est donc dans la cave que tout se passe ; l'accueil est en général chaleureux, et la vente à la propriété est très répandue. Les domaines cités sous la rubrique « Vins rares » sont ceux que l'on trouve cités dans la plupart des guides, et sont les fleurons du vignoble bourguignon ; malheureusement, ils n'ont en général pas de vin à la vente pour les visiteurs de passage.

37.7. LES NÉGOCIANTS DE BOURGOGNE

En Bourgogne, où la complexité du cadastre et le nombre des appellations contrôlées découragent vite l'amateur, il est tentant de faire confiance à un négociant : le négoce, basé essentiellement à Beaune, est très important mais très diversifié.

On trouve d'abord quelques grandes maisons anciennes qui joignent une activité de négoce à la culture de leur propre domaine : elles achètent soit des moûts frais pressés, soit des vins en fûts qu'elles élèvent et mélangent à leur production. On peut citer comme des maisons de confiance : Leroy (mais l'activité de négoce est presque abandonnée), Faiveley, Jadot, Drouhin (pour des vins de consommation rapide)… Les vins venant du domaine propre sont quasiment toujours meilleurs que les vins traités en négoce.

D'autres maisons se sont développées récemment dans l'élevage de petites quantités de vins de grande qualité : Dominique Laurent, O. Leflaive, J.-M. Guffens…

De très nombreuses maisons de négoce adoptent un style propre, qui tend à gommer la variété des vins qu'elles proposent : certaines vendent des vins à boire jeunes, d'autres pratiquent une chaptalisation systématique pour offrir des vins lourds et alcoolisés dans un style quelque peu dépassé, d'autres, enfin, achètent tous les lots les moins chers.

Comme d'habitude, mon conseil est de goûter quelques vins différents avant de faire son choix.

38. LES VIGNOBLES DU BEAUJOLAIS

Il y a, en réalité, plusieurs beaujolais s'il n'y a qu'un cépage unique : le gamay ; leur succession se fait dans le temps :

- en novembre, c'est la sortie du beaujolais nouveau, qui doit beaucoup à la technologie de vinification. Frais et gouleyant, il s'impose même au Japon. Les mauvaises cuvées sont alourdies d'alcool et d'arômes simplistes ; les meilleures sont digestes et coulantes,
- à Pâques, sortent les « vrais » beaujolais et les beaujolais-villages des meilleurs terroirs ; ils sont plus charpentés, même s'ils sont souvent vinifiés en macération carbonique,
- enfin, les crus, de semi-garde, gagnent à atteindre un an pour développer leur charpente. La promotion de Régnié a porté à 10 le nombre de ces crus, qui sont des appellations contrôlées :

Brouilly (1 200 hectares) : vins assez rustiques, colorés, nerveux.

Côte de brouilly (200 hectares) : ressemble au brouilly, plus fin.

Chénas (280 hectares) : racé et élégant. Gagne à vieillir quelques années.

Chiroubles (350 hectares) : vin solide, charpenté, nuancé de violette.

Fleurie (820 hectares) : vin fruité, assez léger, très « beaujolais ».

Juliénas (580 hectares) : coloré, étoffé ; gagne à vieillir.

Morgon (1 000 hectares) : coloré, rond mais corsé ; sur les meilleurs terrains, il « morgonne » en prenant un goût de terroir caractéristique. Bonne garde.

Saint-Amour (200 hectares) : plein et « facile » ; se boit jeune, mais peut vieillir un peu.

Moulin à Vent (670 hectares) : corsé, assez puissant, vieillit bien en prenant des arômes de pinot noir.

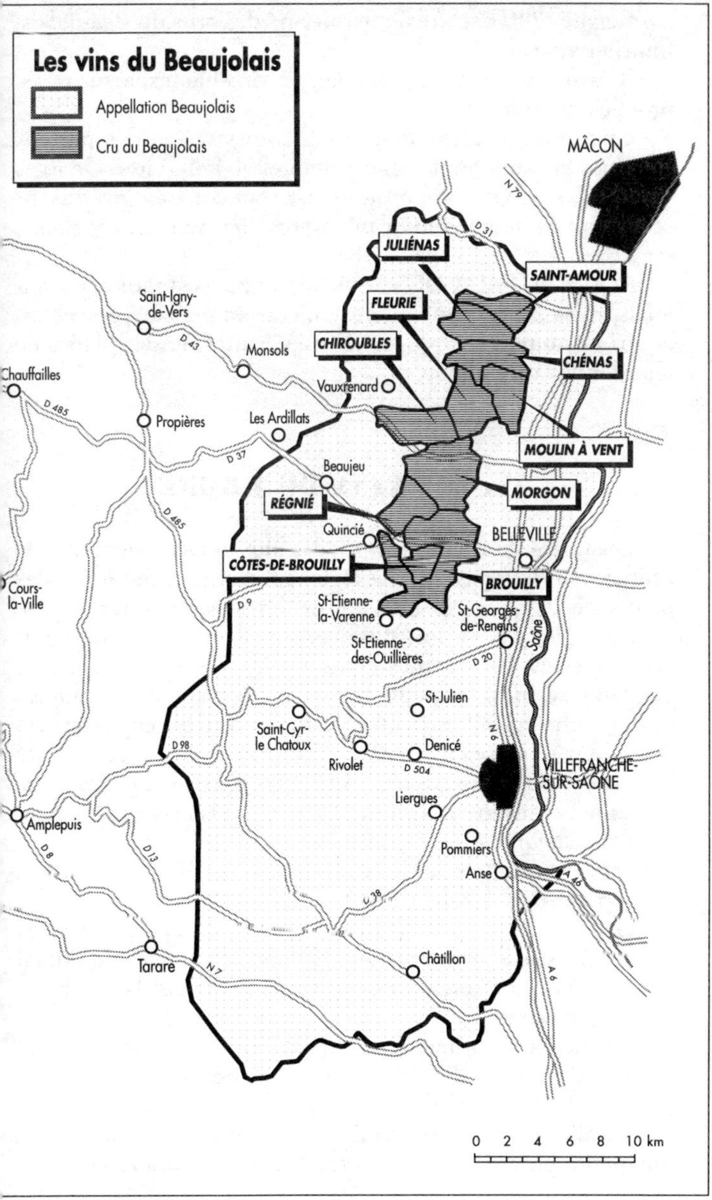
Les vins du Beaujolais
Appellation Beaujolais
Cru du Beaujolais
MÂCON
N 79
D 31
JULIÉNAS
SAINT-AMOUR
FLEURIE
CHIROUBLES
CHÉNAS
MOULIN À VENT
MORGON
RÉGNIÉ
CÔTES-DE-BROUILLY
BROUILLY
Saint-Igny-de-Vers
D 43
Monsols
Chauffailles
Vauxrenard
D 485
Propières
Les Ardillats
D 37
Beaujeu
D 485
Quincié
BELLEVILLE
Cours-la-Ville
D 9
St-Etienne-la-Varenne
St-Etienne-des-Ouillières
St-Georges-de-Reneins
Saône
D 20
St-Julien
N 6
Saint-Cyr-le Chatoux
D 98
Rivolet
Denicé
D 504
VILLEFRANCHE-SUR-SAONE
Liergues
Amplepuis
D 8
D 13
Pommiers
Anse
A 46
D 38
Tarare
N 7
Châtillon
A 6
0 2 4 6 8 10 km

Régnié (740 hectares) : dernier-né des crus du Beaujolais, fleuri et amical.

Il existe une petite production de vins blancs, assez rares, proches des mâcons.

Une grande partie de la production est écoulée par des négociants, au premier rang duquel il faut citer Georges Dubœuf. L'achat à la propriété est souvent très intéressant et permet de se constituer un approvisionnement régulier.

AOC COTEAUX DU LYONNAIS : ce n'est plus un beaujolais, mais il y ressemble fort. On consomme dans les « bouchons » lyonnais ces rouges et rosés fruités, et des blancs de chardonnay ou d'aligoté.

39. LES VINS DU RHÔNE

Les Côtes du Rhône sont un des plus anciens vignobles de France : sur leur passage, les légions romaines y ont laissé des plants de vigne, et la manière de les soigner. Pourtant, ce vignoble glorieux se sort difficilement d'une image dévalorisante. Certes, les « petites côtes » d'il y a vingt ans n'étaient pas fameux, mais les petits bordeaux ne valaient pas mieux ; on reproche en fait aux côtes-du-rhône d'être « capiteux ». À ceci, deux réponses :

- c'est vrai ; le degré d'alcool est en général supérieur à la moyenne, et réserve ces vins aux repas et à l'accompagnement de plats de caractère,
- et c'est tant mieux ; le vignoble français offre tout ce qu'il faut en matière de vins de soif.

Le vignoble des Côtes du Rhône a diverses particularités :

- il se divise aisément entre le nord et le sud ; le climat comme l'encépagement le commande : au nord la syrah, au sud le grenache,
- il mérite sa propre carte des millésimes : le climat très particulier permet de grands vins dans des années catastrophiques dans le reste de la France,
- il allie une énorme production de vins plutôt moyens à une petite production de vins réellement exceptionnels.

39.1. CÔTES DU RHÔNE SEPTENTRIONALES

C'est l'empire de la syrah, ce cépage si particulier qui donne corps et de l'alcool, mais aussi un bouquet sauvage et varié. C'est aussi le lieu d'élection du rare et capricieux cépage (blanc) viognier aux effluves de violette, de l'excellente roussane et de la marsanne. On y trouve des vins remarquables, souvent très chers du fait de la production réduite ; il faut remarquer ici l'importance d'un négoce qui ne se contente pas de vendre des vins, mais en produit aussi, et souvent de très haute qualité. Les meilleurs vins sont largement exportés et introuvables en France, sauf en ventes publiques et dans les grands restaurants.

AOC CÔTE RÔTIE : sur des coteaux escarpés, on produit ici des vins parmi les plus grands de France et qui, chose rare, peuvent comprendre une petite proportion de raisins blancs de viognier. L'appellation déborde un peu sur les plateaux où les vins ne subissent pas l'ensoleillement très élevé des coteaux ; il convient donc de se renseigner sur l'emplacement des vignes avant d'acheter, vu le prix des vins ; certains portent le nom de leur cru : Côte-Brune, Côte-Blonde, la Turque, la Châtillonne, le Grand Clos, la Viria…

Les côte-rôtie sont des vins puissants, très colorés, qui demandent quelques années de garde ; les bons millésimes ont une espérance de vie de plus de vingt ans, ce qui les classe dans les vins de France les plus remarquables. Ce sont des vins de viande et de gibier.

L'appellation compte de grands vignerons, et quelques-uns des meilleurs vins viennent du négoce de Tain-l'Hermitage. Mais la star incontestée du vignoble est Marcel Guigal, que les Américains considèrent comme le meilleur vinificateur de l'Ancien et du Nouveau Monde ; ses 3 cuvées de prestige : la Turque, la Mouline, la Landonne, sont des vins de grand caractère, puissants (trop ?), boisés et introuvables hors des ventes publiques. Ils sont réservés, par quotas, aux acheteurs d'autres vins de la maison de négoce Guigal, tous de belle qualité.

AOC CONDRIEU : cette appellation est toute dévolue au cépage condrieu, instable et fragile. Il est aujourd'hui sec,

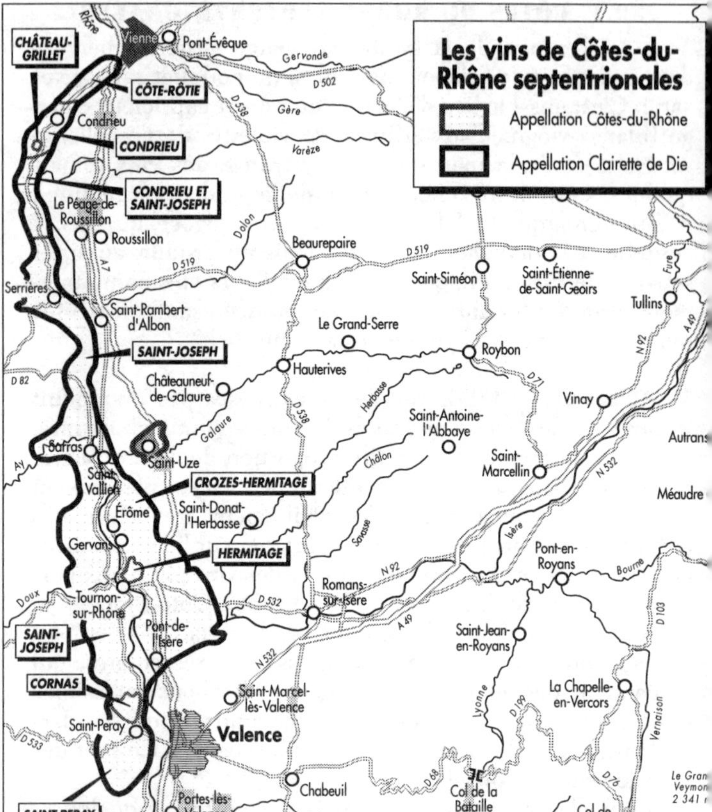
Les vins de Côtes-du-Rhône septentrionales
Appellation Côtes-du-Rhône
Appellation Clairette de Die
CHÂTEAU-GRILLET
CÔTE-RÔTIE
CONDRIEU
CONDRIEU ET SAINT-JOSEPH
SAINT-JOSEPH
CROZES-HERMITAGE
HERMITAGE
SAINT-JOSEPH
CORNAS
SAINT-PERAY
CLAIRETTE DE DIE ET CHÂTILLON-EN-DIOIS
Vienne
Pont-Évêque
Gervonde
D 502
Gère
Varèze
D 538
Rhône
Condrieu
Le Péage-de-Roussillon
Roussillon
Dolon
Beaurepaire
D 519
D 519
A 7
Saint-Siméon
Saint-Étienne-de-Saint-Geoirs
Fure
Tullins
Serrières
Saint-Rambert-d'Albon
Le Grand-Serre
Roybon
N 92
A 49
D 82
Hauterives
Châteauneuf-de-Galaure
D 71
Vinay
D 538
Herbasse
Saint-Antoine-l'Abbaye
Galaure
Autrans
Safras
Saint-Uze
Châlon
Saint-Marcellin
Ay
Saint-Vallier
N 532
Méaudre
Érôme
Saint-Donat-l'Herbasse
Savasse
Isère
Gervans
Pont-en-Royans
Bourne
N 92
Doux
Tournon-sur-Rhône
D 532
Romans-sur-Isère
A 49
D 103
Pont-de-l'Isère
Saint-Jean-en-Royans
N 532
Saint-Marcel-lès-Valence
Lyonne
D 199
La Chapelle-en-Vercors
Vernaison
Saint-Peray
Valence
D 533
Chabeuil
D 68
Col de la Bataille
1 313 m
D 76
Le Grand Veymont
2 341
Portes-lès-Valence
Véore
Col de Rousset
1 254 m
Montmeyran
Sure
Eyrieux
Rhône
Étoile-sur-Rhône
Pétochin
D 538
Meyrosse
La Voulte-sur-Rhône
Givron-sur-Drôme
Gervanne
D 93
Die
Loriol-sur-Drôme
Crest
N 86
D 104
Saillans
Drôme
Châtillon-en-Diois
D 2
Cruas
Puy-Saint-Martin
Rhône
Ancelle
Roubion
D 2
N 7
Rochemaure
Montélimar
0
10
20
30 km

alors qu'il fut naguère presque doux. Un vrai condrieu est puissant, plus gras que fin, rempli d'arômes où domine la violette ; ce vin rare et difficile se vend très cher. Bien qu'il ne soit pas très élégant de donner ici mon opinion personnelle, je dois avouer que je n'en ai jamais trouvé une bouteille qui me sembla exprimer la subtilité qu'on lui attribue généralement.

AOC CHÂTEAU-GRILLET : ce petit vignoble est une appellation monopole de moins de 3 hectares ; contrairement à ce qu'on lit souvent, ce n'est pas un grand cru de Condrieu, mais un vin qui ne ressemble à aucun autre ; il provient du cépage viognier ramassé dans un cirque naturel, qui permet une maturité remarquable ; contrairement aux vins de Condrieu, le Château-Grillet vieillit en fûts ; il est sec et doux à la fois ; c'est un vin de garde, qui demande une certaine aération pour offrir ses parfums raffinés. On peut l'acheter à la propriété en flûtes brunes de 70 centilitres. Les vieux millésimes sont, paraît-il, remarquables mais vraiment introuvables !

AOC SAINT-JOSEPH : cette appellation prolonge la Côte-Rôtie sur la rive droite du Rhône. Les vins de viognier de certaines communes sont déclarés en AOC Condrieu, alors que ceux de marsanne et roussane sont des saint-joseph blancs ; mais la majeure partie des vins sont des rouges de syrah, fins et d'évolution rapide ; ils restent néanmoins charpentés et bons compagnons des viandes rouges ; les rares blancs se boivent assez jeunes.

AOC HERMITAGE : c'est un vin dont la renommée, en extension, reste très inférieure à celle du siècle dernier : l'hermitage était alors, à juste titre, l'égal des plus grands vins de France. Plus tard, les Bordelais « hermitagaient » leurs vins pour les renforcer ; ce cousin costaud et bien utile a été un peu oublié, mais il faut dire que la qualité avait sensiblement baissé. On retrouve aujourd'hui ce grand vin viril, qui s'étage sur une colline au-dessus du Rhône ; les noms des crus sont inscrits en grand sur les murs des terrasses qui rappellent un peu les étagements du Haut-Douro. L'hermitage rouge (on trouve aussi l'ancienne appellation sans « h ») est un grand vin de garde, destiné aux gibiers ou aux viandes nobles ; le blanc est un vin sec et corsé à la fois, qui demande quelques années de bouteille, ce qui est rare dans la vallée du Rhône.

Les vins rares : l'hermitage possède cette particularité que nombre des meilleurs vins sont produits par des négociants (mais ils possèdent aussi des vignobles). Il est très dur de se procurer les vins de Gérard Chave, la quintessence de l'hermitage ; autre rareté : la cuvée le Pavillon de Chapoutier qui atteint des prix très élevés.

AOC CROZES-HERMITAGE : c'est la petite sœur de l'hermitage : les terrains sont moins favorables et la culture y est plus facile ; avec les mêmes cépages, on produit ici des vins d'évolution plus rapide.

AOC CORNAS : cornas, le vin noir. Exclusivement de syrah, il doit à un sol souvent granitique et à son microclimat sa force indéniable. C'est un vin de syrah caractéristique, corsé, dur et qui demande quelques années de garde pour s'épanouir. Ce vin corsé me semble l'accompagnement idéal des gibiers à poil. À la suite de l'Américain Parker, tous les guides recommandent le vin d'Auguste Clape, qui n'est évidemment pas disponible à la vente.

AOC SAINT-PÉRAY : vins blancs secs ou mousseux de cépages roussane et marsanne. La (relative) fraîcheur du climat donne des vins équilibrés qui sont vinifiés avec succès en mousseux.

AOC CHÂTILLON-EN-DIOIS : proche de l'appellation Clairette de Die (voir vins mousseux), produit des vins rouges majoritairement de gamay, des vins blancs de chardonnay et d'aligoté ; c'est un petit coin de Bourgogne exilé dans les Côtes du Rhône.

39.2. RHÔNE MÉRIDIONAL

À la sortie de la vallée du Rhône, le vignoble, qui était resserré sur ses deux rives, s'élargit et s'étale sans discontinuer jusqu'à la mer ; c'est pourquoi certains ouvrages classent les vins du sud du Rhône dans la Provence ; mais ils méritent, bien sûr, un examen à part entière.

VDQS CÔTES DU VIVARAIS : grenache et syrah (30 % minimum de chaque cépage) donnent en Ardèche et dans le Gard des vins frais, à boire assez jeunes, qui peuvent porter le nom d'un cru ; quelques blancs à base de cépages variés.

AOC COTEAUX DU TRICASTIN : sur la rive gauche du Rhône ; vins semblables aux côtes-du-rhône.

AOC CÔTES DU RHÔNE : si l'on trouve des côtes-du-rhône dans la partie nord du vignoble (donc typés syrah), la grande majorité de l'appellation vient du vignoble du sud ; les vins tirent du soleil une rondeur caractéristique ; la majorité des quelque 250 millions de bouteilles sont à boire jeunes ; une partie est vendue en vins primeurs. Les rosés et les blancs sont eux aussi ronds et souples.

Vin rare : le Château-de-Fonsalette, qui appartient au même propriétaire que le Château-Rayas, est un vin d'une droiture et d'une complexité étonnantes ; on peut se le procurer en gagnant les bonnes grâces du propriétaire ; il existe aussi en blanc, je n'en ai jamais vu, et en cuvée 100 % syrah ; si vous en avez une bouteille, invitez-moi !

AOC CÔTES DU RHÔNE VILLAGES : cette appellation restrictive produit des vins nettement plus corsés que les côtes-du-rhône, rouges essentiellement. Seize communes peuvent rajouter leur nom, ce sont donc des « crus ». Les meilleurs vins vieillissent bien ; on trouve des cuvées marquées par le grenache, d'autres par la syrah ou le cinsaut, et quelques blancs de viognier.

AOC GIGONDAS : ce sont des vins rouges uniquement, produits au pied des dentelles de Montmirail ; à base majoritaire de grenache, ils sont capiteux et assez alcoolisés ; ils vieillissent quelques années, et accompagnent les gibiers et les viandes rouges.

AOC VACQUEYRAS : on trouve surtout des vins rouges, assez proches du gigondas.

AOC CHÂTEAUNEUF-DU-PAPE : c'est ici qu'est né dans l'entre-deux-guerres le principe des appellations d'origine contrôlée ; les 3 000 hectares de l'appellation sont en grande partie composés de « galets roulés », qui accentuent l'effet du soleil et augmentent le degré d'alcool ; les châteauneuf-du-pape sont généralement colorés et assez alcoolisés, généreux et épicés ; leur talon d'achille est le manque d'acidité et l'oxydation facile du cépage grenache.

Les dépliants mentionnent « la symphonie des treize cépages », qui composent les rouges :

- grenache : chaleur et alcool,
- cinsaut : finesse et bouquet,
- syrah : force et couleur,
- mourvèdre : souplesse et finesse,
- counoise, picpoul, terret noir, vaccarèse, muscardin,
- s'y rajoutent les cépages blancs autorisés aussi pour les rouges : clairette, bourboulenc, roussane, picardan.

En réalité, le châteauneuf-du-pape rouge est majoritairement un vin de grenache. Le Château de Beaucastel est l'un, sinon le seul, à cultiver tous ces cépages. Les blancs peuvent être excellents : très riches en alcool, parfumés, sans acidité, ils vieillissent assez vite.

Les vins rares : le Château-Rayas est un vin de grande classe, qui cherche (et trouve) la finesse plutôt que l'alcool. Il est rare en rouge, rarissime en blanc.

De grandes propriétés produisent une cuvée de prestige : cuvée Hommage du château de Beaucastel, cuvée Centenaire du domaine des Cailloux, Barbe Rac de Chapoutier…

AOC TAVEL : le « premier rosé de France » est produit par saignée, après une macération d'un jour ou deux. C'est un vin corsé et épicé pour un rosé, de robe soutenue.

AOC LIRAC : cette appellation voisine de Tavel produit des vins des trois couleurs ; les rosés ont un petit air de Tavel ; les rouges sont assez corsés. Les blancs sont marqués par le bouquet du cépage clairette.

AOC CÔTES DU VENTOUX : vins rouges, rosés et blancs sur une aire étendue au pied du mont Ventoux. Le cli-

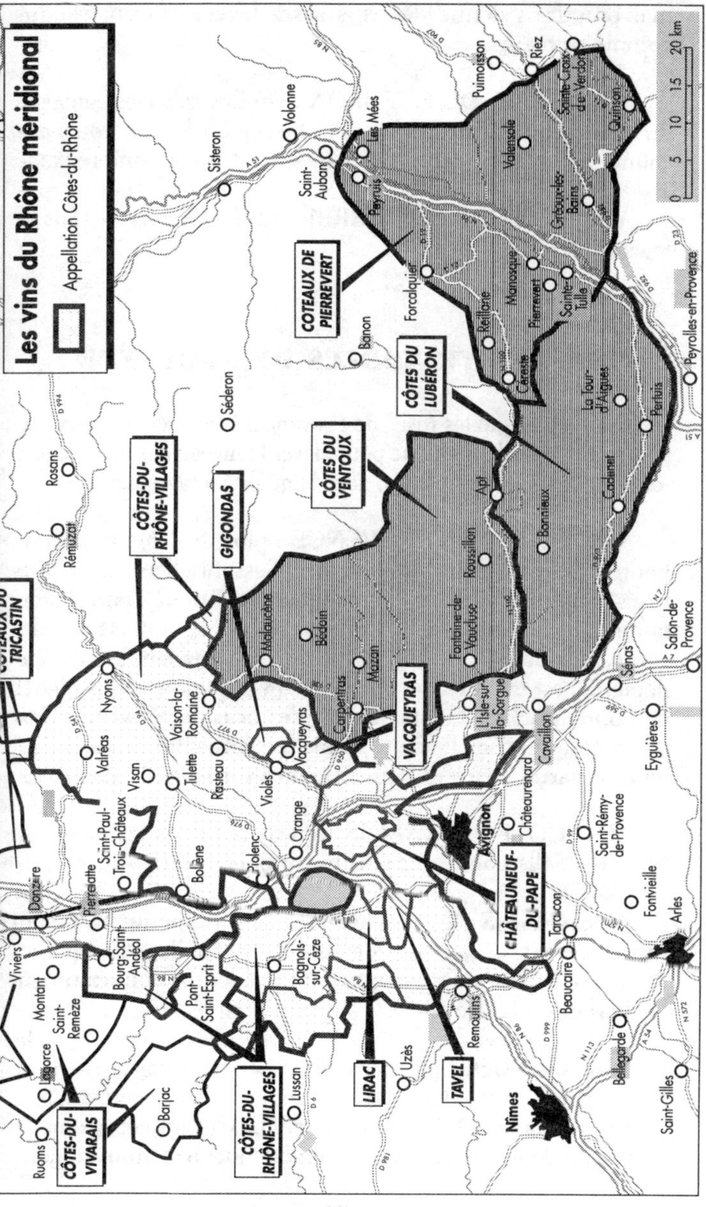

Les vins du Rhône méridional
Appellation Côtes-du-Rhône
CÔTES-DU-VIVARAIS
CÔTES-DU-RHÔNE-VILLAGES
LIRAC
TAVEL
CHÂTEAUNEUF-DU-PAPE
VACQUEYRAS
GIGONDAS
CÔTES-DU-RHÔNE-VILLAGES
COTEAUX DU TRICASTIN
CÔTES DU VENTOUX
CÔTES DU LUBÉRON
COTEAUX DE PIERREVERT
Ruoms
Lagorce
Barjac
Saint-Remèze
Montant
Viviers
Bourg-Saint-Andéol
Pont-Saint-Esprit
Bagnols-sur-Cèze
Lussan
Uzès
Remoulins
Nîmes
Beaucaire
Tarascon
Bellegarde
Saint-Gilles
Arles
Fontvieille
Saint-Rémy-de-Provence
Châteaurenard
Avignon
Eyguières
Sénas
Salon-de-Provence
Cavaillon
L'Isle-sur-la-Sorgue
Fontaine-de-Vaucluse
Carpentras
Mazan
Bédoin
Malaucène
Vacqueyras
Violès
Orange
Piolenc
Bollène
Pierrelatte
Donzère
Saint-Paul-Trois-Châteaux
Visan
Valréas
Tulette
Rasteau
Vaison-la-Romaine
Nyons
Rémuzat
Rosans
Séderon
Roussillon
Apt
Bonnieux
Cadenet
Pertuis
La Tour-d'Aigues
Cereste
Reillanne
Banon
Forcalquier
Manosque
Pierrevert
Sainte-Tulle
Gréoux-les-Bains
Valensole
Peyruis
Les Mées
Saint-Auban
Sisteron
Volonne
Puimoisson
Riez
Sainte-Croix-de-Verdon
Quinson
Peyrolles-en-Provence
0 5 10 15 20 km

mat plus frais donne des vins assez légers souvent vendus comme primeurs.

AOC CÔTES DU LUBERON : sur des sols très calcaires du massif du Luberon, les vins ressemblent aux côtes-du-rhône. Les blancs, secs et élégants, sont assez nombreux.

AOC COTEAUX DE PIERREVERT : vins assez frais et légers.

40. LES VIGNOBLES DE PROVENCE

Il n'y a pas que les rosés de Provence. Cette région a accompli un gros travail technique pour élever le niveau des rouges, parfois excellents, et des blancs, dont la qualité a bien augmenté.

AOC CÔTES DE PROVENCE : plus de 100 millions de bouteilles se vendent annuellement, essentiellement en vins rosés souples et vite bus ; les coopératives ont une part importante dans la vinification. Certains rouges sont corsés et élégants, cela dépend de leurs cépages : le carignan, à gros rendements, est encore trop répandu. Il y a quelques vins blancs de bonne qualité. Le classement des crus de Provence n'est pas reconnu officiellement ; mais les domaines anciens, qui en font partie, peuvent le mentionner sur leurs étiquettes.

AOC COTEAUX VAROIS : encastrée dans les Côtes de Provence, elle donne des vins très proches à celle-ci.

AOC CASSIS : les 160 hectares de cette petite AOC sont nichés dans les calanques de l'est de Marseille. Plus que les rouges et les rosés, les blancs sont bien définis et embaument les herbes de la Provence.

AOC BANDOL : les vins peuvent être rouges, rosés ou blancs ; mais ce sont les rouges qui sont les plus renommés, souvent très taniques et de longue garde. L'excellent cépage mourvèdre leur donne de la finesse et un bouquet très aromatique.

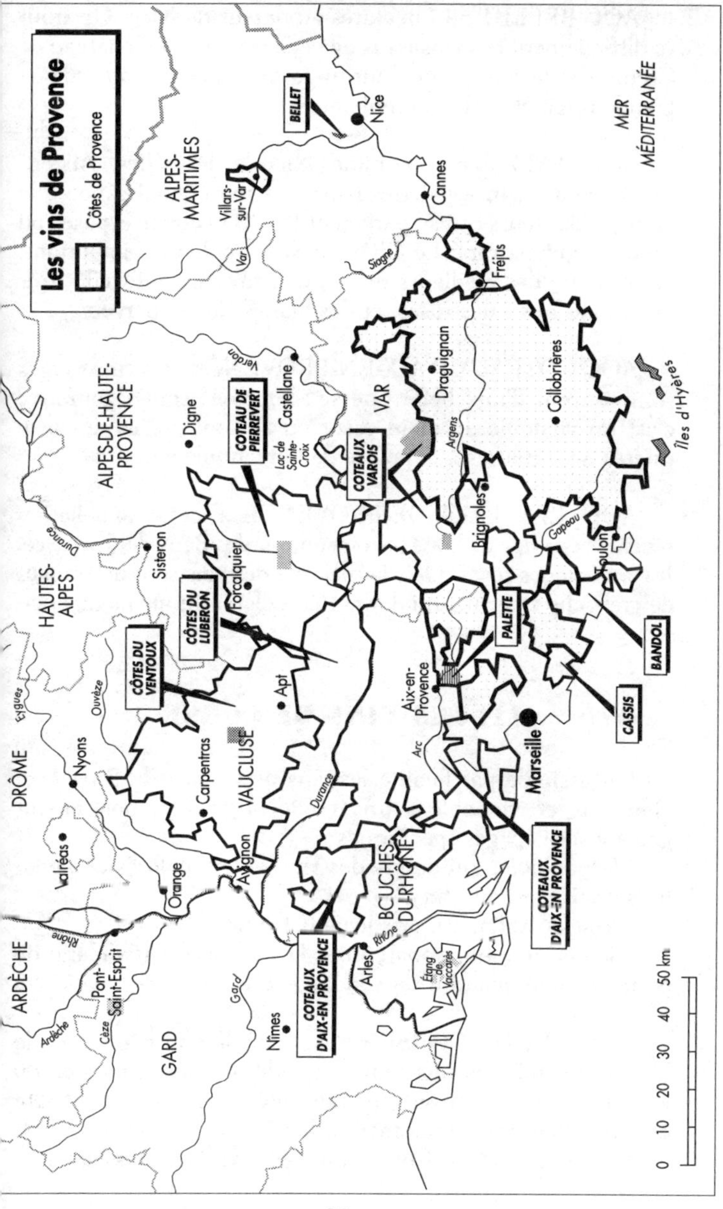

Les vins de Provence
Côtes de Provence
ALPES-MARITIMES
ALPES-DE-HAUTE-PROVENCE
HAUTES-ALPES
DRÔME
ARDÈCHE
GARD
VAUCLUSE
VAR
BOUCHES-DU-RHÔNE
MER MÉDITERRANÉE
BELLET
COTEAU DE PIERREVERT
CÔTES DU LUBERON
CÔTES DU VENTOUX
COTEAUX VAROIS
PALETTE
BANDOL
CASSIS
COTEAUX D'AIX-EN PROVENCE
COTEAUX D'AIX-EN PROVENCE
Nice
Cannes
Villars-sur-Var
Fréjus
Draguignan
Collobrières
Îles d'Hyères
Castellane
Lac de Sainte-Croix
Digne
Sisteron
Forcalquier
Apt
Carpentras
Nyons
Valréas
Orange
Avignon
Pont-Saint-Esprit
Nîmes
Arles
Étang de Vaccarès
Aix-en-Provence
Marseille
Brignoles
Toulon
Var
Siagne
Verdon
Durance
Argens
Gapeau
Arc
Ouvèze
Eygues
Rhône
Ardèche
Cèze
Gard
0 10 20 30 40 50 km

AOC BELLET : 45 hectares au-dessus de Nice. On trouve difficilement ces vins issus de cépages rares. Le château de Crémat est le seul producteur important. Les vins sont d'une grande originalité (la bouteille aussi).

AOC PALETTE : comme Nice a le bellet, Aix-en-Provence a « son » palette. Il n'y a à ma connaissance que deux producteurs qui se partagent les 20 hectares exposés au nord, ce qui est rare. Le Château Simone, le plus important, produit l'un des meilleurs rouges de Provence qui vieillit très bien, mais aussi des rosés, et des blancs fins et nerveux.

AOC COTEAUX D'AIX-EN-PROVENCE : les vins rouges sont souvent d'une belle finesse ; les rosés sont vigoureux ; c'est un vignoble en plein essor où se sont créées des propriétés importantes à la pointe de la technologie.

AOC LES BAUX-DE-PROVENCE : cette appellation récente regroupe de bons terroirs autour des Baux-de-Provence. Il y a quelques rosés, mais la majorité des vins sont des rouges de grenache et syrah, qui doivent être élevés au moins un an.

41. LES VINS DE CORSE

On assimile par facilité les vins de Corse à la Provence, alors que ce vignoble a une réelle originalité, notamment grâce à ses cépages spécifiques :

- le niellucio, qui donne des vins rouges colorés et alcoolisés, mais d'arômes fins,
- le sciacarello, qui privilégie le fruit,
- le vermentino, apparenté à la malvoisie : vin blanc de bonne acidité quand il est vendangé tôt.

AOC VIN DE CORSE : c'est l'appellation générique de l'île de Beauté. Les vins sont à base des cépages corses et, en appoint, d'autres cépages méditerranéens. Le nom peut être complété par une dénomination locale :

- Coteaux du Cap Corse : rares et fins, jolis vins blancs.

- Calvi : en général souples ; production de rosés.
- Sartène : typés ; on y utilise pour les rouges un cépage local, le montanaccio.

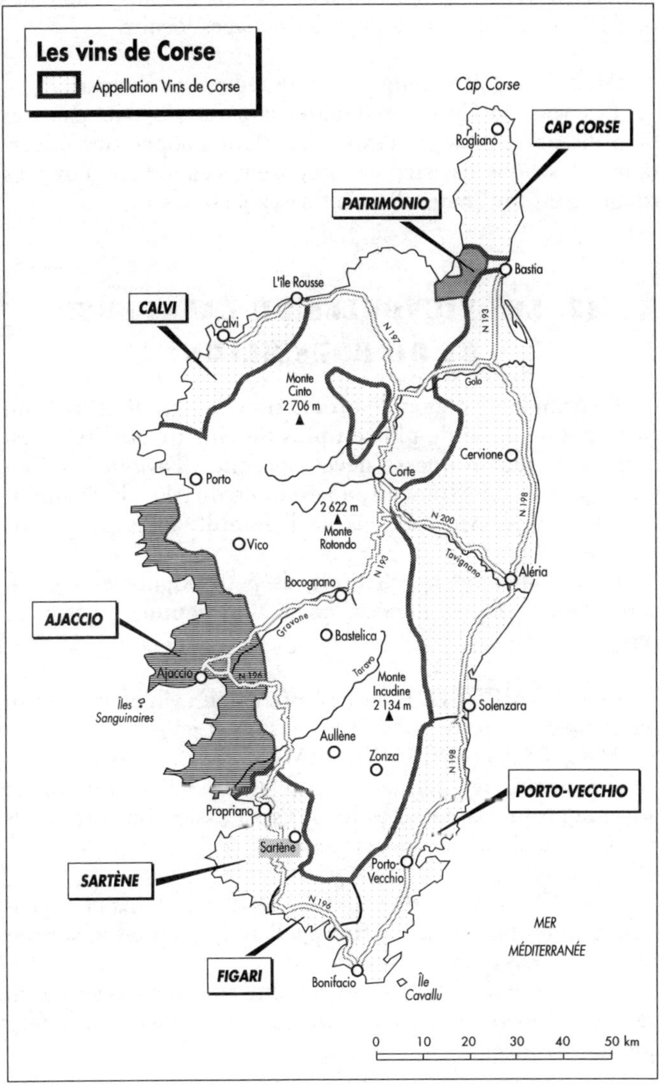

- Figari : à la pointe sud de l'île, excellents rouges.
- Porto-Vecchio : au sud-est ; vins plus souples.

AOC PATRIMONIO : ce sont les vins les plus renommés de l'île, principalement à base des cépages locaux.

AOC AJACCIO : rouges surtout, épicés et charnus.

Les vins de Corse, malheureusement, ne sont pas très bien distribués, malgré l'existence d'une coopérative importante ; les bons cavistes en proposent cependant. Les vins rouges sont tout naturellement assez « corsés ».

42. LES VIGNOBLES DU LANGUEDOC ET DU ROUSSILLON

La principale région de production de vins de table français compte aussi de plus en plus de vins de qualité. C'est dans cette région que se développeront à l'avenir les nouveaux grands crus français, à l'exemple du Mas de Daumas-Gassac, simple vin de pays de l'Hérault, mais de grande qualité.

Dans toutes les appellations, de petits vignobles « grimpent » en quelques années, en qualité comme en prix de vente.

AOC CLAIRETTE DE BELLEGARDE : vin blanc issu du seul cépage clairette ; très fruité, il se boit jeune.

AOC COSTIÈRES DE NÎMES : cette vaste région s'étend depuis les derniers vignobles des Côtes du Rhône presque jusqu'à la mer. Les rouges sont assez chaleureux, les rosés et les blancs se boivent jeunes.

AOC COTEAUX DU LANGUEDOC : certains crus peuvent rajouter leur nom à cette appellation qui produit surtout des rouges équilibrés.

AOC FAUGÈRES : elle est dévolue aux vins rouges (et un peu aux rosés), amples et qui gagnent souvent à vieillir quelques années.

AOC SAINT-CHINIAN : les vins, surtout rouges, sont assez semblables au faugères sur les coteaux, plus souples en plaine.

AOC MINERVOIS : les vins sont très divers : soit légers, issus de macération carbonique, soit de semi-garde. Les rosés et blancs secs sont assez rares.

VDQS CABARDES : vins rouges, parfois rosés, assez proches des minervois.

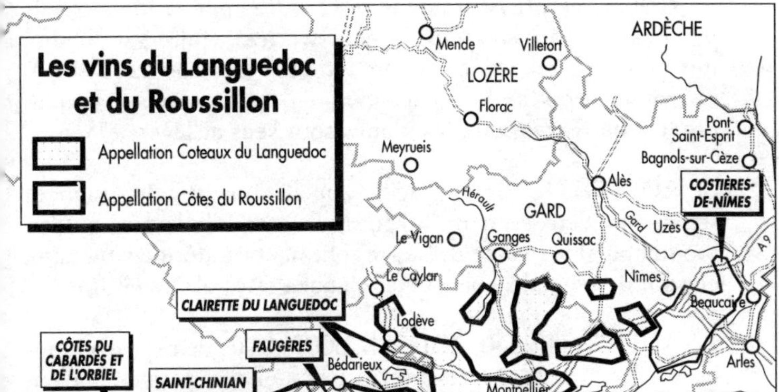

AOC CÔTES DE LA MALEPÈRE : l'influence océanique est sensible dans cette région ; on y trouve aussi des cépages bordelais, cabernet et merlot. Vins rouges surtout, dont les meilleurs sont structurés pour une certaine garde.

AOC LIMOUX : le mauzac était autrefois le seul cépage de l'appellation ; le chenin et surtout le chardonnay permettent l'élaboration de vins originaux élevés en fûts ; ils ont un petit air bourguignon et parfois californien.

AOC CORBIÈRES : dans cette vaste appellation aux sols pauvres, il y a beaucoup de découvertes à faire ; la qualité moyenne est en nette augmentation : vins rouges surtout, charnus et corsés ; le cépage carignan, peu porté sur la qualité, est en régression ; les blancs sont secs et légers.

AOC FITOU : cette vieille appellation est curieusement séparée en deux secteurs éloignés : l'un près de la mer, où l'on produit aussi le rivesaltes, l'autre continental autour de Tuchan ; ce sont des vins de gibier, corsés, chaleureux, élevés en fûts.

AOC CÔTES DU ROUSSILLON : issus de cépages nombreux, les vins sont très divers ; les meilleurs rouges portent l'appellation restrictive Côtes du Roussillon-Villages.

AOC COLLIOURE : c'est le vin naturel de Banyuls : il pousse sur les montagnes qui surplombent la Méditerranée. Le grenache et de faibles rendements se conjuguent pour donner un vin corsé, puissant, qui doit vieillir quelques années : un vin rouge de gastronomie relevée et quelques rosés nerveux.

43. LES VINS DU SUD-OUEST

Région chaleureuse, qui produit de grands vins, et beaucoup d'autres marqués par leur terroir. L'achat à la propriété est de règle, sauf pour les quelques appellations dominées par des coopératives ; les prix sont généralement peu élevés pour des vins qui, souvent, se gardent bien en cave.

VDQS VINS D'ENTRAYGUES ET DU FEL : cépages originaux pour cette appellation montagnarde qui produit des rouges fermes et de délicieux blancs de chenin, curiosité dans cette région.

VDQS VINS D'ESTAING : les vins sont à peu près semblables, mais les rouges comprennent plus de gamay qui les assouplit.

AOC MARCILLAC : près de Rodez, ces vins, surtout rouges, sont très typés par le fer servadou : tanins et arômes de framboise.

AOC GAILLAC : cette appellation sait tout faire : rouges, rosés, blancs secs, perlés, doux, mousseux, « vin de voile »... On cultive ici des cépages rares : mauzac, len de l'el, ondenc, brancol, fer servadou. Des vignerons dynamiques ont renouvelé l'image du vin traditionnel. Les coopératives sont importantes, mais on trouve aussi pas mal de bonnes propriétés.

AOC CÔTES DU FRONTONNAIS : c'est le « beaujolais » de Toulouse, auquel le cépage négrette donne une grande originalité : structures légères mais arôme de pruneau et de vanille.

VDQS VINS DE LAVILLEDIEU : on retrouve ici le cépage négrette pour des vins du type des frontonnais, un peu moins accentués.

AOC CAHORS : le cépage cot donne tout son cachet au vin de Cahors, qu'on appelait le « vin noir ». Les vins sont de qualité très diverse, et vont de petits vins fruités à quelques grandes cuvées très racées et élégantes. Les meilleurs cahors vieillissent une dizaine d'années.

La mention « vieux cahors » s'applique aux vins ayant fait trois années de fût, mais la plupart suivent maintenant un élevage plus bref sous un bois de meilleure qualité. La cuvée Prince Probus est l'une des plus charpentées et complexes.

AOC BUZET : c'est surtout un vin d'une très grande coopérative, de bonne qualité technique ; les vins sont souples et bien faits ; les cuvées « de réserve » vieillissent quelques années.

AOC CÔTES DU MARMANDAIS : aux portes de Bordeaux ; surtout des rouges et des rosés coulants.

AOC CÔTES DE DURAS : ce sont souvent des vins de cépages, un peu plus légers que leurs voisins bordelais. Les blancs sont légers, souvent à base de sauvignon ; la production de vins moelleux est en régression. Le terroir permet cependant l'élaboration de grands vins comme le Clos du Cadaret.

AOC BERGERAC : cette grande appellation englobe les diverses appellations restrictives du Bergeracois. Les rouges et rosés sont de type léger, les blancs souvent fins et nerveux.

AOC CÔTES DE BERGERAC : sur le même territoire ; vins rouges plus charpentés et vins moelleux ou demi-doux.

AOC MONBAZILLAC : il fut aussi célèbre que le sauternes et largement exporté aux Pays-Bas. Le monbazillac est un vin puissant, moelleux, rôti, au parfum affirmé de miel ; seuls quelques vins correspondent aujourd'hui à cette définition. L'importante coopérative de Monbazillac produit des bons vins que l'on peut goûter au château, car elle possède aussi un château.

AOC SAUSSIGNAC : vin rarement déclaré sous son nom, demi-sec à base principale de sauvignon.

AOC PECHARMANT : c'est le cru rouge de bergerac plus charpenté et de bonne garde ; il prend parfois des accents de saint-émilion ; il provient d'ailleurs des mêmes cépages.

AOC ROSETTE : très rare vin moelleux, sur l'aire de Bergerac au nord de la ville.

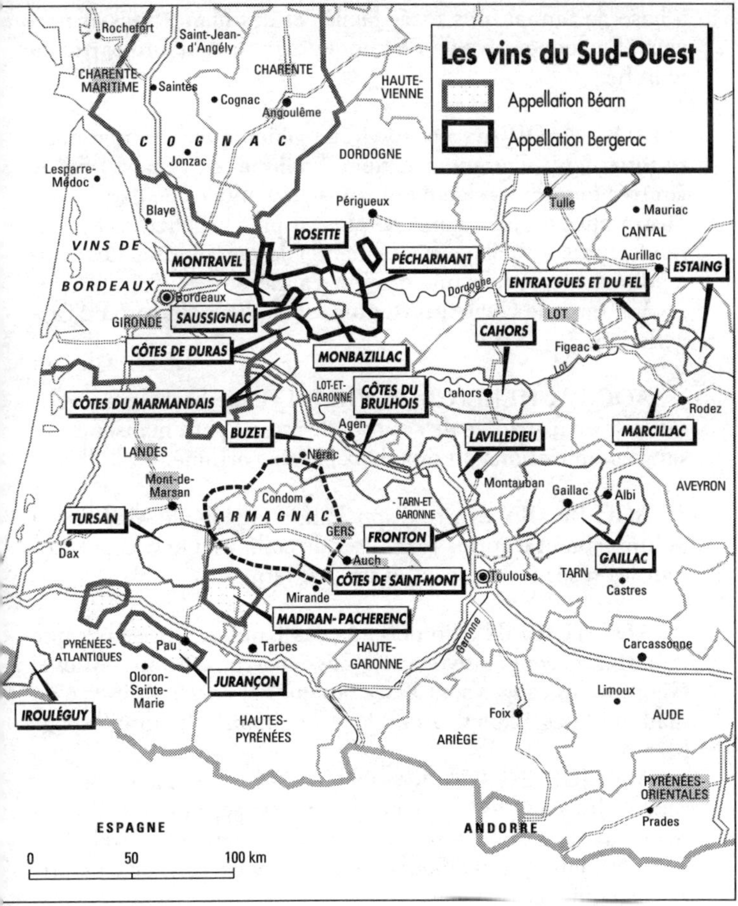

AOC MONTRAVEL : vin blanc sec uniquement, qui touche l'Entre-deux-Mers.

AOC HAUT-MONTRAVEL : vins moelleux ou liquoreux produits sur des coteaux bien ensoleillés.

VDQS CÔTES DE SAINT-MONT : entre le Madiran et l'Armagnac, le vignoble du Gers donne des rouges plaisants à base de tannat, des rosés faciles et des blancs secs et nerveux. La coopérative de Plaimont assure la majeure partie du marché.

AOC MADIRAN : beau vin de gibier, que le tannat colore fortement. Comme son nom l'indique, ce cépage rend le vin très tannique et demande plusieurs années de garde pour s'assouplir ; on lui adjoint de plus en plus le cabernet pour le rendre plus « facile » et augmenter la complexité. Les vrais madirans se gardent une dizaine d'années.

Vin rare : le Château-Montus est le plus noble cru de l'appellation.

AOC PACHERENC DU VIC-BILH : ce beau nom cache un vin rare d'arrufiac de courbu, de gros et petit mansenc, sec sans complications ou moelleux et très parfumé.

AOC BÉARN : l'aire d'appellation englobe le Madiran et le Jurançon et d'autres territoires de collines. On connaît surtout les rosés francs, secs et un peu fermes.

AOC TURSAN : vin de sable des Landes, diffusé par une importante coopérative, mais aussi par le cuisinier Michel Guérard. les rouges sont assez taniques et corsés à l'image du madiran. Les blancs tirent leur originalité du rare cépage baroque.

AOC JURANÇON : le vin d'Henri IV est en pleine renaissance ; les cépages, petit et gros mansenc, donnent un vin moelleux de grande sève, dont l'acidité franche contrebalance la liqueur. Les meilleurs sont de grands vins, et leur prix est en conséquence.

AOC JURANÇON SEC : le jurançon « tout court » est toujours moelleux ; le sec est, bien sûr, d'expression plus simple, frais et floral.

AOC IROULÉGUY : produit surtout par une coopérative, le vin du Pays basque est assez corsé et rustique en rouge, fruité en blanc et rosé ; c'est le bon compagnon de la gastronomie locale.

44. LES VINS DE BORDEAUX

Le vignoble de Bordeaux est le plus grand vignoble d'appellation contrôlée du monde ; on y a inventé ou expérimenté la mise en bouteilles au château, la notion de « Château », mais aussi de nombreux traitements et techniques et, bien sûr, la bouillie bordelaise. C'est aussi actuellement le vignoble le mieux connu et le plus commenté. La notion de « grand » ou « petit » millésime, dont on parle chaque année, est uniquement basée sur les résultats des bordeaux rouges et étendue par paresse à l'ensemble du vignoble français ; c'est dire l'importance du Bordelais dans le monde du vin (un autre exemple : dans le marché des ventes publiques, les vins de Bordeaux représentent les trois quarts des transactions). Bordeaux doit cette prépondérance à la taille de son vignoble, à l'importance historique de ses liens avec l'étranger et, bien sûr, à la qualité très élevée de ses meilleurs vins.

Le vignoble couvre plus de 100 000 hectares : l'appellation Bordeaux s'étend sur tout le département de la Gironde (sauf bien sûr les zones impropres à la viticulture). Les terrains sont, bien sûr, assez divers, mais on trouve de nombreuses zones de graves, caractéristiques par l'abondance de cailloux sur le sol, ainsi que des terrains plus argileux et d'autres sablonneux. Les cépages cultivés ne sont pas très nombreux, mais de haute qualité :

- le merlot est le plus présent. Cépage précoce, il donne rondeur et alcool et peu d'acidité. Il domine à Pomerol, où il tire une puissance étonnante des terres argileuses ; il est utilisé en assemblage à Saint-Émilion et dans les graves, et moindrement en Médoc ; c'est aussi le cépage dominant des bordeaux simples.

- le cabernet franc (ou bouchet) est un cépage demi-tardif ; il donne des vins très bouquetés, assez taniques ; il donne sa pleine mesure en assemblage, surtout à Saint-Émilion, mais presque tous les grands châteaux l'utilisent,

- le cabernet-sauvignon est le cépage le plus impressionnant des bordeaux : c'est lui qui forme l'ossature tanique des crus du Médoc et apporte quand il est bien mûr un bouquet noble au vieillissement,

- le petit verdot est un cépage d'appoint, tardif mais de qualité ; il est peu employé et toujours en très petite quantité ; bien mûr, il donne de la complexité au vin,

- le malbec est surtout utilisé dans les côtes-de-bourg : c'est un bon cépage qui n'a pas la netteté d'expression des précédents.

Voici maintenant les cépages blancs :

- le sémillon est un très beau cépage, qui donne des vins secs ou moelleux ; en sec, il est charpenté, long ou gras selon le mode de vinification, et évolue vers des arômes nobles au vieillissement ; sur les terres de récolte tardive, il mûrit bien et prend merveilleusement la pourriture noble,

- le sauvignon, cépage très répandu dans le monde entier, a des expressions très variées : il soutient le sémillon dans les grands sauternes, donne finesse et fruité aux graves, fraîcheur à l'entre-deux-mers ; comme le sémillon, il est bien adapté à la surmaturité et aux vendanges tardives,

- la muscadelle est un cépage instable et capricieux que l'on ne voit guère que dans le Sauternais. En appoint, elle apporte une coquetterie supplémentaire aux vins liquoreux,

- l'ugni blanc et quelques autres cépages sont employés dans les vignobles de Blaye pour l'élaboration de vins blancs secs.

Le Bordelais est une région étendue : la seule appellation Saint-Émilion a une superficie équivalente à toute la côte de Nuits. Sur une telle surface, et avec la puissance financière qu'elle a engendrée, il a été possible de développer de grands domaines qui sont parmi les seuls au monde à allier grande qualité et production importante ; le marché des vins de Bordeaux est donc régulier, mondial et très codifié. L'importance du négoce, et en particulier du négoce anglo-saxon, a permis la large diffusion du vin de Bordeaux, qui reste la référence à l'étranger.

Pour des raisons historiques, les classements des vins de Bordeaux s'attachent plus à la promotion de « marques » que d'appellations ; les principales appellations tirent leur notoriété des meilleurs « Châteaux », château désignant ici une entité viticole : si la région est couverte de châteaux, certains en ont plus le nom que l'apparence ; mais c'est ainsi qu'on désigne un vignoble. Divers classements ont établi une hiérarchie en prix et, à peu près parallèlement, des châteaux.

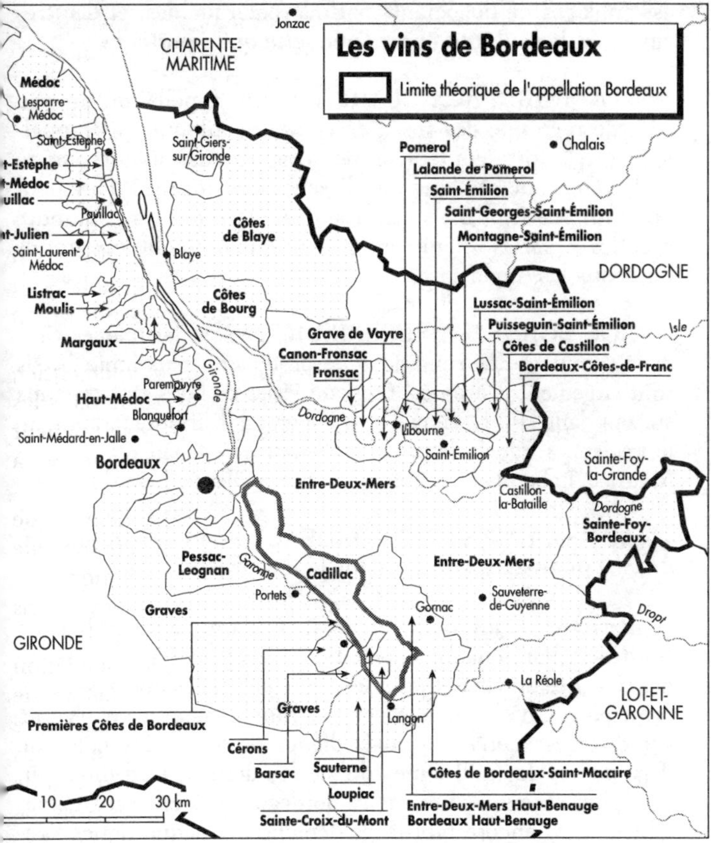

Pour en avoir l'intégralité, une seule solution : le « Féret », important ouvrage remis à jour de temps en temps, dont la dernière édition recense plus de 4 000 Châteaux ; la notoriété de Bordeaux repose sur 300 propriétés, dont une centaine produisent de très, très grands vins. Je me bornerai à en citer les incontournables.

AOC BORDEAUX : c'est l'appellation générique, dont peuvent bénéficier tous les vins, en rouge et blanc (plus un peu de rosé) ; on y trouve d'excellents crus à prix tendres, des assemblages de négociants parfois remarquables, et d'autres vins dont le seul intérêt est l'étiquette qu'ils portent.

AOC BORDEAUX CLAIRET : cette appellation un peu bâtarde regroupe des rosés de couleur soutenue ; ils rappellent que la forte couleur de nos vins n'a pas toujours été de règle. Ce sont quelquefois d'excellents vins que l'on peut boire un peu frais mais pas trop. Il ne faut pas les confondre avec les « clarets », qui sont le nom que donnent aux grands bordeaux les Anglo-saxons.

AOC BORDEAUX SUPÉRIEUR : ce sont les mêmes vins, mais soumis à des conditions de production plus limitées. Ils sont largement distribués. C'est un vivier de bons vins produits surtout dans l'Entre-deux-Mers. Un grand distributeur, la famille Leclerc, a franchi le pas en achetant trois Châteaux (Roque-Mauriac, Labatut et Lagnet), gérés par la fille d'Édouard Leclerc.

AOC CRÉMANT DE BORDEAUX : on fabrique un peu de vins mousseux, surtout dans la région du Libournais.

Partons maintenant en voyage dans le vignoble de Bordeaux. Pour chaque appellation, vous trouverez un résumé des typicités du vin ; et pour les principales, des notices sur les principaux Châteaux. Je reconnais humblement avoir recopié sur diverses sources — mais dignes de foi — les notes de dégustation des millésimes du siècles dernier, et d'autres un peu plus récentes. Les vieux bordeaux peuvent être délectables, mais encore faut-il les dénicher ! Chaque notice présente le vignoble, sa superficie, son classement officiel s'il en existe un et l'encépagement — donnée importante dans ce vignoble d'assemblage, en utilisant les abréviations suivantes :

Pour les vins rouges : CS : cabernet-sauvignon ; CF : cabernet franc ; M : merlot ; PV : petit verdot.

Pour les vins blancs : SA : sauvignon ; SE : sémillon ; MU : muscadelle.

Les meilleurs millésimes de chaque Château sont indiqués, et les « meilleurs des meilleurs » sont en caractères gras. Cette classification est, bien entendu, personnelle et n'a qu'une valeur indicative.

44.1. LE MÉDOC

AOC MÉDOC : cette vaste zone regroupe les vignobles de nombreuses communes du « Bas-Médoc », qui s'étend le long de la Garonne en aval du « Haut-Médoc ». On y trouve de nombreux crus souvent excellents, marqués de la rusticité du cabernet-sauvignon ou parfois, de la rondeur du merlot ; c'est une région en plein essor où l'on peut facilement se procurer des vins sur place, en visitant les propriétés. Un syndicat des « crus bourgeois » regroupe les propriétés les plus dynamiques. Il est possible également d'acheter de bons vins de coopérative, parfois en Cubitainers. Les vins du Médoc, s'ils n'ont pas la garde des grandes appellations, doivent cependant vieillir pour s'arrondir. Le vin de Château Potensac mérite bien une mention :

CHATEAU POTENSAC : au même propriétaire que Château Léoville las-Cases ; bons vins taniques et classiques.

AOC MEDOC, cru bourgeois, 40 ha. 60 % CS, 25 % M, 15 % CF.

AOC HAUT-MÉDOC : elle englobe les 6 appellations communales du Médoc. Si souvent les vignes « ne voient pas la rivière », comme on dit ici, on y trouve d'excellents terroirs, ce qui est avéré par le fait que 4 crus ont été classés en 1855.

Ce classement, dont la liste est publiée ci-dessous, fut établi par la Chambre de commerce de Bordeaux à la demande de Napoléon III. On trouve également de nombreux crus bourgeois de grande qualité. Voici quelques-uns des châteaux les plus renommés :

CHATEAU LA LAGUNE : beau cru, boisé, fin, riche. AOC HAUT-MEDOC, 3e cru, 70 ha. 60 % CS, 25 % M, 10 % CF, 5 % PV. Meilleures années : 1991, 1989, 1988, 1986, **1982**, 1978, 1976, 1970, 1966.

CHATEAU LA TOUR CARNET : médoc typé mais léger.

AOC HAUT-MEDOC, 4e cru, 40 ha. 55 % CS, 34 % M, 8 % CF, 3 % PV.

CHATEAU CANTEMERLE : bon vin facile, plus riche actuellement. AOC HAUT-MEDOC, 5e cru, 55 ha. 40 % CS, 40 % M, 18 % CF, 2 % PV. Meilleures années : **1989**, 1983, 1982, 1975, 1971, 1970, 1966, 1962 **1961**.

CHATEAU BELGRAVE : cru classé de forte production, en progrès récents. AOC HAUT-MEDOC, 5e cru, 53 ha. 40 % CS, 35 % M, 20 % CF, 5 % PV.

CHATEAU DE CAMENSAC : bon vin, mais petit cru classé. AOC HAUT-MEDOC, 5e cru, 65 ha. 60 % CS, 20 % CF, 20 % M.

CHATEAU SOCIANDO-MALLET : propriété d'ascension récente mais déjà l'un des meilleurs médocs. AOC HAUT-MEDOC, cru bourgeois, 40 ha. 60 % CS, 25 % M, 10 % CF, 5 % PV. Meilleures années : 1996, 1995, 1994, 1993, **1990**, 1989, 1988, 1986, 1985, 1982, 1975.

AOC LISTRAC : un peu perdue dans la forêt, cette petite commune produit de vrais médocs taniques, souvent un peu durs. De petites propriétés vendent des vins de garde, ainsi qu'une bonne coopérative. Les Rothschild du Château-Lafite y ont développé un très grand vignoble qui tient lieu de locomotive.

AOC MOULIS-EN-MÉDOC : c'est l'appellation jumelle de Listrac. Bernard Ginestet, dans l'ouvrage qu'il leur a consacré, raconte cette anecdote : quand il fut question de lier les deux vignobles en une appellation, les vignerons de Listrac proposèrent de prendre la dernière syllabe de chaque commune, alors que ceux de Moulis suggéraient de prendre la première… Moulis produit d'excellents vins parfois assez tendres, dont les deux fleurons sont Chasse-Spleen et Poujeaux. En voici les fiches techniques :

CHATEAU CHASSE-SPLEEN : très bon vin, régulièrement en tête de son appellation. AOC MOULIS, cru bourgeois. 75 ha. 60 % CS, 35 % M, 3 % CF, 2 % PV. Meilleures années : 1990, 1989, 1988, 1986, 1985, 1982, 1975, 1970, 1966, 1961, 1959.

CHATEAU POUJEAUX : cru très sérieux, de longue garde. AOC MOULIS-EN-MÉDOC, cru bourgeois, 50 ha. 40 % CS, 36 % M, 12 % CF, 12 % PV.

AOC SAINT-ESTÈPHE : les vins, à l'exception du flamboyant Haut-Marbuzet, sont corsés, serrés et de longue garde ; il y a de nombreux crus bourgeois de bonne qualité. Voici les meilleurs vins de la commune :

CHATEAU COS D'ESTOURNEL : superbes chais orientalisants ; vins riches, charnus et puissants mais souples grâce au pourcentage important de merlots. 2e cru, 70 ha. 60 % CS, 40 % M. Meilleures années : **1996**, **1995**, 1994, 1991, 1990, 1989, 1988, **1986**, 1985, **1982**, 1970, **1961**, 1959, 1949, 1947, 1945, **1928**.

CHATEAU MONTROSE : vin très massif, concentré et tanique, un des plus grands potentiels de vieillissement de Bordeaux. 2e cru, 68 ha. 65 % CS, 25 % M, 10 % CF. Meilleures années : 1997, 1994, 1991, **1990**, 1989, **1986**, **1982**, 1979, 1975, **1970**, 1966, 1964, **1961**, **1959**, 1952, 1949, 1947.

CHATEAU CALON-SEGUR : un des plus vieux vignobles du Médoc ; vins classiques, parfois légers, parfois corsés et complexes. 3e cru, 60 ha. Meilleures années : 1996, 1989, 1988, 1986, **1982**, 1966, 1962, 1961, **1953**, 1947, 1945.

CHATEAU LAFON-ROCHET : entre cos et Lafite ; vins stricts, un peu réservés, qui vieillissent bien. 4e cru, 45 ha. 80 % CS, 20 % M. Meilleures années : 1996, 1995, 1990, 1970, 1964.

CHATEAU COS LABORY : bon mais un peu simple. En net progrès en 1989 et 1990. 5e cru, 15 ha. 40 % CS, 30 % M, 25 % CS, 5 % PV.

CHATEAU HAUT-MARBUZET : vendanges tardives, élevage en fûts neufs pour l'un des bordeaux les plus voluptueux dans sa jeunesse. Cru bourgeois, 45 ha. 50 % CS, 40 % M, 10 % CF. Meilleures années : 1997, 1996, 1995, 1990, 1989, 1988, 1986, 1985, 1983, 1982, 1961.

CHATEAU LES ORMES DE PEZ : bon cru bourgeois, massif et régulier, même dans les petits millésimes. Cru bourgeois, 30 ha. 55 % CS, 35 % M, 10 % CF. Meilleures années : 1995, 1990, 1988, 1986, 1982, 1970.

CHATEAU DE PEZ : costaud, strict, l'archétype de Saint-Estèphe. Cru bourgeois, 25 ha. 70 % CS, 15 % M, 15 % CF.

CHATEAU MEYNEY : bon vin riche et complet d'un bon rapport qualité-prix. Cru bourgeois, 50 ha. 70 % CS, 24 % M, 4 % CF, 2 % PV. Meilleures années : 1990, **1989**, 1988, 1986, 1985, 1982.

CHATEAU PHELAN-SEGUR : bon vin corsé (mais défectueux de 1982 à 1985). Cru bourgeois, 65 ha. 60 % CS, 30 % M, 10 % CF. Meilleures années : 1996, 1995, 1990, 1989, 1988.

CHATEAU LILIAN LADOUYS : domaine récent, excellent en 1989 et 1990. Cru bourgeois, 40 ha. 70 % CS, 30 % M.

CHATEAU CHAMBERT-MARBUZET : même direction qu'à Haut-Marbuzet. Bon saint-estèphe assez boisé. Cru bourgeois. 15 ha. 70 % CS, 30 % M.

AOC PAUILLAC : vaste appellation remplie de grands crus classés, dont le très subtil Lafite, le très opulent Mouton-Rothschild et le très concentré Latour. Les pauillacs ont une structure ferme de cabernet, des parfums nobles de cèdre, de cuir, de tabac ; ce sont de grands vins classiques. Voici une sélection des principaux Châteaux :

CHATEAU LAFITE-ROTHSCHILD : le plus prestigieux Château de Bordeaux, d'une grande longévité. Vins très élégants, parfois frêles et secs, très « british ». 1er cru, 90 ha. 70 % CF, 20 % M, 5 % CF, 5 % PV. Meilleures années : 1997, **1996**, 1995, 1993, 1989, **1988**, 1985, 1985, 1983, **1982**,

1976, 1975, 1970, 1966, 1962, 1961, **1959**, 1955, **1953**, 1949, **1947**, 1945, 1934, 1929, 1924, **1920**, **1900**, 1899, 1893, 1875, **1870**, 1868, **1865**, 1858, **1848**, **1811**.

CHATEAU LATOUR : le plus solide Château de Bordeaux, sur un vignoble très bien situé, donne des vins très réguliers, corsés, tanniques, sobres. L'étalon du Médoc ! 1er cru, 60 ha. 75 % CS, 10 % CF, 10 % M, 5 % PV. Meilleures années : 1996, 1995, 1994, 1993, 1991, **1990**, 1989, 1988, 1986, 1985, **1982**, 1978, 1975, **1970**, **1966**, **1964**, 1962, **1961**, **1959**, 1955, 1959, 1948, 1947, **1945**, **1929**, **1928**, **1926**, **1924**, 1921, **1920**, 1916, **1899**.

CHATEAU MOUTON-ROTHSCHILD : le plus médiatique Château de Bordeaux, grâce à la personnalité de Philippe de Rothschild et aux étiquettes signées de grands artistes. Vin riche, boisé, opulent, exotique parfois. 1er cru depuis 1973, 75 ha. 80 % CS, 12 % CF, 8 % M. Meilleures années : 1996, 1990, 1989, 1988, **1986**, **1985**, **1982**, 1975, 1970, 1966, 1962, **1961**, 1959, **1955**, 1953, 1949, 1948, **1945**.

CHATEAU PICHON-LONGUEVILLE-COMTESSE DE LALANDE : Beau vin, velouté, d'un abord facile, tenu de main de maître par la Générale de Lencquesaing. 2e cru, 62 ha. 48 % CS, 35 % M, 10 % CF, 7 % PV. Meilleures années : 1996, 1995, 1994, 1989, **1986**, 1985, 1983, 1982, 1981, 1979, 1978, 1976, 1970, 1966, **1961**, 1953, 1949, 1945.

CHATEAU PICHON-LONGUEVILLE (DIT BARON) : spectaculaires chais à l'américaine depuis la reprise par la compagnie AXA. Excellent Pauillac depuis 1988. 2e cru, 45 ha. 75 % CS, 15 % M, 10 % CS. Meilleures années : 1996, 1990, 1989, 1988.

CHATEAU DUHART-MILON-ROTHSCHILD : importante propriété des Rothschild de Lafite. 4e cru, 55 ha. 70 % CS, 20 % M, 5 % CF, 5 % PV. Meilleures années : 1996, 1990, 1986, 1982,1975.

CHATEAU LYNCH-BAGES : très populaire, coloré, riche, supérieur à son classement. 5e cru, 80 ha. 75 % CS, 15 % M, 10 % CF. Meilleures années : 1996, 1995, 1994, **1990**, **1989**, 1988, 1986, 1985, 1982, 1970, 1966, **1961**, 1959, 1949, 1947, 1945.

CHATEAU GRAND-PUY-LACOSTE : bon vin « pauillacais », sérieux, de bonne garde. 5e cru, 49 ha. 70 % CS, 25 % M, 5 % CF. Meilleures années : 1996, 1995, 1994, 1989, 1986, 1985, 1982, 1978, 1966, 1961.

CHATEAU CLERC-MILON : bon pauillac solide, dense, concentré. 5e cru, 28 ha. 70 % CF, 15 % M, 15 % CF. Meilleures années : 1996, 1995, 1990, 1989, 1988, **1986**, 1985.

CHATEAU PONTET-CANET : voisin de Château Mouton-Rothschild, un vin très sérieux et typique du Médoc. 5e cru, 75 ha. 70 % CS, 20 % M, 10 % CF. Meilleures années : **1994**, 1991, 1990, 1987, 1986, 1983, 1975, **1961**.

CHATEAU HAUT-BATAILLEY : pas loin de Saint-Julien. S'ouvre assez vite. 5e cru, 21 ha. 65 % CS, 25 % M, 10 % CF.

CHATEAU HAUT-BAGES-LIBERAL : bonne propriété en récents progrès. 5e cru, 25 ha. 80 % CS, 20 % M.

CHATEAU D'ARMAILHAC : anciennement « Mouton-Baronne-Philippe ». Touche Château Mouton-Rothschild, au même propriétaire. Vins fins et assez légers. 5e cru, 51 ha. 70 % CS, 17 % M, 13 % CF.

CHATEAU BATAILLEY : typique, coloré, de bonne garde. 5e cru, 50 ha. 70 % CS, 25 % M, 5 % CF.

CHATEAU GRAND-PUY-DUCASSE : cru abordable, assez souple mais bien fait. 5e cru, 33 ha. 64 % CS, 32 % M, 4 % CF.

CHATEAU PEDESCLAUX : 5e cru, corsé et de longue garde.

CHATEAU LYNCH-MOUSSAS : tout à l'ouest de Pauillac. Non classé, vins aimables.

CHATEAU CROIZET-BAGES : 5e cru, traditionnel, un peu rustique.

CHATEAU LA BECASSE : petit cru voisin de Château Lafite, non classé, de grand caractère.

AOC SAINT-JULIEN : c'est la paroisse de l'équilibre ; les vins sont fermes et fins à la fois. La qualité moyenne est très élevée, mais les grands crus laissent peu de place aux crus bourgeois. Voici les crus classés de Saint-Julien :

CHATEAU LEOVILLE-LAS-CASES : important vignoble voisin de Château Latour, résultant du démembrement du domaine de Léoville. Grands vins élégants et classiques. Château Léoville-las-Cases s'est hissé au rang d'un premier cru. 2e cru, 85 ha. 65 % CS, 18 % M, 13 % CF, 4 % PV. Second vin : Clos du Marquis. Meilleures années : 1997, **1996**, 1995, 1994, 1993, 1992, 1990, 1989, **1988**, **1986**, 1985, **1982**, 1975, 1966, **1961**, **1945**.

CHATEAU DUCRU-BEAUCAILLOU : vins classiques, taniques et de longue garde. 2e cru, 50 ha. 65 % CS, 25 % M, 5 % CF, 5 % PV. Meilleures années : **1996**, 1994, 1993, 1989, **1986**, 1985, **1982**, **1970**, 1966, **1961**, **1959**, 1953, 1948, 1947.

CHATEAU LEOVILLE-BARTON : produit des vins fermes et racés, marqués par le cabernet-sauvignon. Excellents vieux millésimes. 2e cru, 40 ha. 70 % CS, 15 % M, 8 % CF, 7 % PV. Meilleures années : 1996, 1995, 1990, 1989, 1988, 1986, 1985, 1982, 1961, 1959, 1953, 1945

CHATEAU LEOVILLE-POYFERRE : saint-julien assez facile, en progrès actuels. Second vin : Château Moulin Riche. 2e cru, 75 ha. 65 % CS, 25 % M, 7 % PV, 3 % CF. Meilleures années : 1996, 1995, 1990, 1989, 1983, 1982, 1961.

CHATEAU GRUAUD-LAROSE : vin riche, concentré, assez « chaud », de bonne garde. 2e cru, 85 ha. 65 % CS, 23 % M, 9 % CF, 3 % PV. Meilleures années : 1996, 1995, 1989, 1988, **1986**, 1985, **1982**, 1975, 1966, **1961**.

CHATEAU LAGRANGE : très grand domaine repris en main depuis 1985. 3e cru, 110 ha. 66 % CS, 26 % M, 8 % PV. Meilleures années : 1996, 1993, 1990, 1988, **1986**.

CHATEAU LANGOA-BARTON : appartient depuis 1821 aux Barton, d'origine irlandaise. Sous la même direction que Château Léoville-Barton, donne des vins assez semblables. 3e cru, 20 ha. 70 % CS, 15 % M, 9 % CF, 6 % PV. Meilleures années : 1996, 1995, 1990, 1989, 1986, 1985,1982.

CHATEAU BEYCHEVELLE : vin souple et raffiné. Bons millésimes anciens. 4e cru, 75 ha. 62 % CS, 26 % M, 9 % CF, 3 % PV. Meilleures années : 1996, 1995, 1989, 1986, 1982, 1966, 1961.

CHATEAU BRANAIRE-DUCRU : vin souple, rond, avec parfois un délicieux goût de chocolat. 4e cru, 45 ha. 73 % CS, 20 % M, 5 % CF, 2 % PV. Meilleures années : 1996, 1989, 1986, 1982, 1966.

CHATEAU TALBOT : aux Domaines Cordier, comme Gruaud-Larose. Plein, souple, assez facile. 4e cru, 105 ha. 70 % CS, 20 % M, 5 % CF, 5 % PV. Meilleures années : 1996, 1989, 1988, 1986, 1982, 1978, 1966, 1962, 1961, 1953, **1945**.

CHATEAU SAINT-PIERRE : vieille marque récemment réunifiée. Vins typiques et corsés. 4e cru, 17 ha. 70 % CS, 20 % M, 10 % CF. Meillleures années : 1996, 1994, **1990**, 1989, 1988, 1986.

AOC MARGAUX : l'appellation Margaux s'étend sur cinq communes, et comprend de nombreux crus classés, dont le fantastique vin de Château Margaux ; la plupart des crus classés donnent des vins fins mais peu concentrés. On trouve de remarquables petits crus. Voici une description des Châteaux les plus renommés :

CHATEAU MARGAUX : l'un des meilleurs vins du monde, complet, complexe, toujours réussi depuis quinze ans. 1er cru, 80 ha. 75 % CS, 20 % M, 5 % CF. Meilleures années : **1996**, 1995, 1994, 1991, **1990**, 1989, 1988, **1986**, 1985, **1983**, **1982**, 1978, 1966, 1962, **1961**, **1959**, 1955, **1953**, 1950, **1949**, 1948, 1947, **1945**, **1929**, **1928**, 1926, **1900**, **1899**.

CHATEAU RAUZAN-SEGLA : vin très fin. Après une période médiocre, a été racheté par les propriétaires de Chanel et, du même coup, a retrouvé le « Z » de son nom. 2e cru, 50 h. 66 % CS, 30 % M, 4 % CS, 2 % PV. Meilleures années : 1995, 1996, 1990, 1989, 1988, **1986**, 1970, 1966, 1961, 1949, 1947.

CHATEAU DURFORT-VIVENS : forte proportion de sauvignon ; vins fins, mais assez maigres.2e cru, 23 ha. 81 % CS, 11 % M, 8 % CF.

CHATEAU LASCOMBES : grand vignoble très dispersé. Vins fins et « féminins ». 2e cru, 92 ha. 65 % CS, 33 % M, 2 % CF. Meilleures années : 1989, 1983, 1982, 1970.

CHATEAU BRANE-CANTENAC : assez léger, facile et fruité. Bons vins anciens. 2e cru, 85 ha. 70 % CS, 15 % M, 13 % CF, 2 % PV. Meilleures années : 1986, 1985, 1982, 1959, 1949, 1928.

CHATEAU RAUZAN-GASSIES : 2e cru, 30 ha. 40 % CS, 40 % M, 20 % CF

CHATEAU PALMER : avec Margaux, l'un des deux vins les plus réputés de l'appellation. Souple, grâce au fort pourcentage de merlot, il vieillit très bien. 3e cru, 43 ha. 55 % CS, 35 % M. Meilleures années : 1990, **1989**, **1986**, 1985, **1983**, 1981, 1979, 1978, 1971, **1970**, **1966**, 1962, **1961**, **1959**, 1949, 1947, 1945.

CHATEAU KIRWAN : peu de sauvignon. En progrès récents. 3e cru, 35 ha. 40 % CS, 30 % M, 20 % CF, 10 % PV.

CHATEAU D'ISSAN : beau château XVIIe siècle. Vin souple et fin. 3e cru, 32 ha. 75 % CS, 25 % M. Meilleures années : 1996, 1990, 1985, 1983, 1981, 1966, 1961, 1959.

CHATEAU GISCOURS : margaux assez charnu, un peu rustique. Il est récemment devenu célèbre pour des affaires judiciaires qui, semble-t-il, n'affectent pas le grand vin mais les autres et diverses productions de la propriété. 3e cru, 75 ha. 63 % CS, 28 % M, 7 % CF, 2 % PV. Meilleures années : 1990, 1988, 1986, 1982, 1978, 1975, 1971, 1970, 1953.

CHATEAU MALESCOT-SAINT-EXUPERY : margaux traditionnel, de garde. 3e cru, 30 ha. 50 % CS, 35 % M, 10 % CF, 5 % PV. Meilleures années : 1996, 1995, 1990, 1982, 1978, 1961, 1959.

CHATEAU BOYD-CANTENAC : petit domaine assez irrégulier. 3e cru, 18 ha. 65 % CS, 22 % M, 7 % CF, 6 % M.

CHATEAU DESMIRAIL : « marque » ayant souvent changé de cadastre et de propriétaire. Vins assez fermes et fruités. 3e cru, 15 ha.

CHATEAU FERRIERE : marque plus ou moins rattachée à Château Lascombes, revendue en 1992. 3e cru.

CHATEAU MARQUIS D'ALESMES-BECKER : petit vignoble de culture traditionnelle. 3e cru, 10 ha.

CHATEAU POUGET : même direction que Château Boyd-Cantenac. 4e cru, 10 ha.

CHATEAU PRIEURE-LICHINE : grand domaine très dispersé. Vins parfumés, assez légers. 4e cru, 60 ha. 44 % CS, 42 % M, 8 % CF, 6 % PV.

CHATEAU MARQUIS DE TERME : vin robuste, excellent depuis dix ans. 4e cru, 35 ha. 45 % CS, 35 % M, 15 % CF, 5 % PV. Meilleures années : **1990**, 1989, 1988, 1986, 1983.

CHATEAU DAUZAC : on y inventa la « bouillie bordelaise » pour traiter les vignes contre le mildiou. Racheté par la MAIF, le vignoble est en renaissance. 5e cru, 45 ha. 60 % CS, 30 % M, 3 % PV, 2 % CF.

CHATEAU DU TERTRE : vignoble reconstitué il y 25 ans. Bons vins francs. 5e cru, 50 ha. 85 % CS, 10 % M, 5 % CF.

PAVILLON ROUGE DU CHATEAU MARGAUX : second vin de Château Margaux, de qualité supérieure à nombre de crus classés.

CHATEAU SIRAN : cru bourgeois de grande qualite, plein et charnu. 35 ha. 50 % CS, 25 % M, 15 % CF, 10 PV.

CHATEAU D'ANGLUDET : cru bourgeois. Vin vif et tanique. 32 ha. 60 % CS, 32 % M, 7 % PV, 2 % CF.

CHATEAU BEL AIR MARQUIS D'ALIGRE : ce cru bourgeois est renommé pour les bouteilles du siècle dernier gravées « Défendu d'en laisser ! ». Bons millésimes anciens. Beaucoup de merlot. 17 ha.

CHATEAU MONBRISON : cru bourgeois. Vins de grande qualité.

CHATEAU LARRUAU : excellent cru bourgeois. 3 ha.

CLASSEMENT DE 1855 DES VINS DU MÉDOC

(état actuel des propriétés)

PREMIERS CRUS :

Château Haut-Brion (aujourd'hui Pessac-Léognan, 42 hectares)

Château Margaux (Margaux, 80 hectares)

Château Lafite (Pauillac, 90 hectares)

Château Latour (Pauillac, 60 hectares)

Château Mouton-Rothschild (Pauillac, 75 hectares, 1er cru depuis 1973)

DEUXIÈMES CRUS :

Château Léoville-las-Cases (Saint-Julien, 85 hectares)

Château Ducru-Beaucaillou (Saint-Julien, 50 hectares)

Château Pichon-Longueville Comtesse de Lalande (Pauillac, 62 hectares)

Château Pichon-Longueville Baron de Longueville (Pauillac, 45 hectares)

Château Montrose (Saint-Estèphe, 58 hectares)

Château Cos d'Estournel (Saint-Estèphe, 70 hectares)

Château Léoville-Barton (Saint-Julien, 40 hectares)

Château Gruaud-Larose (Saint-Julien, 85 hectares)

Château Rausan-Ségla (Margaux, 50 hectares)

Château Léoville-Poyferré (Saint-Julien, 75 hectares)

Château Lascombes (Margaux, 92 hectares)

Château Brane-Cantenac (Margaux, 85 hectares)

Château Durfort-Vivens (Margaux, 23 hectares)

Château Rauzan-Gassies (Margaux, 30 hectares)

TROISIÈMES CRUS :

Château Palmer (Margaux, 43 hectares)

Château La Lagune (Haut-Médoc, 70 hectares)

Château Giscours (Margaux, 75 hectares)

Château Lagrange (Saint-Julien, 110 hectares)

Château Calon-Ségur (Saint-Estèphe, 60 hectares)

Château Kirwan (Margaux, 35 hectares)

Château d'Issan (Margaux, 32 hectares)

Château Langoa-Barton (Saint-Julien, 20 hectares)

Château Malescot-Saint-Exupéry (Margaux, 30 hectares)
Château Cantenac-Brown (Margaux, 32 hectares)
Château Desmirail (Margaux, 15 hectares)
Château Marquis d'Alesme-Becker (Margaux, 10 hectares)
Château Boyd-Cantenac (Margaux, 18 hectares)
Château Ferrière (Margaux)

QUATRIÈMES CRUS
Château Branaire-Ducru (Saint-Julien, 45 hectares)
Château Beychevelle (Saint-Julien, 75 hectares)
Château Saint-Pierre (Saint-Julien, 17 hectares)
Château Talbot (Saint-Julien, 105 hectares)
Château Marquis de Terme (Margaux, 35 hectares)
Château Duhart-Milon-Rothschild (Pauillac, 55 hectares)
Château Lafon-Rochet (Saint-Estèphe, 45 hectares)
Château Prieuré-Lichine (Margaux, 60 hectares)
Château Pouget (Margaux, 10 hectares)
Château La Tour Carnet (Haut-Médoc, 40 hectares)

CINQUIÈMES CRUS
Château Lynch-Bages (Pauillac, 80 hectares)
Château Grand-Puy-Lacoste (Pauillac, 49 hectares)
Château Clerc-Milon (Pauillac, 28 hectares)
Château Pontet-Canet (Pauillac, 75 hectares)
Château Cantemerle (Haut-Médoc, 55 hectares)
Château Haut-Batailley (Pauillac, 21 hectares)
Château Grand-Puy-Ducasse (Pauillac, 33 hectares)
Château Haut-Bages-Libéral (Pauillac, 25 hectares)
Château d'Armailhac (Pauillac, 51 hectares)
Château Dauzac (Margaux, 15 hectares)
Château du Tertre (Margaux, 50 hectares)
Château Batailley (Pauillac, 50 hectares)
Château Cos Labory (Saint-Estèphe, 15 hectares)
Château Belgrave (Haut-Médoc, 53 hectares)
Château de Camensac (Haut-Médoc, 65 hectares)
Château Pédesclaux (Pauillac, 18 hectares)
Château Lynch-Moussas (Pauillac, 40 hectares)
Château Croizet-Bages (Pauillac, 22 hectares)

Cette liste est la martingale sacrée du médoc que se récitait, pour garder espoir, le grand journaliste du vin Jean-Paul Kauffmann. Elle est toujours disséquée, remise en cause, reconstruite ; l'ordre des vins dans chaque classe reflète mes préférences du moment. On parle sans cesse de refaire ce classement ; bien sûr, certains vins ne méritent plus leur rang ; d'autres mériteraient une promotion, surtout quelques crus du Médoc y auraient leur place. Mais un nouveau classement n'empêcherait pas l'ancien de subsister et, pour quelques vins médiocres qui conservent une rente de situation, le marché s'est chargé de porter les autres à leur vraie place.

44.2. LES GRAVES

AOC GRAVES : sur une grande étendue au sud de Bordeaux, l'appellation Graves produit de bons vins rouges et blancs et aussi, quelques vins moelleux étiquetés « Graves supérieurs » ; les vignobles sont entrecoupés des prémices de la forêt des Landes.

Les vins rouges sont souvent assez souples et charnus, d'un bon goût de terroir ; ils se font assez vite, mais se gardent longtemps ; les vins blancs sont dépendants de leur vinification : soit assez gras et marqués par le bois, soit fins, citronnés et longs en bouche ; c'est une bonne terre de recherche pour l'amateur.

AOC PESSAC-LÉOGNAN : cette appellation récente regroupe les terres de graves les plus proches de Bordeaux, géologiquement assez proches du Médoc. On y trouve bien sûr, en pleine ville, le légendaire vin de Château-Haut-Brion (l'un des vins les plus importants dans l'histoire du vin) et ses voisins La Mission et Laville-Haut-Brion (grands vins blancs), mais aussi d'excellents Châteaux de banlieue ou de clairière, les meilleurs vins blancs secs de la région et des rouges souples, au goût de fumée et de terre mouillée.

Les vins de Graves ont été classés en 1959, classement qui n'a pas été révisé depuis. Voici une description des principaux Châteaux :

CHATEAU HAUT-BRION : l'ancêtre du « Château » de Bordeaux et l'un des crus les plus innovateurs depuis trois siècles. Race et élégance parfaites. 1er cru assimilé aux médocs en 1855, cru classé de Graves. 42 ha. 55 % CS, 25 % M, 20 % CF. Meilleures années : 1997, 1996, 1995, 1994, 1993, 1990, **1989**, 1988, 1986, 1985, **1982**, 1981, 1979, 1978, 1975, 1970, 1966, 1964, 1962, **1961**, **1959**, 1955, **1953**, 1949, **1945**, 1937, 1934, **1929**, **1928**, **1926**, 1924, 1918, 1906, **1900**, **1899**, **1811**.

CHATEAU LA MISSION-HAUT-BRION : comme son voisin Château Haut-Brion, qui en est propriétaire depuis 1983, Château La Mission est enclavé dans la banlieu bordelaise. Le vin est extrêmement puissant, d'un potentiel de garde énorme. Cru classé, 20 ha. 50 % CS, 40 % M, 10 % CF. Meilleures années : 1996, 1995, 1994, 1990, **1989**, 1988, 1986, 1985, 1983, **1982**, 1978, **1975**, 1971, 1970, **1966**, 1964, **1961**, **1959**, **1955**, 1953, 1952, 1950, **1949**, 1948, **1947**, **1945**.

DOMAINE DE CHEVALIER : à l'inverse du précédent, Chevalier se trouve en pleine forêt. Vin parfois inconstant mais d'une extrême finesse. Cru classé, 15 ha. 65 % CS, 30 % M, 5 % CF. Meilleures années : 1997, 1990, 1989, **1988**, 1986, 1984, 1983, 1978, 1970, 1966, 1961, 1959, 1955, 1952.

CHATEAU PAPE-CLEMENT : si l'on excepte les millésimes moyens du début des années quatre-vingt, les vins de ce très ancien vignoble sont très typiques des graves par leur élégance et une note de fumé. Cru classé, 30 ha. 60 % CS, 40 % M. Meilleures années : 1996, 1995, **1990**, 1989, 1988, 1986, 1971, **1962**, 1961, 1955.

CHATEAU HAUT-BAILLY : cru très élégant, parfumé et subtil. Cru classé, 25 ha. 60 % CS, 3 % M, 10 % CF. Meilleures années : 1996, 1990, 1989, 1988, 1982, 1971, 1970, 1966, **1961**.

CHATEAU DE FIEUZAL : vins souples, souvent « faciles », bien équilibrés. Cru classé, 29 ha. 60 % CS, 30 % M, 5 % CF, 5 % PV. Meilleures années : 1996, 1990, 1989, 1970.

CHATEAU LA TOUR-HAUT-BRION : « cadet » de Château La Mission-Haut-Brion, il lui ressemble, un peu plus rustique cependant. Cru classé, 4 ha. 80 % CS, 15 % M, 5 % CF. Meilleures années : 1994, 1982, 1978, **1975**, 1970, 1966, **1961**, 1959, 1947.

CHATEAU SMITH-HAUT-LAFITTE : vignoble important, autrefois sans grand charme. En grands progrès depuis dix ans. Cru classé, 45 ha. 70 % CS, 20 % M, 10 % CF. Meilleures années : 1997, 1996, 1993.

CHATEAU CARBONNIEUX : important domaine, vins souples et élégants. Cru classé, 38 ha. 60 % CS, 30 % M, 7 % CF, 3 % PV et malbec. Meilleures années : 1990, 1982, 1970, 1966.

CHATEAU LA TOUR MARTILLAC : vins sobres, presque maigres, qui s'épanouissent parfois au vieillissement. Cru classé, 20 ha. 60 % CS, 25 % M, 6 % CF, 9 % PV et malbec.

CHATEAU MALARTIC-LAGRAVIERE : vin sec et maigre, dont le bouquet subtil vient avec l'âge. Cru classé, 12 ha. 50 % CS, 30 % M, 25 % CF.

CHATEAU OLIVIER : cru classé, 21 ha. 65 % CS, 35 % M.

CHATEAU BOUSCAUT : vin facile de merlot, un peu fumé. Cru classé, 39 ha. 50 % M, 35 % CS, 15 % CF.

CHATEAU LA LOUVIERE : beaux vins élégants, comme le château lui-même. Non classé, 37 ha. 70 % CS, 20 % M, 10 % CS.

CHATEAU LES CARMES-HAUT-BRION : petit vignoble « de banlieue », donnant un vin parfumé et très élégant. Non classé, 4 h. 50 % M, 40 % CF, 10 % CS.

CHATEAU PICQUE-CAILLOU : domaine courageusement préservé en pleine ville. Vins gracieux et distingués. Non classé, 17 ha. 35 % CS, 35 % CF, 30 % M.

VINS BLANCS SECS

CHATEAU LAVILLE-HAUT-BRION : fermenté en fûts neufs, un très grand vin qui doit vieillir de longues années. Cru classé, 6 ha. 50 % SE, 40 % SA. Meilleures années : 1996, **1995**, 1994, 1993, 1990, **1989**, 1988, **1985**, 1983, 1982, 1978, 1976, 1975, 1971, 1970, **1966**, 1962, 1959, 1949, 1947, **1945**.

DOMAINE DE CHEVALIER : vin élevé de manière perfectionniste, subtil et étoffé. Cru classé, 3 ha. 70 % SA, 30 % SE. Meilleures années : 1996, 1995, **1993**, 1991, 1990, **1989**, 1988, 1987, **1985**, 1983, **1970**, 1964, 1962.

CHATEAU COUHINS-LURTON : petit cru, rare, fermenté sous bois neuf et de grande qualité. Cru classé, 6 ha. 100 % SA. Beau 1993.

CHATEAU MALARTIC-LAGRAVIERE : le seul cépage sauvignon donne des vins assez minces et secs, qui doivent absolument vieillir. Cru classé, 3 ha. 100 % SA.

CHATEAU CARBONNIEUX : vaste vignoble qui a produit jusqu'en 1987 des vins secs, fruités, qui devaient vieillir ; depuis, ils sont plus gras, faciles et aromatiques. Cru classé, 37 ha. 65 % SA, 34 % SE, 1 % MU.

CHATEAU LA TOUR MARTILLAC : bon vin blanc de grande garde, plus ample et fruité depuis quelques années. Cru classé, 5 ha. 65 % SE, 25 % SA, 10 % MU et divers.

CHATEAU OLIVIER : cru classé, 16 ha. 65 % SE, 30 % SA, 5 % MU.

CHATEAU BOUSCAUT : cru classé, 7 ha. 56 % SE, 44 % SA.

CHATEAU COUHIN : cru classé, 2 ha, 100 % SA.

CHATEAU HAUT-BRION : vin riche, opulent même, de bonne garde. Cru non classé, 4 ha. 50 % SE, 50 % SA. Meilleures années : 1997, 1995, 1994, 1990, **1989**, 1988, 1987, **1985**, 1983, 1982, **1978**, 1976, 1975.

CHATEAU DE FIEUZAL : non classé mais dans le peloton de tête, d'un style très riche et boisé. 4 ha. 50 % SA, 50 % SE.

44.3. LE BLAYAIS

AOC CÔTES DE BLAYE : au nord de Bordeaux et de la Gironde, le Blayais se singularise pas ses vins : la proximité de la Charente n'est pas étrangère à la présence de vignes blanches, destinées à la vinification ou à la distillation. Les vins rouges sont assez souples et faciles, et c'est une région où l'on peut acheter de bons vins élevés en cuve ; la barrique neuve farde autant les petits vins qu'elle habille les grands.

AOC CÔTES DE BOURG : c'est, encore, une région de petite propriété, naguère pourvoyeuse du négoce bordelais qui s'en servait pour enrichir des vins anémiés. Les côtes-de-bourg sont ordinairement un peu rustiques mais pleins et généreux ; ils utilisent aussi le malbec, qui donne aux vins couleur et vigueur. Ce réservoir de bons vins du dimanche, admirablement situé, donne maintenant quelques grands vins dont le plus célèbre est le Château Roc de Cambes.

44.4. LE LIBOURNAIS

AOC FRONSAC et CÔTES DE FRONSAC : les côtes de Fronsac sont des terroirs plus délimités de cette appellation méconnue. Les vins sont ici fermes et de bonne garde, d'un très bon rapport qualité-prix. Les meilleurs Châteaux ont entamé une ascension médiatique qui devrait faire mieux connaître ces vins attachants.

AOC POMEROL : cette petite commune que l'on traverse sans la voir produit, avec quelques secteurs de la côte de Nuits, les vins les plus voluptueux de la planète : Petrus, bien sûr, mais aussi château Lafleur, Certan de May, La Conseillante, L'Évangile, et quelques autres, composent le chapelet que se récitent religieusement (car à Pomerol on est religieux plus qu'hospitalier) les amateurs du monde entier. Il n'y a pas de classement officiel des vins de Pomerol ! Tous égaux... Mais le marché se charge de donne le ton, qui est en général fort élevé. Il faut goûter une fois un grand pomerol, même si l'on n'en achète que des petits. C'est une main de fer dans un gant de velours!

Le Pin, tout petit vignoble de haute couture, donc vin introuvable, est devenu le vin le plus cher au monde. Voici une sélection de Châteaux de Pomerol :

PETRUS : cru mythique, la plus belle expression du cépage merlot. Riche, voire opulent, fabuleux jeune, parfois extraordinaire vieux ; cher et rare. 11,50 ha. 95 % M, 5 % CF. Meilleures années : **1995**, **1990**, **1989**, 1988, 1986, **1985**, **1982**, 1981, 1979, **1975**, **1971**, **1970**, 1967, 1966, 1964, 1962, **1961**, **1959**, 1955, 1953, 1952, 1950, **1949**, 1948, **1947**, **1945**.

CHATEAU LAFLEUR : rare cru, très concentré, d'un parfum extraordinaire. 4,5 ha. 50 % M, 50 % CF. Meilleures années : **1995**, 1993, 1990, **1989**, 1988, **1986**, **1985**, 1983, **1982**, 1979, **1975**, 1966, 1964, 1950, **1947**.

CHATEAU LA CONSEILLANTE : excellent vin, plus fin et frais que concentré. 13 ha. 45 % M, 45 % CF, 10 % malbec. Meilleures années : 1995, 1990, 1989, 1985, **1982**, 1981, 1971, 1970, 1966, 1962, 1961, 1959, 1953, **1949**, 1947, 1945.

CHATEAU L'EVANGILE : sols variés, entre Petrus et Château Cheval-Blanc. Très riche et concentré. 14 ha, 70 % M, 30 % CF. Meilleures années : 1996, 1995, 1994, **1993**, **1990**, 1989, 1988, **1985**, 1983, **1982**, 1975, 1961.

CHATEAU CERTAN DE MAY (DE CERTAN) : élevage lent pour des vins riches, concentrés, de bonne garde. 5 ha,

70 % M, 25 % CF, 5 % CS. Meilleures années : 1990, 1989, **1988**, **1986**, **1985**, **1982**, 1981, 1979, 1971.

VIEUX CHATEAU CERTAN : un des pomerols les plus équilibrés et élégants. 13 ha, 50 % M, 25 % CF, 20 % CS, 5 % malbec. Meilleures années : 1996, 1995, 1994, 1993, 1990, 1989, 1988, **1986**, 1982, 1975, 1971, 1964, 1961.

CHATEAU LA FLEUR-PETRUS : entre Château Lafleur et Petrus, sous la même direction que ce dernier. 9 ha, 80 % M, 20 % CF. Meilleures années : 1995, **1989**, **1982**, 1976, 1975, 1971, 1970, 1953, 1950, **1947**.

CHATEAU CLINET : a été vendu au GAN après une série de millésimes impressionnants de concentration. 7 ha, 75 % M, 15 % CS, 10 % CF. Meilleures années : 1996, 1995, 1994, 1990, **1989**, 1988, 1987, 1986.

CHATEAU L'EGLISE-CLINET : en haut du village. Vins riches, gras, fruités. 6 ha, 80 % M, 10 % CF, 10 % malbec. Meilleures années : 1997, **1996**, 1995, 1994, 1990, 1989, **1986**, **1985**.

CHATEAU PETIT-VILLAGE : actuellement riche, assez boisé et parfumé. 11 ha, 70 % M, 18 % CS, 12 % CF. Meilleures années : 1996, 1990, 1989, 1988, **1982**.

CHATEAU TROTANOY : naguère corsé et concentré, s'est plutôt radouci. 8 ha, 87 % M, 13 % CF. Meilleures années : 1995, 1990, 1989, **1982**, 1981, 1979, **1978**, **1975**, 1971, 1970, 1967, 1966, **1961**, 1959, 1945.

LE PIN : cru récent d'une grande richesse comme ses amateurs. Avec la vente à l'exportation d'une caisse de 1982, il est devenu le vin le plus cher de la Galaxie.1 ha, 88 % M, 12 % CF. Meilleures années : 1995, 1994, 1990, 1989, 1988, 1987, 1986, 1985, 1983, **1982**.

CHATEAU GAZIN : ce grand domaine sort d'une période difficile. Vin souple et raffiné. 23 ha, 80 % M, 15 % CF, 5 %

CS. Meilleures années : 1996, 1995, 1994, **1990**, 1989, 1981, 1978, 1947.

CHATEAU LATOUR A POMEROL : sur deux parcelles différentes ; charnu et équilibré. 8 ha. 90 % M, 10 % CF. Meilleures années : 1990, 1989, 1983, **1982**, 1981, 1971, **1970**, **1961**, 1959, **1947**.

CHATEAU LA VIOLETTE : petit cru de merlot, rare, inégal mais parfois d'une finesse exceptionnelle. 4 ha. 85 % M, 15 % CF. Meilleures années : 1990, 1982, 1970, 1967, 1962.

CHATEAU DE SALES : sur terrain léger, le plus grand vignoble de Pomerol, qui donne des vins parfois légers mais élégants. 47 ha. 70 % M, 15 % CF, 15 % CS.

CHATEAU LE BON PASTEUR : propriété de l'œnologue Michel Rolland, qui contrôle une bonne partie des grands vins du Libournais. Vins riches et puissants. 7 ha. 90 % M, 10 % CF. Meilleures années : 1996, 1993, 1990, 1989, 1988, **1982**.

CHATEAU LA FLEUR DE GAY : « tête de cuvée de Château La Croix de Gay », très riche et corsé. 100 % M. Meilleures années : **1989**, 1988, 1987, 1986, 1983.

CHATEAU NENIN : grand vignoble de bonne qualité moyenne. 28 ha, 50 % M, 30 % CF, 20 % CS.

AOC LALANDE-DE-POMEROL : les vins de cette « lande » sont curieusement mal explorés et peu connus ; majoritairement composés de merlot, ils sont ronds et de prix attractif ; c'est une lande fertile pour l'amateur de vin.

AOC SAINT-ÉMILION : Saint-Émilion mérite un livre entier. On lui en a d'ailleurs consacré plusieurs ; j'ai une chauvine tendresse pour cette ville d'églises et de cavernes, qui aurait été fondée par un moine vannetais. Si Pomerol est voué à un culte tranquille, à Saint-Émilion on sort vite les grandes orgues, l'or et les parures !

Il faut savoir, tout d'abord, que l'appellation s'étend sur 5 communes et qu'elle compte près de mille Châteaux, que la moitié des saint-émilions sont des bons vins, sans plus, et que « grand cru » ne correspond pas à un classement par châteaux, mais à des conditions de production plus strictes que « Saint-Émilion ». Le cercle des fidèles, c'est l'appellation Grand Cru Classé (une soixantaine), presque tous sur la commune de Saint-Émilion, la plupart excellents ; les saints des saints, ce sont les premiers grands crus classés « B » :

Canon, Figeac, Pavie, Belair, Magdelaine, Trottevieille, Beauséjour, Fourtet, La Gaffelière; enfin, les deux « grands » que sont Ausone et Château Cheval-Blanc, l'un grand vin de côte solaire et droit, l'autre grand vin de graves plus opulent.

L'appellation Saint-Émilion est dominée par la petite propriété, il est donc facile d'y visiter des vignobles et d'y acheter des vins. L'accueil y est moins professionnel qu'en Médoc, mais la quête est bien plus ouverte !

Quelques petites propriétés produisent des vins de grand luxe, soigneusement récoltés et gorgés de bois neuf. Ils atteignent des prix très élevés. Château Le Tertre Roteboeuf et Valandraut font déjà figure d'anciens auprès de la Mondotte, La Gomerie et des autres, qui arrivent sur le marché du *small, beautiful and very expensive* !

Voici une description des Châteaux les plus renommés :

CHATEAU AUSONE : vignoble légendaire, archétype du saint-émilion de côte. Jeune, il reste discret malgré une robe nuancée. Il lui arrive même de passer inaperçu dans les dégustations. Au bout de vingt ans, il révèle une finesse rare. Inégal, mais à son meilleur, c'est le meilleur ! 1er GCC A. 7,32 ha. 50 % M, 50 % CF. Meilleures années : 1997, **1996**, 1995, 1993, **1990**, 1989, 1988, 1986, 1983, **1982**, 1976, 1966, **1962**, **1961**, 1955, 1949, 1945, 1928, **1900**.

CHATEAU CHEVAL-BLANC : très grand vin, régulier, original, chaleureux et élégant, de très longue garde, quoique délicieux dans sa jeunesse. 1er GCC A. 36 ha. 66 % CF, 33 % M, 1 % malbec. Meilleures années : 1994, 1993, **1990**, 1989, 1986, **1985**, 1983, **1982**, 1981, 1978, 1971, 1970, 1966,

1964, **1961**, 1959, **1955**, 1953, **1949**, 1948, **1947**, 1945, 1934, **1929**, 1928, 1920, 1908.

CHATEAU FIGEAC : sur les Graves près de Pomerol. Marqué de cabernet. Très bon même en petite année. 1er GCC B, 39 ha. 35 % CF, 35 % CS, 30 % M. Meilleures années : 1996, **1990**, 1989, 1986, 1983, **1982**, 1976, 1971, 1970, **1966**, 1964, 1962, **1961**, 1959, 1955, 1953, 1949, **1947**.

CHATEAU CANON : sur la côte ; charpenté, musclé, très beau vin, récemment racheté par les propriétaires de Chanel ; espérons que le parfum sera à la hauteur ! 1er GCC B. 18 ha. 55 % M, 45 CF. Meilleures années : 1990, 1989, 1988, 1986, 1985, 1982, 1979, 1971, 1970, 1964, **1962**, **1961**, 1959, **1947**.

CHATEAU PAVIE : vin de côte vif et délicat. Récemment racheté par le propriétaire passionné du Château Monbousquet. 1er GCC B, 37 ha. 55 % M, 25 % CF, 20 % CS. Meilleures années : 1990, 1989, 1988, 1986, 1982, 1971.

CHATEAU BELAIR : petit frère de Château Ausone, long, très fin, presque maigre. 1er GCC B, 13 ha. 55 % M, 45 % CF. Meilleures années : 1996, 1989, 1982, 1961.

CHATEAU L'ANGELUS : célèbre vin de côte revenu récemment au plus haut niveau, et seul promu en 1er cru de la dernière mouture. 24 ha. 50 % M, 45 % CF, 5 % CS. Meilleures années : 1996, 1995, **1994**, 1993,1992, **1990**, 1989, 1988.

CHATEAU MAGDELAINE : sur le plateau ; excellent, tanique malgré la forte proportion de merlot. 1er GCC B, 11 ha. 90 % M, 10 % CF. Meilleures années : 1997, 1995, 1990, 1989, 1982, 1978, 1966, **1961**.

CHATEAU TROTTEVIEILLE : vins du plateau de Saint-Emilion, bien concentrés depuis dix ans. 1er GCC B, 10 ha. 50 % M, 45 % CF, 5 % CF. Meilleures années : 1990, 1989, 1982.

CHATEAU BEAUSEJOUR (DUFFAU-LAGAROSSE) : petit vignoble de côte, très traditionnel. Grand vin en 1990. 1er GCC B, 7 ha. 53 % M, 25 % CF, 22 % CS. Meilleures années : 1995, **1990**, 1989, 1988.

CHATEAU BEAUSEJOUR-BECOT : sur le plateau. Vins riches et pleins, en progrès.1er GCC B, 19 ha. 70 % M, 30 % CF. Meilleures années : 1996, 1995, 1994, 1990, 1989, 1961.

CLOS FOURTET : sur le plateau. Vins fins, en progrès récents. 1er GCC B, 18 ha. 70 % M, 20 % CF, 10 % CS. Meilleures années : 1997, 1996, 1995, 1990, 1989, 1953.

CHATEAU LA GAFFELIERE : vieux vignoble en pieds de côte, vin tendre et parfumé. 1er GCC B, 22 ha. 60 % M, 30 % CF, 10 % CS. Meilleures années : 1995, 1990, 1989, 1945.

CHATEAU LA DOMINIQUE : vin riche et puissant, voisin de Château Cheval-Blanc. GCC, 18 ha. 75 % M, 15 % CF, 5 % CS, 5 % malbec. Meilleures années : 1994, 1990, 1989, 1988, 1986, 1982, **1971**.

CHATEAU CANON-LA-GAFFELIERE : beau vin en pied de côte. GCC, 19 ha. 58 % M, 37 % CF, 5 % CS. Meilleures années : 1997, 1996, 1995, 1992, **1990**, 1989, 1988, 1986.

CHATEAU SOUTARD : vin du plateau, tanique, sérieux, de grande longévité. GCC, 22 ha. 60 % M, 40 % CF. Meilleures années : 1990, 1989, 1988, 1986, 1985, 1982, 1964, 1955.

CHATEAU LARMANDE : au nord de Saint-Emilion ; très plein et boisé. GCC, 20 ha. 65 % M, 30 % CF, 5 % CS. Meilleures années : 1990, 1989, 1988, 1986, 1983, 1982.

CHATEAU TROPLONG-MONDOT : tout en haut du vignoble ; vins colorés et puissants. GCC, 30 ha. 70 % M, 15 % CF, 15 % CS. Meilleures années : 1996, 1994, 1991, 1990, 1989, 1988, 1986, 1985, 1959.

CHATEAU CURE BON LA MADELEINE : voisin de Château Ausone ; vins riches et de bonne garde pour un encépagement original. GCC, 5 ha. 90 % M, 5 % CS, 5 % malbec.

CHATEAU BALESTARD LA TONNELLE : tanique, coloré et puissant. GCC, 10 ha. 65 % M, 20 % CF, 10 % CF, 5 % malbec.

CHATEAU L'ARROSEE : vendanges tardives pour des vins très riches et boisés. GCC, 16 ha. 45 % M, 35 % CF, 20 % CF.

CHATEAU GRAND MAYNE : à l'ouest de la ville ; très gras et boisé. GCC, 17 ha. 50 % M, 40 % CF, 10 % CS. Meilleures années : 1996, 1994, 1993, 1990, 1989, 1988, 1986.

CHATEAU CADET-PIOLA : une étiquette de charme pour un vin de côte vif et racé. GCC, 7 ha. 51 % M, 28 % CS, 18 % CF, 3 % malbec.

CHATEAU LA TOUR DU PIN FIGEAC MOUEIX : bon vin sur les graves de Figeac. GCC, 9 ha. 60 % M, 30 % CF, 5 % CS, 5 % malbec.

CHATEAU CROQUE-MICHOTTE : contigu à Pomerol, vin riche et charnu. GCC, 14 ha. 70 % M, 25 % CF, 5 % CS.

CHATEAU PAVIE-DECESSE : bon vin de garde, en haut de la Côte Pavie. GCC, 8 ha. 65 % M, 25 % CF, 15 % CS.

CHATEAU PAVIE MACQUIN : vins riches issus de culture biodynamique. GCC, 15 ha. 75 % M, 20 % CF, 5 % CS. Meilleures années : 1994, 1993, 1992, 1990, 1989.

CHATEAU BERLIQUET : sur le plateau calcaire pas loin d'Ausone. GCC, 8 ha. 65 % M, 35 % CF.

CHATEAU DE VALANDRAUT : vignoble de poche, cuvier de poupée pour le vin le plus ambitieux de l'appellation. GC, 2 ha. Meilleures années : **1996**, 1995, 1994, 1993.

CHATEAU LE TERTRE ROTEBOEUF : très recherché, vin ample et boisé. GC, 4 ha. 80 % M, 20 % CF. Meilleures années : **1997**, 1996, **1995**, 1993, 1990, **1989**, 1988, 1986, 1985.

LES SATELLITES DE SAINT-ÉMILION : on réunit communément sous ce titre les communes voisines de Saint-Émilion, qui peuvent y associer leur nom ; c'est une région assez vallonnée de petites propriétés et de coopératives, où l'on trouve de bons vins à prix aimables ; j'ai remarqué cependant, une certaine dureté dans de nombreux vins, due à la présence des rafles dans la cuve ou à l'élevage en bois. Les vins s'assouplissent au bout de quelques années. Ces appellations sont :

- Saint-Georges-Saint-Émilion (dont la plupart des vins adoptent l'AOC Montagne) et le superbe Château Saint-Georges.
- Montagne-Saint-Émilion.
- Lussac-Saint-Émilion, de vins assez corsés.
- Puisseguin-Saint-Émilion, de vins assez nerveux ; terres de bon potentiel.

AOC BORDEAUX CÔTES DE FRANC : cette appellation méconnue semble être le nouvel eldorado du Libournais : les terrains sont de qualité, puisqu'ils prolongent ceux de Lussac et de Puisseguin. Quelques propriétaires célèbres de Pomerol et de Saint-Émilion y ont acheté des vignobles récemment.

AOC CÔTES DE CASTILLON : en 1453 finit, ici, la guerre de Cent Ans. Depuis, beaucoup de vin a coulé des cuves. Il est plutôt souple pour cette toute nouvelle appellation.

44.5. L'ENTRE-DEUX-MERS

On traverse trop vite cette belle région pour joindre les grandes appellations. Boisée, vallonnée, l'Entre-deux-Mers s'étend entre la Dordogne et la Garonne. Un slogan malencontreux, « entre-deux-huîtres », n'a pas aidé à faire sortir les vins blancs secs d'un certain marasme ; ils peuvent pourtant être excellents. La région ne manque pas de bons vignobles rouges, mais les vignes hautes et espacées rappellent cependant que la vocation première de l'Entre-deux-Mers fut longtemps de servir le négoce bordelais.

AOC ENTRE-DEUX-MERS : vins blancs secs uniquement ; ils sont secs et fruités, à base de sauvignon majoritairement mais, aussi de sémillon et d'autres cépages ; sauf exception, les vins ont peu d'acidité et se boivent jeunes.

AOC SAINTE-FOY-BORDEAUX : dernière aux frontières du Bergerac, cette appellation produit des vins rouges mais aussi des blancs moelleux.

AOC CÔTES DE BORDEAUX-SAINT-MACAIRE : cette appellation peu usitée ne concerne que des vins blancs ; ils sont secs ou doux selon le millésime.

AOC GRAVES DE VAYRES : bien loin des graves du sud, ils font face à Fronsac, autour de la citadelle de Vayres. On y produit des vins rouges et blancs.

AOC HAUT-BENAUGES : cette région se trouve juste au nord des Premières Côtes de Bordeaux ; elle est surtout connue pour des vins blancs secs et de bonne tenue.

AOC PREMIÈRES CÔTES DE BORDEAUX : les vins sont plus explicites que le nom ! Sur des coteaux surplombant au nord la Garonne, on produit ici des vins assez corsés et de bonne garde, rouges uniquement.

AOC CADILLAC : c'est, en quelque sorte, un premières côtes-de-bordeaux moelleux ; on en produit peu, il est donc difficile d'en avoir une opinion ; ils sont le plus souvent d'un type demi-sec.

AOC LOUPIAC : appellation de vins liquoreux exclusivement ; les vins vendangés par tries sont fins et se rapprochent des barsacs, pour un prix très intéressant ; pour ce type de vins, il est prudent d'acheter dans les bonnes années.

AOC SAINTE-CROIX-DU-MONT : vous souvenez-vous de la gloire de Sainte-Croix-du-Mont, quand les vins liquoreux étaient les rois des vins ? Aujourd'hui, sur son plateau d'huîtres fossiles, l'appellation attend la fin des années dures. Quelques propriétés donnent des vins d'une liqueur somptueuse.

44.6. LE SAUTERNAIS

CÉRONS : la commune produit, sous l'appellation Graves, des vins rouges et blancs secs ; mais aussi de beaux vins liquoreux qui bénéficient des brouillard bénéfiques du Ciron, pour des tarifs très abordables.

BARSAC ET SAUTERNES

Les vins de Barsac peuvent porter l'appellation Sauternes (mais pas l'inverse), aussi nous les étudierons ensemble. On termine généralement l'étude des vins de Bordeaux par le Sauternais, car ce sont des vins parmi les plus opulents de la planète, et aussi parce qu'après un grand sauternes, on ne sait plus quoi boire.

On a tout dit sur yquem, le meilleur vin blanc du monde, sur ses rendements minuscules et le soin extrême apporté à la vinification. Il faut bien, parfois, se contenter d'un autre cru ! Le choix est large parmi les crus classés de 1855 et les nombreuses petites propriétés.

Géologiquement, le terroir de Sauternes est l'heureuse conjonction de la mer et de la montagne : des « substrats » de marnes, de sables ou de calcaires à huîtres ont été recouverts par des couches épaisses de graves que les glaciers ont arrachées aux Pyrénées et au Massif central. Ce sol caillouteux est très favorable à la culture de la vigne : il oblige la vigne à descendre loin en profondeur pour se nourrir, et restitue pendant la nuit la chaleur accumulée dans la journée.

Le sol de la commune de Barsac, sur l'autre rive du Ciron, est sensiblement différent. Les sols y sont souvent rouges et sableux, moins profonds, mais le sous-sol fissuré permet un enracinement profond des pieds de vigne. Quant à la rivière, nous allons y arriver.

Plus que tout autre, le vin de Sauternes est une production fragile : fragile par les aléas du ciel, il l'est aussi par ceux de la mode : très recherché au début du siècle, il s'est mal vendu depuis les années cinquante ; or, sans argent on ne peut faire du bon sauternes, et le sauternes ne supporte pas la médiocrité : les rendements élevés, l'enrichissement par chaptalisation permettent d'abaisser le coût, mais ne produisent que des liqueurs sans intérêt. Seuls les meilleurs Châteaux traversent les crises sans dommages ; heureusement, la succession de beaux millésimes des années quatre-vingt a remis au goût du jour ces vins, même si leur prix de vente reste peu élevé par rapport aux difficultés de la production.

Un vin liquoreux résulte d'une récolte de raisins riches en sucre, donc surmûris ; il faut pour cela une saison ensoleillée et un automne assez chaud. Mais ces raisins surmûris (ou passerillés), s'ils peuvent donner de très bons vins liquoreux (comme en 1985), n'acquièrent le vrai caractère « Sauternes » que s'ils sont touchés par la pourriture noble.

La pourriture noble, qui transforme en or le jus de raisin, est due à l'action sur les grappes d'un minuscule champignon, le *Botrytis cinerea* (que l'on retrouve dans d'autres vignobles, en Loire ou en Alsace) ; le *Botrytis cinerea* rend perméable la peau du raisin, concentre le jus et les arômes (il peut réduire de moitié le volume de la récolte), diminue l'acidité, augmente la teneur en sucre, et marque le raisin de son goût. Il faut pour cela que le raisin soit bien mûr, et qu'une alternance de brouillards matinaux et de journées ensoleillées permette sa propagation. Cela n'arrive pas tous les ans, et certains millésimes (comme 1985) sont simplement « rôtis », tandis que d'autres ne peuvent donner de vrais vins liquoreux. C'est ici qu'intervient le Ciron, une petite rivière qui longe le vignoble de Sauternes et rejoint la Garonne à Barsac : de ses eaux froides s'élèvent des brouillards matinaux qui permettent la propagation du champignon ; le soleil de la journée permet au botrytis de s'attaquer aux baies et de concentrer leur moût. Cette alternance idéale n'est pas réalisée tous les ans, et la maturité des raisins botrytisés est irrégulière, ce qui oblige les vignerons à vendanger par trie (il n'est pas question ici d'utiliser des machines à vendanger) ; les vendangeurs passent plusieurs fois dans le vignoble pour sélectionner les raisins botrytisés mais, aussi, des raisins « seulement » mûrs, qui apporteront une acidité nécessaire à l'équilibre du vin. Ce mode de récolte explique assez le faible rendement des vignes : 25 hectolitres en théorie mais beaucoup moins dans les meilleures propriétés.

Une saison entière peut être gâchée par une pluie, qui viendrait faire pourrir, mais d'une mauvaise pourriture cette fois, des raisins fragilisés par le botrytis ; c'est un métier à haut risque !

Les vins sont portés au cuvier et pressés directement, donnant un moût épais et riche en sucre ; la fermentation est conduite en cuves ou en barriques selon les usages de chaque Château. Les fermentations sont longues du fait de la richesse du moût. Elles s'arrêtent d'elle-mêmes lorsque le degré alcoolique dépasse les 14°, les levures fermentaires étant alors tuées par l'alcool. Le sucre non fermenté donne la liqueur du vin. Celui-ci est alors élevé en fûts, ou parfois en cuves, un an ou plus avant la mise en bouteilles.

Les vins de Barsac sont un peu plus légers, mais tout aussi complexes que les sauternes (dont ils peuvent porter le nom) ; ils sont soutenus par une acidité qui leur garde une grande fraîcheur.

Onctueux, puissants, les sauternes et barsacs offrent une palette d'arômes infinis, de raisins mûrs, de fruits secs ou grillés (amande, abricot, pêche, orange confite), d'épices nobles, d'essences végétales, d'iode dans les grandes années. Ils doivent absolument vieillir pour remplacer leur charme de jeunesse par la subtilité d'un grand vin.

Ils sont des vins de dessert mais, aussi, d'apéritif et de foie gras. Ils accompagnent des plats aussi divers que les asperges, les poissons fins en sauce, les viandes blanches (ris de veau), le poulet rôti, les fromages forts (bleus et roquefort). Le sauternes sait tout faire, ou presque !

Les deux appellations regorgent de châteaux de tous types. Le grand manoir d'Yquem, bien sûr, mais aussi le palais de Filhot, la forteresse de Lafaurie-Peyraguey, l'élégant Suduiraut… Il y a un peu d'éternité dans chaque verre de grand sauternes, et il n'y a pas de bonne cave sans quelques bouteilles de sauternes. Voici une sélection des principaux Châteaux :

APPELLATION SAUTERNES

A tout seigneur, tout honneur : le CHATEAU D'YQUEM domine des épaules tout le Sauternais : par son ancienneté, son prestige, sa situation géographique sur une croupe élevée, mais surtout par un vin d'une qualité exceptionnelle et d'une longévité fantastique, il a mérité d'être en 1855 le seul vin de Bordeaux classé « 1er cru supérieur ». Dans la famille de Sauvage d'Yquem et par alliance de Lur-Saluces depuis 1592, Yquem est le vin liquoreux le plus renommé au monde et la star des ventes de vieux millésimes. J'ai négocié en 1994, sans pouvoir la goûter malheureusement, une bouteille de 1787 d'une couleur parfaite ! 1er cru supérieur, 100 ha. 80 % SE, 20 % SA. Meilleures années : 1991, 1990, 1989, **1988**, **1986**, 1983, 1982, 1975, **1967**, 1959, **1955**, 1949, 1947, 1945, **1937**, 1929, 1928, **1921**, 1904, 1900, 1899, 1896...

CHATEAU SUDUIRAUT : beau château classique entouré de bois. Les vins sont très classiques, puissants et élégants. Une cuvée spéciale (en 1982 et 1989 notamment) est extraordinaire. La compagnie AXA Millésimes a récemment racheté le château. 1er cru, 86 ha. 80 % SE, 20 % SA. Meilleures années : **1997**, 1996, 1995, **1990**, **1989**, **1988**, 1982, 1967, 1962, 1959, 1949, **1947**, 1945.

CHATEAU GUIRAUD : voisin d'Yquem, est un vaste vignoble. Typique du Haut-Sauternes, il produit sans aucune chaptalisation un vin puissant et liquoreux, remarquable depuis dix ans. 1er cru, 100 ha. 65 % SE, 35 % SA. Meilleures années : 1996, 1995, 1990, 1989, 1988, 1986, 1970, 1961

CHATEAU LAFAURIE-PEYRAGUEY : un beau château très composite, qui produit des vins assez clairs, fins et très longs. Fermentations en barriques. 1er cru, 40 ha. 93 % SE, 5 % SA, 2 % MU. Meilleures années : 1997, 1996, 1995, 1993, 1990, **1989**, **1988**, **1986**, 1983, 1961, 1949, 1945.

CHATEAU RIEUSSEC : aujourd'hui propriété des Rothschild de Château Lafite, cette belle propriété donne des vins colorés et charpentés. Une rare cuvée de prestige est encore plus concentrée. 1er cru, 75 ha. 90 % SE, 7 % SA, 3 % MU. Meilleures années : **1997**, 1996, 1995, 1990, **1989**, **1988**, **1986**, 1983, 1975, 1961, 1959, **1947**.

CHATEAU DE RAYNE-VIGNEAU : l'un des grands domaines historiques de la région et l'un des meilleurs vignobles. Le château garde une collection de minéraux recueillis sur la propriété : agates, saphirs, fossiles descendus des Pyrénées. Après une éclipse de qualité, il produit depuis 1986 des vins conformes à son rang. 1er cru, 80 ha. 75 % SE, 23 % SA, 2 % MU. Meilleures années : **1997**, 1996, 1988, **1986**, 1967, 1950 1949, **1947**, 1945.

CHATEAU LA TOUR BLANCHE : ce cru a été légué à l'Etat par son propriétaire Osiris en 1907, et abrite depuis une école de viticulture qui voit passer les futurs vignerons de Sauternes. La vinification se fait en fûts. En progrès récents. 1er cru, 30 ha. 78 % SE, 19 % SA, 3 % MU. Meilleures années : 1997, 1996, 1990, 1989, 1988.

CHATEAU SIGALAS-RABAUD : issu d'un démembrement du domaine de Rabaud ; vins fins et puissants à la fois. 1er cru, 14 ha. 85 % SE, 15 % MU. Meilleures années : 1997, **1996**, 1995, **1990**, 1989, 1988, 1986, 1971.

CHATEAU DE FARGUES : dans la famille de Lur-Saluces depuis 1472, le vignoble entoure un grand château du XIVe siècle, aujourd'hui ruiné. Le vin est fait avec les mêmes soins qu'au château d'Yquem, et élevé dans des barriques qui ont « fait » un vin d'Yquem. Non classé, 12 ha. 80 % SE, 20 % SA. Meilleures années : **1990**, **1989**, 1986, **1983**, 1980, 1975, 1971, 1970, 1967, 1959.

CHATEAU RAYMOND-LAFON : ce cru non classé produit un vin d'une grande richesse, qui l'assimile aujourd'hui aux premiers crus. 15 ha. 80 % SE, 20 % SA. Meilleures années : 1990, **1989**, 1988, 1986, **1983**, 1980, **1975**.

CHATEAU CLOS HAUT-PEYRAGUEY : sur la hauteur de Bommes, détaché en 1879 du vignoble de Peyraguey et contigu d'Yquem. Plus de finesse que de liqueur. 1er cru, 15 ha. 83 % SE, 15 % SA, 2 % MU. Meilleures années : **1996**, 1995, 1990.

CHATEAU RABAUD-PROMIS : ce vignoble a annexé le Château Pexoto, 2e cru de 1855. Pendant un temps, l'élevage en cuves a desservi ce vin ; les derniers millésimes sont en net progrès. 1er cru, 32 ha. 80 % SE, 18 % SA, 2 % MU. Meilleures années : 1994, 1990, 1988, 1986, 1967, 1955, 1950.

CHATEAU FILHOT : face à l'un des plus beaux châteaux XIXe de la région, ce cru ancien produit des vins très fins, nerveux et peu boisés (car élevés surtout en cuve). 2e cru, 60 ha. 55 % SE, 40 % SA, 5 % MU. Meilleures années : 1995, 1990, 1989, 1988, 1971, 1955, 1953, 1949, 1945.

CHATEAU DE MALLE : ancienne propriété des Lur-Saluces, ce superbe château classique est entouré de jardins à l'italienne d'où l'on jouit de la vue sur les vignes. Est-ce la présence d'une femme à sa tête ou la proportion importance de muscadelle qui lui donne sa grâce et son élégance ? Sans doute les deux ! 2e cru, 27 ha. 75 % SE, 23 % SA, 10 % MU. Meilleures années : 1997, 1996, 1990, 1988, 1986, 1971

CHATEAU D'ARCHES : résulte du démembrement d'un grand vignoble du XVIIIe siècle. Vin souvent puissant. 2e cru, 30 ha. 90 % SE, 10 % SA.

CHATEAU LAMOTHE : 2e cru divisé entre LAMOTHE (7,5 ha) et LAMOTHE-GUIGNARD (15 ha, excellent 1990), à grande majorité de sémillon.

CHATEAU ROMER DU HAYOT : 2e cru, 16 ha en bas de la commune, près de l'autoroute construite sur l'emplacement du Château. Vins peu liquoreux.

APPELLATION BARSAC

CHATEAU CLIMENS : autour de la belle chartreuse du XVIIe, le vignoble n'est pas très impressionnant ; mais son sol est de très grande qualité ; plus incisif qu'un Sauternes,

Climens est un vin d'une extrème élégance, l'une des plus parfaites expressions du sémillon. 1er cru, 29 ha.100 % SE. Meilleures années : 1997, 1996, **1990**, **1989**, **1988**, **1986**, 1983, 1980, 1975, **1971**, 1961, 1959, 1955, 1953, 1949, **1947**, **1937**, **1921**.

CHATEAU COUTET : barsac riche et nerveux, très fin. La « Cuvée Madame » est encore plus riche (ses amateurs aussi !). 1er cru, 38 ha. 75 % SE, 23 % SA, 2 % MU. Meilleures années : **1997**, **1996**, 1995, 1994, 1990, 1989, 1988, 1971, 1962.

CHATEAU DOISY-DAENE : vinification pointue pour des vins très fins, frais et élégants. L'Extravagant de Doisy-Daëne est une sélection d'une richesse sans égal. 2e cru, 15 ha. 70 % SE, 20 % SA, 10 % MU. Meilleures années : 1997, 1996, 1990, 1989, 1988, 1983.

CHATEAU DOISY-VEDRINE : beau barsac bien vinifié en fûts de chêne. 2e cru, 27 ha. 80 % SE, 20 % SA. Meilleures années : 1997, 1996, 1990, 1989, 1988, 1986, 1970.

CHATEAU DOISY-DUBROCA : petit vignoble de 4 ha, classé 2e cru, exploité par la même équipe que Château Climens.

CHATEAU NAIRAC : une partie du vignoble est assez basse près de Barsac, devant le grand château classique, les autres vignes se trouvent près de Château Climens. Le vin est puissant pour un barsac, cuvé longuement en fûts et donc assez boisé ; il vieillit très bien. 2e cru, 16 ha. 90 % SE, 6 % SA, 4 % MU. Meilleures années : 1997, 1996, 1995, 1990, 1989, 1986, 1983.

CHATEAU BROUSTET : ancienne tonnellerie où l'on inventa la « barrique bordelaise », ce vignoble donne un vin peu liquoreux mais élégant. 2e cru, 16 ha. 63 % SE, 6 % SE, 12 % MU.

CHATEAU CAILLOU : produit une « private cuvée » les meilleures années. Vieux millésimes en vente. 2e cru, 13 ha. 90 % SE, 10 % SA.

CHATEAU SUAU : 2e cru de 8 ha, vins assez légers.

CHATEAU DE MYRAT : curieuse dernière place pour le « premier des seconds crus » ! Mais le Château Myrat, propriété de la vieille famille des Pontac qui a « inventé » le cru bordelais, n'a pas produit de vin entre 1976 et 1991, les vignes ayant été arrachées faute de rentabilité. Ce cru renaît maintenant, et l'on ne peut que s'en réjouir, sous sa belle étiquette du début du siècle. Beau 1996.

44.7. ACHETER LES VINS DE BORDEAUX

Acheter les vins de Bordeaux, c'est très simple :

- les plus grands crus se vendent uniquement par la place de Bordeaux (ou s'ils cèdent une caisse au château, c'est à un prix élevé qui « couvre » leurs distributeurs) ; la « place » est un ensemble de négociants, généralement anciens, qui reçoivent et distribuent les plus grands crus ; on peut leur demander un tarif, il sera généralement plus avantageux que celui des grandes surfaces, pour peu que l'on achète une certaine quantité de vin,

- les crus plus modestes ont largement développé la vente en direct, et offrent des tarifs « franco » ; mais nous sommes à Bordeaux : on n'expédie pas ici 6 bouteilles à la fois, et le mieux est de grouper des achats pour arriver à un chiffre raisonnable, 60 ou 120 bouteilles ; c'est peu pour un bon vin !

- la vente en primeur s'est largement développée : elle est en général intéressante pour l'acheteur, par sa sécurité évidemment (les bons vins deviennent rares), mais aussi comme investissement : les amateurs qui ont acheté des grands vins de 1982, ou Mouton-Rothschild en 1986, Haut-Brion en 1989, Latour et Cheval-Blanc en 1990 ont triplé leur mise. Et si les vins ne prennent pas de valeur, ils seront bus volontiers : l'investissement n'est donc jamais à fonds ni à gosiers perdus,

- reste les vins rares, ceux dont on parle, mais qu'on ne voit jamais ; ce sont pour l'essentiel des crus de Pomerol, où la petite taille des exploitations va de pair avec une grande notoriété :

- Petrus : à tout seigneur, tout honneur. Petrus est en grand millésime le meilleur vin de merlot du monde ; si les pomerols n'ont jamais été classés, Petrus est toujours compté parmi les premiers crus de Bordeaux (l'étiquette annonce fièrement et depuis le début du siècle : « Premier des grands crus »). La vente se fait en primeur, par les maisons de négoce de la famille Moueix qui l'exploite. La quantité est limitée à 6 bouteilles et réservée aux clients habituels de la maison.

Château Lafleur (pomerol) : achat possible à la propriété, en petites quantités.

Le Pin (pomerol) : un vignoble de notoriété récente, d'expression très « haute couture » ; achat possible à la propriété, en petites quantités.

Château La Fleur de Gay : c'est une sélection de Château La Croix de Gay, de vignes contiguës à Petrus. On peut en acheter, un peu, chez le propriétaire ou dans le négoce.

Château de Vallandraut : ce Saint-émilion de poche est élaboré avec un soin extrême dans un cuvier de poupée ; on le trouve, en primeur, au domaine et chez quelques négociants.

D'autres vignobles du Libournais vendent la majeure partie de leur récolte en quelques jours : L'Angélus (saint-émilion), Le Tertre-Roteboeuf (saint-émilion), Clinet (pomerol)...

La taille imposante des domaines du Médoc et la fluidité du négoce bordelais permettent de se procurer facilement les principaux crus, en jeunes millésimes du moins. S'il y a quelques raretés, c'est du côté des blancs comme L'Aile d'Argent de Château Mouton-Rothschild (de l'argent à prix d'or) ou le vin blanc de Lynch-Bages. Haut-Brion blanc est aussi très rare, ainsi que Château Pape-Clément blanc.

Dans le Sauternais, enfin, les propriétés sont également de grande taille. Le Château d'Yquem n'est pas rare, car il est bien distribué ; seules quelques cuvées « de tête » sont difficilement trouvables : Château Coutet « Cuvée Madame », Château Rieussec et Château Suduiraut « Cuvée spéciale », ainsi que le petit (mais grand par la qualité) Château Raymond-Lafon.

45. LES VINS DE CHAMPAGNE

Le vignoble champenois met sur le marché chaque année environ 250 millions de bouteilles, qui ne représentent que le quart du stock en vieillissement. Il y a sûrement plusieurs milliers de marques différentes, ce qui rend difficile le choix de l'amateur.

Tous les vins proviennent de ces trois cépages :

- pinot noir (le cépage rouge des grands bourgognes),
- pinot meunier (cousin du précédent, un peu moins fin ; il n'est pas utilisé dans les premiers et les grands crus),
- chardonnay : c'est le seul cépage blanc ; les vins qui en proviennent exclusivement peuvent être appelés « blanc de blancs ».

L'élaboration du champagne est longue et délicate ; en voici un bref résumé :

- les raisins sont cueillis à la main et pressés le plus vite possible (sauf pour quelques rosés de saignée qui sont cuvés),
- après fermentation, les jus sont assemblés avec des vins de réserve d'année précédente (sauf pour les champagnes millésimés),
- les vins sont embouteillés, additionnées d'une liqueur sucrée qui provoque une seconde fermentation en bouteilles,
- ces bouteilles vieillissent ainsi un an minimum, parfois beaucoup plus. La fermentation se fait lentement dans des caves fraîches, et produit un dépôt de levures mortes,
- pour expulser ces levures, on doit « remuer » les bouteilles : elles sont posées sur des pupitres inclinés, et secouées régulièrement pour regrouper le dépôt vers le goulot. Si on montre dans toutes les caves ces pupitres de bois, l'opération est presque toujours mécanisée,
- les bouteilles sont ensuite « dégorgées », c'est-à-dire qu'on les ouvre pour expulser le dépôt ; pour ce faire, on trempe en général le goulot dans une solution glacée qui congèle le dépôt,
- elles sont enfin remplies, pour compenser ce vide, avec une liqueur dont l'intensité en sucre détermine le « dosage » :
  - pas de sucre du tout : champagne ultra-brut ;
  - moins de 1 % de liqueur : champagne brut ; c'est le plus courant ;

• viennent ensuite les qualités extra-sec, sec, demi-sec, doux... Les dernières ne sont presque plus fabriquées, et ce n'est pas plus mal : un grand champagne n'a pas besoin de fard.

Le champagne crémant se distingue par une pression un peu moins forte dans la bouteille ; seuls de très bons vins supportent cette faible « atmosphère ». Les champagnes rosés, seuls en France, peuvent être (sauf quelques rosés de saignée), élaborés par l'ajout lors de l'assemblage d'un peu de vin rouge de Champagne ; ils sont un peu plus vineux que les blancs.

45.1. L'ÉTIQUETTE D'UN CHAMPAGNE

Le vignoble champenois possède sa propre réglementation en ce qui concerne l'étiquetage des bouteilles. Tout d'abord, le champagne est dispensé de la mention Appellation Contrôlée, mais ne peuvent porter le nom Champagne que les vins récoltés sur les territoires délimités et élaborés selon un cahier des charges très strict.

Tous les champagnes portent, généralement en tout petit, un numéro d'identification de l'embouteilleur précédé de deux petites lettres ; elles permettent de connaître la qualité de l'embouteilleur ; il circule des cartes donnant l'explication de ces petites lettres, dont certaines sont volontairement fausses. Voici ce qu'il faut savoir :

NM : négociant-manipulant. C'est un négociant qui achète des raisins frais, des moûts ou, parfois, des bouteilles, et les vend sous sa marque. Il peut aussi être propriétaire de vignobles qu'il mélange à ses achats. Les deux tiers des bouteilles de champagne sont vendues par les négociants, parmi lesquels on trouve toutes les grandes maisons. Certaines sont familiales, mais la plupart appartiennent à de grands groupes financiers : ainsi Moët et Chandon, Veuve Clicquot, Canard-Duchêne, Pommery, Mercier, Ruinart font partie du groupe LVMH, qui produit près de cinquante millions de bouteilles par an ; mais chaque maison est gérée de façon autonome. Les négociants de champagne possèdent aussi des marques secondaires, jusqu'à cent cinquante pour l'un d'entre eux.

RM : récoltant-manipulant. C'est un propriétaire qui exploite son propre vignoble et en vend la production. Il

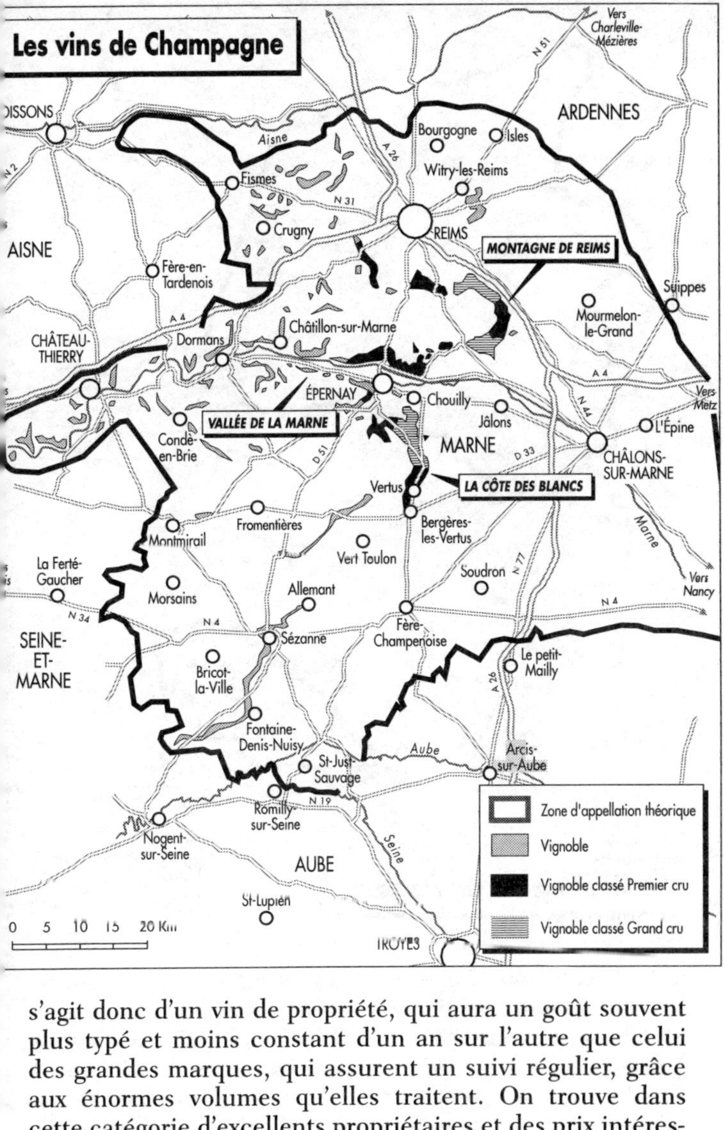

s'agit donc d'un vin de propriété, qui aura un goût souvent plus typé et moins constant d'un an sur l'autre que celui des grandes marques, qui assurent un suivi régulier, grâce aux énormes volumes qu'elles traitent. On trouve dans cette catégorie d'excellents propriétaires et des prix intéressants, mais il faut savoir qu'une grande proportion sont

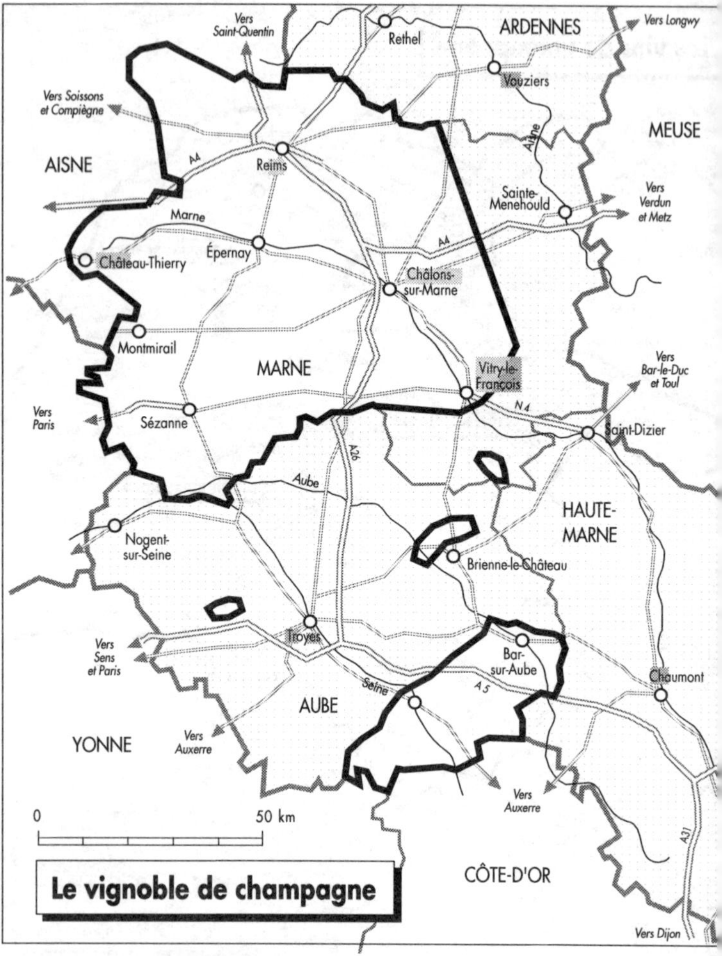

certes récoltants… mais pas du tout manipulants : la législation considère qu'une coopérative est le prolongement de l'exploitation individuelle ; un récoltant qui fait champagniser ses vins par une coopérative garde le droit de le vendre sous son nom, même si le vin qu'il en reçoit est fait d'un mélange de tous les apports de raisin. Ce sera donc, en réalité, un vin de coopérative, sans que cela soit un jugement quant à la qualité. Comment distinguer les « vrais » manipulants des autres ? Le premier moyen est de visiter la propriété et de demander à voir les installations de champagnisation et les bouteilles en vieillissement sur lattes. Le second moyen est généralement sur l'étiquette : seuls les propriétaires, qui assurent eux-mêmes la champagnisation de leur vin, peuvent mentionner « Propriétaire ou Viticulteur à X. ». Mais, n'étant pas obligés de le faire, ils ne le font pas souvent ; ce serait pourtant une clarification bien simple et utile.

CM : coopérative manipulante. C'est une coopérative de producteurs qui traite les raisins de différents propriétaires et les revend sous sa, ou ses, marque(s). Les vins ont souvent été produits dans un secteur précis, ce qui leur donne homogénéité. Comme les négociants, les coopératives peuvent avoir de nombreuses marques de distribution. Elles peuvent aussi « dépanner » les négociants en leur cédant des stocks de vins.

MA : marque auxiliaire. C'est une marque choisie par un acheteur qui veut étiqueter le champagne à son nom, ou une marque temporaire destinée à écouler à bas prix des vins de piètre qualité ; on trouve sous cette dénomination d'horribles champagnes de bas de gamme comme quelques bonnes cuvées.

Enfin, les étiquettes peuvent aussi porter la mention d'un « cru » et son classement : ce classement s'applique à des communes entières et sert aussi à fixer le prix d'achat des raisins par les négociants :

- grand cru : ce sont les meilleures communes, classées 100 % ; leurs vins rehaussent les assemblages, ou sont vendus seuls, mentionnant souvent leur origine : Ambonnay, Avize, Ay, Beaumont-sur-Vesle, Bouzy, Cramant, Louvois, Mailly-Champagne, Puisieulx, Sillery, Tours-sur-Marne, Verzenay ;
- premier cru : une quarantaine de communes, cotées plus de 90 %.

Tous les grands et premiers crus viennent du département de la Marne ; l'Aisne et l'Aube, gros producteurs, sont donc théoriquement inférieurs. La région produit aussi des vins « tranquilles » : Bonzy (rouge de pinot), Coteaux champenois rouges et blancs et le curieux (et rare) Rosé des Riceys.

45.2. ACHETER LE CHAMPAGNE

C'est un produit auquel on reste souvent fidèle : trouvez une marque ou un producteur à votre goût et suivez-le ; il n'est pas nécessaire d'acheter beaucoup de champagne d'avance : la plupart ne sont pas faits pour vieillir, même s'ils gagnent tous à quelques mois de cave. Les champagnes millésimés sont l'expression d'une seule récolte : ils sont donc plus typés que les bruts sans année (BSA), qui doivent suivre un goût constant. Ils ne sont pas élaborés tous les ans, mais seulement quand la récolte le mérite ; ils sont souvent meilleurs qu'un non-millésimé, mais ce n'est pas une règle absolue. Les « grandes cuvées » sont le fleuron du vignoble champenois ; elles sont souvent remarquables, surtout chez les grands négociants. Le prix est en conséquence ; la plus connue est le Dom Pérignon, produit en grandes quantités ; les deux plus mythiques sont sans doute les « vieilles vignes françaises » de Bollinger, issues de vignes non greffées, et le Clos du Mesnil de Krug. J'y ajouterai une bouteille qui m'a toujours fait rêver : le Salon, monocru élaboré de temps en temps par Laurent Perrier. Les grandes surfaces proposent des premiers prix guère plus chers qu'un crémant ; il arrive qu'ils soient bons, mais la plupart sont très médiocres ; en outre, on ne devrait jamais acheter un champagne exposé debout sous les néons : malgré le verre épais, il est très fragile et prend rapidement un goût « de lumière », qui assombrira n'importe quel repas de fête.

45.3. LES AUTRES VINS MOUSSEUX

Le prestige du champagne est tel qu'il éclipse les autres appellations de vins mousseux. Les producteurs ont obtenu l'exclusivité de la mention « méthode champenoise » (on parle pour les autres vignobles de méthode traditionnelle), bien que de nombreux vins soient vinifiés de cette façon (y compris en Californie par les maisons de champagne qui y ont beaucoup investi). Voici quelques appellations d'autres vins mousseux français :

- le Crémant d'Alsace : à base essentielle de pinot, il rencontre un vif succès;
- le Crémant de Bordeaux : l'appellation a pris la suite du « Bordeaux mousseux »;

- le Crémant de Bourgogne : il est d'une bonne qualité générale, souvent à base de cépage chardonnay;

- le Saint-Péray mousseux : petite production de la vallée du Rhône, c'est l'un des mousseux les plus méconnus mais les plus intéressants de France;

- la Clairette de Die : élaborée selon la « méthode dioise » traditionnelle (voir méthode rurale), elle garde les arômes du cépage muscat. C'est un mousseux de dessert;

- le Crémant de Die : lui, vient du cépage clairette, et en méthode traditionnelle;

- le Crémant de Loire : les vins sont très divers, mais prennent souvent la nervosité, et parfois la verdeur du cépage chenin. Ils incluent souvent du chardonnay, qui en arrondit les angles;

- le Saumur mousseux : à base de chenin, a souvent une bonne mousse et une belle fraîcheur;

- le Touraine mousseux : existe, en blanc et en rosé mais aussi, et c'est une curiosité, en rouge;

- le Vouvray mousseux : vins assez corsés, qui peuvent vieillir;

- le Montlouis mousseux : petit frère du précédent;

- le Crémant de Limoux : c'est la nouvelle appellation concernant les mousseux de Limoux où le mauzac n'est plus forcément majoritaire;

- la Blanquette de Limoux : le plus connu des vins mousseux du Sud à base de mauzac (90 % minimum) ; souvent en demi-sec ou doux, c'est un vin de dessert traditionnel;

- la Blanquette méthode ancestrale : élaborée en « méthode rurale » de simple fermentation;

- le Gaillac mousseux : en méthode rurale ou traditionnelle, il est original et très fruité;

- le Côtes du Jura, l'Arbois, l'Étoile mousseux : élaborés, comme en Champagne, avec du pinot noir et du chardonnay ; c'est une spécialité de l'Étoile;

- les vins de Savoie et le Seyssel mousseux : de cépages originaux, ils tirent une finesse spécifique;

- la mention « cuve close » s'applique à des vins de bas de gamme dont on peut aisément se passer;

- les « champagnes pour les enfants », à la pêche ou à la groseille, sont des curiosités que j'ai, jadis, goûtées par obligation professionnelle.

D. PETIT TOUR DU MONDE DES VINS

C'était si simple naguère ! Dans une bonne cave de France, on trouvait un éventail des meilleurs vignobles. Et puis quelques portos, parfois un ou deux tokays de Hongrie et des alcools étrangers. Les autres vins étaient taxés de curiosités. Le vin est un des derniers remparts du chauvinisme français. Puisque les étrangers adorent nos vins, et en achètent beaucoup, reconnaissons leur bon goût quand ils encensent des vins d'autres pays, souvent de qualité très élevée. Voici quelques indications sur ces vignobles de l'Ancien et du Nouveau Monde :

46. L'AFRIQUE DU SUD

La viticulture est en Afrique du Sud une ancienne tradition. Le vin le plus célèbre est le Constantia, un fabuleux liquoreux. Disparu à la fin du siècle dernier des suites de phylloxera, il a été récemment remis en culture. Le nouveau Vin de Constance est très doux, à base de muscat de Frontignan très mûr.La culture, autour du Cap, est le fait de nombreux petits propriétaires, mais la vinification et la vente sont concentrées.

Les vins sont étiquetées suivant un système d'appellations contrôlées.Beaucoup de vins sont mutés comme le portos, mais la production de rouges de bons cépages, cabernet, merlot, syrah, est en augmentation.

47. L'ALGÉRIE

Je me souviens avoir un jour vendu en vente publique une bouteille de sidi brahim millésimé 1945 ! Le vin était d'une fort belle couleur, encore sombre, et je regrette vivement depuis de ne pas l'avoir acheté. J'ai parmi mes clients un grand restaurateur qui est toujours acheteur de tous les vieux vins algériens, quand il s'en présente.

On n'attend pas de ces flacons des sommets de finesse, mais le rancio de vieux vins de soleil. Ils étaient d'ailleurs souvent employés pour renforcer les bouteilles un peu frêles des grands vignobles français. Les vins qu'on trouve actuellement sont généralement marqués par l'alcool. Les Coteaux de Mascara sont les meilleurs.

48. L'ALLEMAGNE

Avec un vignoble septentrional et un climat continental, les Allemands se sont dotés d'une réglementation contraignante pour produire des vins de qualité, sur une douzaine de zones délimitées :

Qualitätwein est l'équivalent de nos appellations contrôlées. 90 % des vins produits sont des blancs, de faible niveau alcoolique et d'acidité assez élevée. Le meilleur cépage est le riesling. Un autre cépage très répandu est le müller-thurgau, qui donne des vins blancs plus secs et légers.

Outre l'appellation d'origine et l'indication du cépage, les étiquettes des vins allemands portent une indication de catégorie, selon la richesse en sucre de la vendange :

Kabinett : vins demi-secs ou doux.

Spätlese : cueilli tard : Ce sont des vendanges tardives, donc des vins doux. Auslese : choisi. Ce sont des vendanges effectuées par tries des raisins surmûris.

Beerenauslese : grains choisis. Même vendanges par tries, mais le degré de sucre est plus riche, et les raisins sont en général atteints de pourriture noble.

Trockenbeerenauslese : grains choisis secs. Ce sont les plus grands vins allemands, issus de raisins botrytisés que l'on laisse dessécher sur pied. Rares, très bons, et très chers.

Eiswein : c'est une autre catégorie, celle des vins de glace, pressés après qu'ils ont gelé sur pied. Grande finesse, beaucoup d'acidité.

49. L'ARGENTINE

L'Argentine s'est longtemps cantonnée dans une production importante de vins de petite qualité. On trouve maintenant de bons vins, à base de malbec et de beaucoup d'autres cépages en rouge, de chardonnay, de chenin, etc., en blanc.

50. L'AUSTRALIE

Ce grand vignoble ancien exporte de plus en plus ses productions. La principale zone de production se situe dans le sud-est. Le climat chaud tend à donner des vins moelleux, parfois marqués de trop de maturité.

Le cépage shiraz est très employé, notamment pour le vignoble prestigieux de Penfolds Grange Hermitage. Pour les vins blancs, sémillon, riesling et chardonnay sont très répandus. De ce dernier cépage vient le chardonnay Margaret River de Leuwin Estate, vinifié à la bourguignonne, et qui vieillit magnifiquement.

51. L'AUTRICHE

Les vignobles autrichiens sont plus adaptés aux vins blancs qu'aux vins rouges. Les cépages cultivés sont souvent indigènes, comme le grüner veltliner ou le weschriesling. La classification des vins est proche de celle de l'Allemagne. On retiendra deux classes principales : Qualitätwein pour les vins secs. Prädikat wein pour les vins doux.

52. LE BRÉSIL

Les vignobles brésiliens se trouvent à l'extrémité sud du pays. Nous n'avons pas encore vu en France de produits probants de ce pays.

53. LA BULGARIE

La latitude de la Bulgarie est propice à la viticulture. On y fait de bons vins rouges à base de cabernet-sauvignon ou de merlot et des blancs de nombreux cépages. Les vins étiquetés Controliran sont soumis à des normes plus strictes.

54. LE CANADA

On pourra s'étonner de voir du vin issu d'un pays aussi septentrional. Rappelons d'abord qu'Ottawa est à la même latitude que Lyon. Les vignobles se trouvent surtout sur la péninsule du Niagara et près des Grands Lacs. De nombreux cépages sont cultivés, y compris de vieux hybrides qui n'ont pas grand intérêt. Mais le vin canadien rejoint l'imagerie avec quelques délicieux vins de glace, moelleux mais acides,et longs en bouche.

55. LE CHILI

Ce pays tout en longueur, épargné par l'épidémie du phylloxera, a une ancienne tradition de la culture de la vigne. Rien d'étonnant donc à ce qu'on y trouve des vins de qualité. On y cultive avec bonheur le cabernet-sauvignon (et aussi le merlot, le malbec...), qui donne dans les meilleures exploitations des vins qui cousinent sans honte avec de très bons bordeaux. Les Rothschild de Lafite ont d'ailleurs investi dans la cave Los Vascos, qui s'est rapidement hissée au premier rang.

56. LA CHINE

Il semble que la culture de la vigne soit très ancienne en Chine. S'il y a eu une tradition de qualité, elle s'est perdue au fil des siècles. On reconstitue aujourd'hui des vignobles, dont le plus célèbre est le Dynastie, fruit d'un accord entre les autorités chinoises et le groupe Rémy Martin.

57. CHYPRE

On trouve encore de vieilles bouteilles de commandaria, l'antique vin de Chypre lié aux Templiers. C'est un vin doux à base de raisins secs. Une sorte de malaga — on aime ou pas — , mais il faut reconnaître son originalité. Pour le reste, l'île de Chypre produit des vins rouges à base du cépage indigène mavro et divers types de muscats.

58. L'ESPAGNE

La vigne est omniprésente en Espagne et très variée. Le climat y est très favorable, mais la qualité moyenne peu élevée. Cependant, les meilleurs vignobles espagnols sont dans le peloton de tête mondial.

A tout seigneur, tout honneur : commençons par le vin de Vega Sicilia. Cette cave fondée en 1864 utilise le cabernet-sauvignon et le merlot pour produire des vins très différents des standards bordelais : élevés longtemps en fûts, ils sont à la fois secs, très puissants, et ont une longueur en bouche inusitée ; sans aucun doute parmi les plus grands vins du monde… mais encore plus rares que coûteux.

A une autre extrémité du mythe, voici Miguel Torres en Catalogne. Cette entreprise gigantesque, qui n'a sans doute pas d'équivalent en Europe, produit sur une large échelle des vins excellents, typés, blancs, rosés et surtout rouges de haute tenue. Ceux-ci sont largement distribués et d'un prix tout à fait corrects.

Troisième exemple de la vitalité du paysage viticole espagnol : la Rioja. Les cépages traditionnels, tempranillo, grenache, graciano, mazuelo, viura, donnent des vins corsés, secs, qui ont depuis longtemps bénéficié d'œnologues et de maîtres de chais bordelais.

Mais l'Espagne, c'est aussi le prestigieux Jerez (que les Anglais appellent Sherry), très doux ou très sec, le malaga, le valdepenas et d'innombrables vins peu connus et peu exportés.

59. LES ETATS-UNIS

La grande région de production viticole des Etats-Unis est la Californie. Depuis quelques décennies, la production s'est étendue à l'est de la Confédération. Les vins sont souvent des vins de cépage, car les Américains sont habitués à ceux-ci, principalement le cabernet-sauvignon (rouge) et le chardonnay (blanc).

Toute polémique mise à part, il faut bien reconnaître ceci : l'influence importante que les habitants des Etats-Unis (que nous appelons Américains par une extension abusive, car l'Amérique est un — double — continent qui comprend de nombreuses nations) tient à leur pouvoir d'achat et se traduit dans nos vignobles français par une modification de la vinification pour l'adapter aux goûts de ses clients. On voit bien où je veux en venir : le développement immodéré de l'élevage en bois neuf, pour des vins qui ne peuvent le supporter, par manque de structures, a entraîné une hausse des coûts de production qu'on ne retrouve pas toujours dans la qualité ; et aussi la création de nouveaux vignobles où la technologie tient lieu de terroir. La vieille Europe qui campe sur ses terroirs et ses traditions s'est largement pliée aux exigences du marketing, avec les risques à long terme que cela implique : si l'influence du terroir sur le vin passe au second plan, c'est qu'alors on peut produire du grand vin partout dans le monde. Les dégustations, quand elles sont objectives, prouvent cependant que les grands vins naissent sur de grandes terres.

Si nous refermons cette parenthèse qui mériterait un ouvrage entier, il est agréable de constater que la viticulture des Etats-Unis, particulièrement de Californie, donne de très bons vins dont quelques-uns sont de qualité exceptionnelle. Ils sont assez rares et toujours chers en France, car le marché régional en absorbe une grande partie.

Nous l'avons dit, beaucoup de vins américains sont des vins de cépage. Mais la loi permet d'indiquer un nom de cépage, si seulement 75 % des raisins proviennent de ce cépage. Il y a donc aussi une part d'assemblage.

L'équivalent de nos Appellations Contrôlées, ce sont les A.V.A., American Virtual Area, aires géographiques délimitées. Mais la réglementations est bien plus lâche qu'en Europe, et les assemblages de diverses origines sont fréquents. La Californie est un grand Etat qui offre à la vigne des conditions climatiques variées :

- sur la côte Nord, au nord de San Francisco, on trouve entre autres la Napa Valley et la Sonoma. On y produit quelques-uns des plus grands vins du pays;
- la côte centrale, entre San Francisco et Los Angeles, donne des vins plus ordinaires et encore plus l'intérieur de l'Etat. Toutefois, sur une telle superficie, il est normal de trouver aussi de très bons vins.

Les Etats de l'Oregon et de Washington ont une production assez importante de vins, qui pour la plupart, s'exportent peu. Il n'est pas possible de donner la liste des cépages ici présents : ils y sont tous ! Signalons le cépage zinfandel, qui donne de très beaux vins rouges.

Notons que les Etats-Unis utilisent des appellations telles que Champagne, Chablis, Bourgogne, car ils n'ont pas voulu signer un traité protégeant les appellations contrôlées.

60. LA GRANDE-BRETAGNE

Nous devons aux Anglais beaucoup d'améliorations dans le vin de France et particulièrement de Bordeaux. Grands négociants, et grands connaisseurs, ils ont accompagné la montée qualitative du vignoble, et en restent un des gros clients. Ils font aussi du vin, bien que les conditions climatiques n'y soient pas bien favorables. On récolte à Jersey un honnête vin blanc. Seuls des cépages très résistants, comme le müller-thurgau venu d'Allemagne, ont pu être acclimatés. Ils donnent des vins blancs frais et fruités.

61. LA GRÈCE

Ah ! le retsina des vacances… blanc ou rouge (mais clair), il avait un goût de vacances à nul autre pareil. Mais, ramené en France, il laissait souvent perplexe. Ce vin aromatisé est le survivant d'une très ancienne coutume de renforcer les vins en arômes, tout simplement pour en cacher les faux goûts. Mais la Grèce, très ancien et très important producteur, s'est dotée d'un système d'appellations contrôlées. Les cépages sont pour la plupart indigènes. On connaît en France le vin de Château Carras, qui a bénéficié des conseils de l'œnologue Emile Peynaud.

62. LA HONGRIE

Voici un grand pays du vin, célèbre par le tokaj, un des meilleurs liquoreux au monde. La période communiste n'a pas favorisé la production de vins de qualité, et l'arrivée des sociétés occidentales, au début des années quatre-vingt, a d'abord eu pour conséquence le déferlement dans les grandes surfaces de vins de Tokaj de qualité plus que médiocre, fonds de tonneaux rachetés à bas prix. On peut espérer que cette petite région reprenne le chemin de la qualité, pour nous régaler de ces vins d'une concentration unique. Alexis Lichine rapporte qu'une compagnie de cosaques montait la garde autour de Tokaj de l'impératrice Catherine II. Le cépage principal de ce « vin » est le furmint, qui prend bien la pourriture noble. Récolté en surmaturité, le raisin est traité selon une méthode particulière : on presse les raisins mûrs, et on additionne le moût d'une quantité variable de raisins surmûris ; ainsi naît l'échelle de gradation : 3 puttonyos, ou 4 ou 5… plus le chiffre est élevé, plus le vin sera liquoreux.

Au-dessus de ces vins déjà prestigieux, mis en demi-bouteilles, se trouve l'eszencia, esprit extrait par le simple poids des baies les plus mûres. C'est un « vin » qui prend des années de fermentations, et vieillit très lentement. Il est incroyablement pesant et ne se compare à rien d'autre. Ajoutons qu'il est très rare… et très, très cher.

Chardonnay, sauvignon, pinot noir sont aussi cultivés en Hongrie avec une bonne réussite. Le climat est en effet très favorable au bon vin.

63. ISRAËL

Pays chaud, l'Etat d'Israël n'est pas très adapté à la culture de la vigne. On y trouve cependant quelques bons vins blancs secs de vignes cultivées en altitude.

64. L'ITALIE

Les Français seront-ils les derniers à ne connaître des vins italiens que les chiantis de bas étage qui inondent les pizzerias ? Le premier producteur mondial ne fait pas que de bons vins, mais il en a certains d'exceptionnels.

Les vins sont classés en trois catégories :

- IGT (Indicazione Geografiche Tipiche) : ces vins correspondent aux vins de table français.

- DOC (Denominazione di Origine Controllata) : c'est une appellation contrôlée, qui est en fait l'antichambre des DOCG.

- DOCG (Denominazione di Origine Controllata e Garantita) : ces appellations concernent les meilleurs vignobles.

Les principales régions de bons vins sont :

- le Piémont (région de Turin), où l'on trouve de grandes appellations : Barbaresco et Barolo, qui utilisent le cépage nebbiolo. On trouve ici beaucoup de bon vins. Mentionnons le domaine Gaja, très renommé et très recherché, des vins d'une classe folle !

- La Toscane. Beaucoup y voient le plus beau paysage au monde. Ses vins aussi valent le voyage. Autour de Florence, le chianti est un grand vignoble de qualité très inégale. Mais le chianti peut être un grand vin, comme aussi les « vini da tavola », ces vins de table qui ont ajouté aux bons vieux sangiovese et consorts les cabernets et le merlot. Ces vins de table aristocratiques se vendent souvent plus cher que les DOC.

- Le Frioul. A l'est de l'Italie, cette région montagneuse proche de la Croatie donne des vins blancs de haute tenue, quoiqu'on les boive jeunes, et a un potentiel pour produire de très bons rouges.

Mais l'Italie comprend bien d'autres régions de production :

- La Calabre tout au sud, qui donne des vins rouges typiques à base du gaglioppo.
- La Campanie autour de Naples, vignobles d'altitude.
- Le Latium romain, pays de vins blancs (trebbiano et malvoisie) assez faciles.
- L'Ombrie, à l'est de Rome, connue surtout pour le vin blanc d'Orvieto ; un vin récolté sur terrains calcaires, à base majoritaire du cépage trebbiano toscano, vinifié en sec ou en moelleux.
- Le Trentin, près de l'Autriche, producteur de bons vins de soif. C'est de là que vient un cépage qui a connu une renommée mondiale : le gewurztraminer.
- La Vénétie, de vieille tradition viticole.

D'autres noms sont célèbres en Italie : le vin muté de Marsala en Sicile, dont on trouve encore de très vieilles bouteilles. Et le lacrima christi « larmes du Christ », vin moelleux issu des pentes du Vésuve, dont le nom est le principal attrait.

65. LE JAPON

Ce grand consommateur de nos meilleurs crus ne pouvait manquer d'avoir ses vignes. Si le saké est la boisson traditionnelle, qui a aussi ses crus, ses millésimes et ses secrets de fabrication, on cultive des variétés de vigne d'origine européenne, à côté des variétés asiatiques. Le climat, humide, contrarie l'élaboration de grands vins.

66. LE LIBAN

Dans la vallée de la Bekaa se trouve un vieux temple dédié à Bacchus, le dieu de la vigne. Le Liban, pays ravagé par une guerre interminable, s'est habitué à tout. Comme de voir les camions de Château Musar traverser la plaine de la Bekaa sous les bombes pour apporter le raisin jusqu'aux chais. Le blanc est issu surtout de chardonnay. Le rouge est bien plus intéressant (cinsaut, cabernet-sauvignon, syrah). Il vieillit en fûts et encore mieux en bouteilles.

67. LE LUXEMBOURG

Les vignes cultivées le long de la Moselle donnent des vins blancs proches de ceux d'Allemagne, en particulier de bons rieslings.

68. MADAGASCAR

En ayant goûté, je peux parler des vins malgaches. Il semble que les hauts plateaux soient favorables à la viticulture. Mais le manque de moyens n'a pas encore permis de dépasser le stade de l'amateurisme.

69. LE MAROC

Si les vins blancs manquent de fraîcheur, les vins rouges du Maroc peuvent être capiteux et moelleux. Le ksar est assez répandu et de bonne qualité.

70. LE MEXIQUE

La vogue des restaurants Tex-Mex a introduit ces vins en France. Dans l'ensemble, ils souffrent du climat chaud, sauf les vins issus de la Basse-Californie. La maison Pedro

Domecq est le principal producteur. Les vins sont correctement faits, mais ne m'ont pas enchanté.

71. LA NOUVELLE-ZÉLANDE

Ces deux îles au sud-est de l'Australie cultivent la vigne depuis longtemps. Depuis quelques décennies, les quelques grandes maisons qui contrôlent le gros de la production se sont lancées avec bonheur dans l'exportation. Le vin en vaut la peine : on trouve ici, à côté du müller-thurgau dominant, de beaux sauvignons et même d'excellents pinots, un cépage qui est rarement grand au-delà de la Bourgogne.

72. LE PÉROU

La culture de la vigne est au Pérou ancienne, mais peu répandue et peu concluante. Le malbec donne des vins marqués par la chaleur, qui s'exportent peu.

73. LE PORTUGAL

Les Français sont les premiers consommateurs au monde de porto. Malheureusement, ils achètent surtout le bas de la gamme, des vins mutés sans beaucoup d'intérêt. Les grands portos, eux, partent à l'étranger et, principalement, en Angleterre, gros marché après avoir été le grand initiateur des vins de Porto. Ce vignoble, extraordinaire par sa situation, la difficulté de sa culture en terrasses vertigineuses, son climat d'une dureté extrême, reste inégalé dans la production des vins mutés. Un grand porto vintage joint à la finesse d'un grand vin la puissance de l'alcool - et efface tout sur son passage.

Le porto est la gloire du Portugal. Il ne saurait faire oublier le madère des îles, qui lui aussi se décline en nombreuse variétés, et vieillit magnifiquement et d'autres vins, dont le plus connu est le vinho verde, un blanc sec et acide, beau contrepoint de la morue.

74. LA ROUMANIE

C'est un très important producteur de vin. Mais la notoriété n'a pas suivi ; pourtant la culture de la vigne est très ancienne dans ce pays. Mais la consommation y est importante, la période communiste a prolongé la production d'un standard moyen, en développant les meilleurs vignobles de vins doux (cotmari).

75. LA SUISSE

Les Suisses portent une attention extrême à leurs vignobles. Chaque année, le concours du meilleur chasselas fait l'objet d'éliminatoires et de finales âprement disputées. Il faut dire que la viticulture est très ancienne sur ces coteaux destinés aux cépages blancs. Vins de montagne, les vins suisses sont essentiellement des blancs vifs et secs.

76. L'UKRAINE

La Crimée est la région-phare de la viticulture en Ukraine. On connaît les principaux vins sous le nom de leur origine (ou plutôt de la cave qui les vinifie). La plus célèbre est Massandra, fondée par le tsar Nicolas II à la fin du siècle dernier. Les caves de Massandra sont uniques au monde, par la diversité et l'ancienneté de leur collection : des vins de Crimée, certes, mais aussi du monde entier ; la cave du tsar de toutes les Russies est jalousement préservée par les dirigeants communistes de l'ex-URSS. Les vins récents de Crimée sont des vins doux (tokaj, muscat) et des vins rouges souvent dominés par le cabernet-sauvignon.

E. CONSERVER LE VIN

77. L'ÉLEVAGE DU VIN

Le vin résulte de la fermentation du jus de raisin, qui en transforme, sous l'action de levures, le sucre en alcool. Cette définition de base n'est que le résumé d'un processus incroyablement complexe, qui permet de produire une telle boisson à partir de la vigne. Il faudrait un livre entier pour traiter de la vinification. Mais l'élevage du vin est proche de notre sujet, car il conditionne la qualité future et l'espérance de vieillissement de vos bouteilles.

La barrique joue simultanément plusieurs rôles dans l'élevage du vin : elle lui fournit du tanin, qui renforce sa charpente ; elle permet une oxygénation très mesurée, qui évite les goûts de « réduit » ; elle apporte des arômes.

La durée du séjour en fûts est très variable selon les vins :

- cinq ans (minimum légal) pour le château-chalon,
- quatre ans environ pour le château-d'yquem,
- dix-huit à vingt-deux mois pour les grands crus de Bordeaux,
- un an à dix-huit mois pour les grands bourgognes rouges,
- quelques mois pour la plupart des vins blancs.

L'élevage en bois neuf se généralise, en partie pour suivre le goût de la clientèle américaine ; il est vrai qu'il donne au vin une rondeur immédiate, des arômes flatteurs de vanille et de grillé. Mais, outre le fait que cette technique est très coûteuse, seuls les vins assez charpentés et complexes pour intégrer le boisé peuvent vraiment s'y améliorer ; les autres donnent souvent les « tisanes de chêne », qui impressionnent tant dans les dégustations, au détriment de la finesse et de l'expression des cépages ; il n'est pas rare de trouver à Bordeaux deux cuvées du même domaine dont la meilleure n'est pas la plus boisée.

Seuls les grands vins sont aptes à l'élevage en fûts neufs.

Les fûts usagés, ayant « fait » un vin ou plusieurs, sont employés dans de nombreuses régions. Simple moyen de conservation ou oxydation lente, leurs avantages sont multiples ; ils peuvent aussi communiquer au vin de faux goûts ou un boisé douteux : les fûts doivent toujours être très propres et désinfectés au soufre avant chaque utilisation.

L'élevage du vin en cuve est la meilleure solution pour les vins embouteillés jeunes. Cuves en ciment vitrifiées à l'ancienne, ou en inox, les plus répandues, permettent une hygiène rigoureuse. Les vins blancs fragiles, les vins rouges primeurs sont généralement élevés en cuve, mais aussi de nombreux crus de toutes régions, à l'exclusion des grands bordeaux, bourgognes et des sauternes.

La mise en bouteilles intervient quand l'élevage est achevé : au printemps pour les vins blancs d'Alsace, les muscadets, les vins tendres de gamay, les blancs de chenin ; au bout d'un an pour les crus rouges de Loire, les petits bordeaux, la plupart des bourgognes ; plus tard pour les grands vins de garde. La durée de vie d'un vin est améliorée par la durée de son élevage en fûts (il y a ,bien sûr, des exceptions, notamment les vins issus du cépage chenin). Il est utile, en achetant un vin, de se renseigner sur la manière dont il a été vinifié et élevé.

• Pour un vin rouge :

A-t-il subi une macération carbonique (cuvaison brève en cuve fermée) ? Il développera ses arômes plus rapidement, au détriment de la garde.

A-t-il été cuvé quelques jours ou plusieurs semaines ? Plus la cuvaison est longue, plus le vin se charge en tanin et en « extrait sec » et plus il aura du corps et se conservera.

Est-ce que le « vin de presse » issu du pressage du marc est incorporé au « vin de goutte », qui s'écoule tout seul ? Le vin sera plus dur et plus apte à la garde.

Est-ce que le vin a été vieilli en fûts ou en cuves et combien de mois ? Un élevage long réclamera une garde plus longue en bouteilles pour qu'il dégage ses arômes tertiaires de vieillissement.

Il va de soi qu'un chambertin mis sur le marché au bout de dix mois n'aura pas la même complexité que s'il a passé deux ans en fûts.

• Pour un vin blanc :

A-t-il subi une macération pelliculaire (au contact des peaux de raisin) avant d'être pressé ? Il gagnera du gras et des arômes immédiats.

A-t-il été élevé sur ses lies ? Il y gagnera de la complexité et se gardera mieux.

A-t-il fait ou non la seconde fermentation dite malolactique ? Dans le second cas, il conservera une acidité qui le soutiendra plus longtemps (mais la fermentation malolactique dépend des usages de chaque région et du caractère de chaque cépage).

A-t-il vieilli en barriques ? Il se conservera en principe plus longtemps.

A-t-il été mis en bouteilles « sur lie », sans soutirage ? Un muscadet ainsi embouteillé se conserve plus longtemps.

Ces quelques principes généraux souffrent beaucoup d'exceptions. Mais il est évident qu'on n'accorde le travail d'un long élevage qu'aux vins qui peuvent le supporter, par leur qualité comme par leur prix de vente.

L'évolution du marché fait que l'on juge de la qualité des vins de plus en plus tôt, alors que leur élevage est en cours et qu'ils sont encore des bébés vins. Mais il reste ensuite beaucoup de chemin à parcourir jusqu'à la dégustation finale. La mise en bouteilles puis leur vente marquent la fin du travail du vigneron. C'est maintenant à nous d'agir !

78. LE TRANSPORT DU VIN

Le vin est vivant donc fragile. Il mérite pour son transport les plus grandes attentions. Mais il est assez solide pour supporter quelques journées de route à température normale. Il faut avant tout éviter les fortes chaleurs, et de nombreux vignerons n'expédient pas de vin en plein été. Le froid est moins redoutable, sauf en cas de grand gel. Un transport express peut aujourd'hui relier deux points de France en 48 heures, ce qui réduit les risques.

L'appel à un transporteur est la démarche la plus normale pour faire livrer du vin d'une région éloignée ; le plus

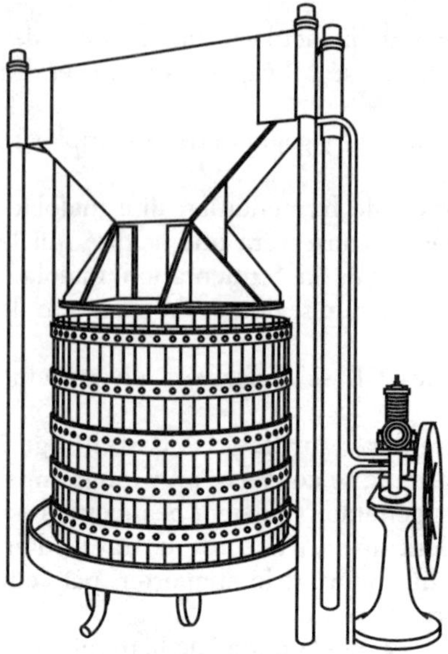

simple est de demander au producteur de s'en charger et de vous proposer un tarif « franco » : il se chargera alors des démarches auprès de son transporteur attitré, et pourra intervenir en cas d'accidents.

À réception de votre vin, faites-vous livrer rapidement, car les bouteilles vieillissent mal sur un quai d'entrepôt. Si vous êtes peu chez vous, si vous voulez garder votre cave secrète, faites-vous avertir par le transporteur de l'arrivée, et enlevez vous-même vos vins chez lui. La signature du bordereau de livraison dégage le transporteur de sa responsabilité ; il faut donc vérifier l'état des vins à ce moment.

La casse est le premier accident possible. Vérifiez qu'il n'y a pas de coulures sur les cartons ; s'ils sont éventrés, comptez les bouteilles.

Le vol de bouteilles est le second accident, qui est plus répandu à l'approche des fêtes. Comptez le nombre de cartons, vérifiez qu'il correspond au bordereau de livraison. Les cartons doivent être fermés, de préférence avec un ruban adhésif au nom du domaine ou de sa région. Si un carton vous semble plus léger, vérifiez-le, sans suspicion agressive mais sans faute : après, il sera trop tard ! S'il manque du vin, faites-le constater par le transporteur, et inscrivez ces réserves sur le bordereau de livraison pour établir vos droits à dédommagement.

Les bouteilles qui ont voyagé méritent un repos d'une semaine avant d'être goûtées.

VINIFICATION DES VINS BLANCS

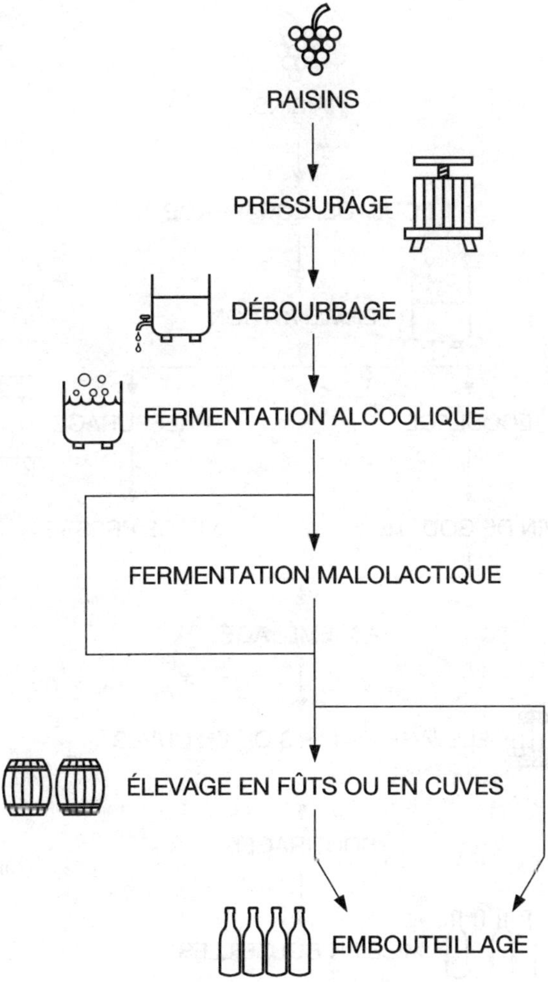

VINIFICATION DES VINS ROUGES

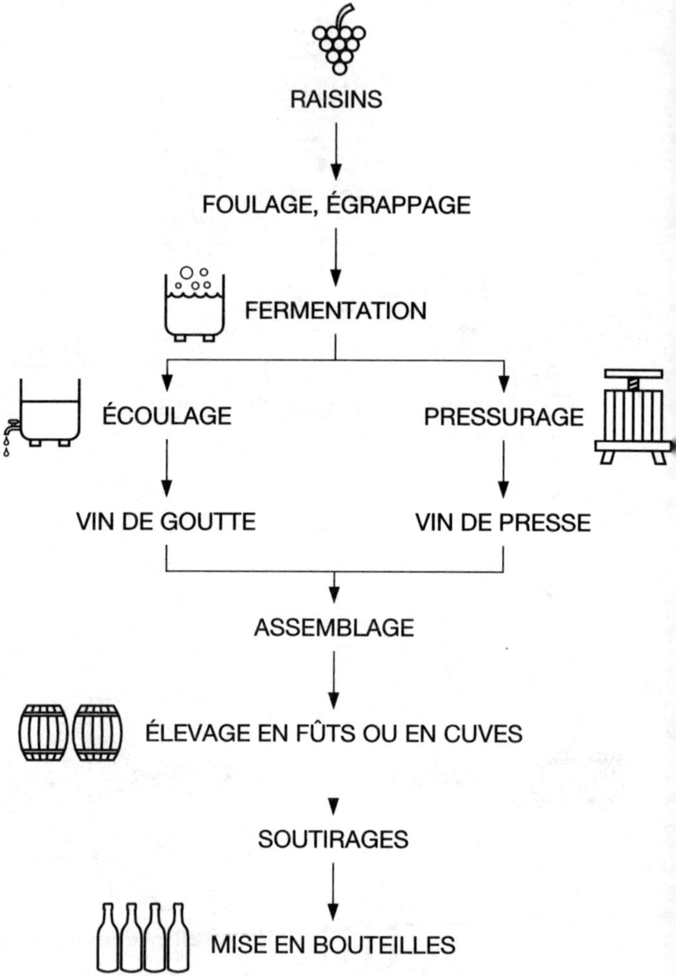

79. LES BOUTEILLES

Le vieillissement du vin n'est possible que s'il subit avec l'air des échanges modérés mais constants. C'est le rôle du bouchon de liège ; malgré ses imperfections, on n'a rien trouvé qui puisse remplacer ce matériau. Chaque bouteille se termine par un goulot. Et plus la bouteille est grande, plus les échanges avec l'extérieur seront restreints ; c'est pourquoi les vins vieillissent plus lentement dans des grands contenants.

La bouteille « standard » fait 75 centilitres ; elle est utilisée à peu près partout. Voici les autres tailles utilisées :

• Je mentionne pour mémoire le « quart » de 25 centilitres, utilisé par les compagnies aériennes. C'est une dose de survie qui ne convient pas au vin.

• La demi-bouteille de 37,5 centilitres, qu'on appelle « fillette » en Anjou, est bien pratique, surtout au restaurant ; mais elle accélère grandement le vieillissement du vin. Elle doit être réservée aux vins de consommation rapide. Elle permet aussi de consommer les sauternes et les vendanges tardives d'Alsace plus rapidement.

• La bouteille de 50 centilitres, d'apparition récente, est une bonne solution pour ces mêmes vins liquoreux.

• Le magnum de 1,5 litre semble être le contenant idéal pour les grands vins de garde : ils atteignent leur apogée plus tard, et se conservent plus longtemps.

• Les « grands formats » vieillissent encore plus lentement, mais appellent trois réserves :

- le verre est souvent fragile, il convient de les garder dans leur caisse de bois ;

- les gros bouchons sont moins fiables ; il faut surveiller de temps en temps le niveau des bouteilles ;

- avec qui boirez-vous cette impériale de sauternes ?

Le double magnum, comme son nom l'indique, contient quatre bouteilles, soit 3 litres.

Le jéroboam contient 5 litres à Bordeaux, mais 3 seulement en Bourgogne et dans les Côtes du Rhône.

L'impériale fait 6 litres, soit huit bouteilles.

Le salmanazar fait 9 litres, le balthazar 12 litres, et le nabuchodonosor 16 litres.

80. LA SURVEILLANCE D'UNE CAVE

Dans une cave, chaque bouteille vit sa vie selon son rythme : les petits vins évoluent rapidement, les grands plus lentement. Le vin demande de la tranquillité, il est donc dommageable de le bousculer sans arrêt. Il est inutile de retourner régulièrement les bouteilles, gardez ce traitement pour les sardines en boîte. Il faut, par contre, vérifier de temps en temps l'état des bouchons des vins vieux. La moisissure, des traces de coulures signalent un problème : si le niveau du vin a baissé, c'est que le bouchon ne remplit plus son office ; il faut alors boire la bouteille ou le remplacer.

On ne peut changer le bouchon d'une vieille bouteille ancienne sans précautions : le vin est fragile, et le contact avec l'air peut lui être fatal. On rajoute généralement quelques gouttes de soufre liquide pour le protéger ; c'est une opération qui est plutôt du ressort d'un professionnel, d'autant plus qu'un grand vin rebouché hors de la propriété perd toute valeur marchande.

Les grands Châteaux de Bordeaux acceptent parfois de reboucher leurs vieux millésimes, mais seulement s'ils estiment que le vin a gardé ses qualités. Le rebouchage est précédé d'un examen du vin : s'il n'est pas conforme au millésime, le Château peut décider de le refuser, et le rendre avec un bouchon non étampé, donc sans aucune garantie. Suite à l'extension de la vente et de la revente de vieux millésimes, le reconditionnemnt dans les grands Châteaux devient de plus en plus problématique.

De toute façon, cette opération n'a d'intérêt que pour des grands vins de garde, et est normalement inutile avant une trentaine d'années.

81. LE LIVRE DE CAVE

On tiendra avec intérêt un livre de cave. Ce peut être un simple cahier sur lequel on note les entrées et les sorties, les commentaires de dégustation des vins. Ce peut être aussi un bel album, comme on en trouve en librairie. Ce peut être enfin un logiciel adapté à un ordinateur domestique ; il fait tout, depuis les commentaires jusqu'à la gestion de vos stocks ; la seule chose qu'il ne puisse faire, c'est de trouver à votre place tous les grands vins qu'il décrit !

F. GOÛTER LE VIN

82. LA DÉGUSTATION

La dégustation d'un vin consiste à l'analyser pour en connaître les défauts et les qualités et prévoir son évolution future. Telle qu'elle est aujourd'hui codifiée, elle ressemble plus à un pensum qu'à un plaisir. Mais nul n'est obligé de prendre au pied de la lettre les conseils qui vont suivre, l'essentiel étant d'apprendre à connaître bien le vin pour mieux le servir. On oublie parfois que la finalité d'un vin, en France du moins, est d'accompagner le repas ou de l'encadrer.

Quelques principes de base :

- les sensations sont transmises à notre cerveau par les organes des sens : les yeux, le nez, la bouche ;

- ces sens sont mis en éveil tour à tour lors de la dégustation ; en fait, ils travaillent en équipe, mais il est important de savoir ce qui vient de l'un et ce qui vient d'un autre. C'est plutôt au cerveau qu'il appartient de faire la synthèse des impressions perçues.

83. L'ENTRAÎNEMENT À LA DÉGUSTATION

« Je n'y connais rien en vins, mais je reconnais à coup sûr si un vin est bon ou mauvais » : faux, cher Monsieur, tout faux! Je vous parie une caisse de Krug contre une brique de votre nectar habituel que je pourrais vous faire goûter de grands vins, appréciés de tous les amateurs, et que vous déclareriez « mauvais ». En fait, votre jugement consiste à « reconnaître » ce que vous connaissez déjà, c'est-à-dire à chercher dans un vin ce que, par habitude, vous pensez être le bon « goût ». Comme le bon sens, le bon goût est la chose la mieux partagée du monde « car chacun s'en juge suffisamment pourvu ». Voici la première qualité d'un dégustateur : la mémoire, fruit d'une expérience.

« Je n'y connais rien, et je ne retrouve aucun des arômes dont vous parlez. » Le goût, comme le « nez », cela s'éduque. Chacun sait différencier les yeux fermés une pomme d'une orange ; sauf absence de goût ou d'odorat suite à une maladie, tout le monde peut goûter le vin et en tirer des conclusions ; qu'elles soient différentes de celles des livres est secondaire : nous n'avons pas la même histoire ni les mêmes seuils de perception des odeurs et des différentes saveurs ; ainsi l'amertume sera détectée par certains comme un défaut rédhibitoire, d'autres y verront une qualité. Les définitions sont, elles aussi, fluctuantes. À certains, l'iode évoque l'armoire à pharmacie et ils ne l'aiment pas ; d'autres l'assimilent aux falaises de l'Océan, et l'apprécient évidemment.

Pour déguster dans de bonnes conditions, il faut donc savoir :
- apprendre,
- se souvenir,
- exprimer ses sensations.

Tout cela, nous le faisons couramment tous les jours.

84. L'ŒIL

L'examen visuel est le premier que l'on porte sur un vin.

Versez doucement le vin dans un verre à dégustation. Emplissez-le au tiers, cela suffit. Est-il pesant, lourd ou, au contraire, léger et fluide ? Est-ce que la bouteille contient du dépôt ? Toutes indications importantes mais qui ne remplacent pas un examen vigilant de la robe du vin.

La robe est le terme le plus simple, et le plus joli, pour qualifier l'ensemble des éléments visuels d'un vin ; dernier souvenir d'une époque révolue où les vins avaient « de la cuisse » ou étaient « fessus »...

84.1. EXAMEN VISUEL DES VINS BLANCS

On examinera successivement la couleur, la limpidité et la brillance, la fluidité et, éventuellement, le dégagement gazeux :

- la couleur d'un vin blanc peut varier de l'incolore à une teinte brune pour de très vieux vins. On l'examine en posant le vin sur une surface blanche, avec un bon éclairage neutre. Voici un petit résumé des teintes possibles :

très clair : vin jeune ou faible,

une touche de vert : signe de jeunesse, souvent d'acidité,

jaune clair : vin jeune ou encore jeune,

jaune d'or, paille : vin sec évolué ou vin doux jeune,

doré : vin sec vieux, vin doux évolué,

orangé, rouge, brun : stades d'évolution des vins doux après vieillissement. La qualité peut être encore au rendez-vous.

Cette couleur peut être franche ou dégradée sur les bords du verre ; par exemple, un vin jaune pâle mais dont les bords du disque ont une touche de vert : a priori, bon vin encore jeune,

- la limpidité et la brillance complètent la couleur. Un vin blanc doit en principe être limpide, c'est-à-dire que l'œil n'y est pas arrêté par la consistance du vin. Regardez le vin dans le verre en visant une source lumineuse, puis inclinez celui-ci au-dessus de la nappe pour diminuer le volume du vin et mieux l'examiner ; si le vin est trouble ou terne, c'est un défaut admissible seulement pour un vin trop jeune. Un vin blanc peut être limpide ou trouble. La brillance est la capacité du vin à absorber la lumière et à la ressortir : un vin brillant est plus joli, plus net ; il aura sans doute une bonne acidité ; un vin plus lourd et terne peut quand même être un bon vin ; cet aspect tient beaucoup aux caractères des cépages et aux traitements de clarification subis par le vin,

- la fluidité : un vin peut être très fluide, donc léger ou, au contraire, presque visqueux, cas des vins très chargés en sucre. Cet aspect se remarque aisément dans le verre, surtout si l'on l'incline : le vin le plus fluide reprendra sa place sans laisser de traces, alors qu'un vin gras laissera des jambes sur les parois du verre. Plus le vin est onctueux, plus les jambes ou « larmes » sont épaisses et restent longtemps. Le sucre, mais aussi l'alcool et les glycérolés du vin sont les sources de cette viscosité. Pour un vin moelleux, ou un vin blanc d'une certaine ampleur comme un bourgogne, l'absence de ces jambes est un défaut. Leur importance ne garantit par pour autant que le vin est bon.

Il faut aussi signaler que les jambes du vin se développent différemment selon la température du vin et celle du verre, et selon la structure même du verre et son état de propreté. En résumé, c'est un élément à prendre en compte mais modérément,

- le dégagement gazeux : il concerne tous les vins mousseux blancs, parfois rosés, exceptionnellement rouges ; il concerne aussi les vins qui conservent un peu de gaz carbonique en bouteilles, comme les muscadets sur lie ou certains vins de Savoie.

L'échelle de gradation est la suivante :

perlant : petites bulles qui viennent crever à la surface, muscadet par exemple. Le gaz carbonique permet au vin de vieillir et soutient les arômes,

pétillant : premier stade des vins mousseux, à faible pression,

mousseux : forte pression, supérieure à trois atmosphères.

Les vins simplement perlants se jugent comme les autres vins blancs.

Pour les vins pétillants et mousseux, on appréciera :

- l'intensité des bulles : elle peut varier selon le caractère du vin (voir le chapitre sur le champagne),
- la finesse des bulles : de petites bulles fines signent un grand vin mousseux ou un vin faiblement mousseux. Des bulles grossières sont mauvais signe,
- la persistance du cordon de mousse formé par les bulles sur le disque du verre ; une bonne persistance est signe de qualité. Les petits vins peuvent avoir de petites bulles, mais ne les retiennent pas longtemps.

Attention : la forme du dégagement mousseux est aussi liée aux caractères du verre. Un verre à champagne doit être bien propre et sec. Évidemment, un verre de type allongé, comme une flûte, permettra de mieux profiter des qualités du champagne qu'un verre évasé ou qu'une coupe.

84.2. EXAMEN VISUEL DES VINS ROUGES

On procédera de la même façon que pour les vins blancs mais avec plus d'attention : les nuances d'un vin rouge sont beaucoup plus étendues.

Elles dépendent tout d'abord du cépage : une expérience facile consiste à acheter de petits vins jeunes de cépage unique et à les comparer :

- le gamay est faiblement coloré, avec une nuance de violet au bord du disque,

- le pinot noir est peu coloré, mais concentré ; il peut avoir des nuances infinies,

- le cabernet-sauvignon est franchement rouge, parfois bordé de violet ou de bleu s'il est jeune,

- la syrah est fortement colorée, pourpre-noir, avec des reflets violacés,

- le tannat (du madiran) est très sombre et coloré sans brillance.

Une robe sombre est plus flatteuse ; elle est facile à obtenir, par exemple par une extraction poussée des moûts ou par le chauffage de la vendange,

- couleurs d'un vin rouge :

• nuances violacées : vin jeune,

• rouge clair : cépage simple, souvent de petit vin pas très concentré,

• rouge franc, cerise ou vermillon : vin vif, acidité présente,

• grenat : plus soutenu, vin plus concentré,

• nuances orangées au bord du disque : signe d'évolution normale,

• pourpre : couleur soutenue et « lourde », vin mûr,

• rouge très sombre, tirant sur le noir : vin jeune, de cépage corsé.

• nuances brunes au bord du disque : signe de vieillissement,

• rouge brique : typique des bordeaux vieux,

• rouge éteint, brique, brunâtre : souvent signe de vieillesse,

• marron : vraisemblablement trop vieux ou oxydé : de deux vins vieux identiques, si l'un a un niveau inférieur dans la bouteille sa robe sera plus évoluée.

• blanc : je l'ai vu, sur de très vieux vins complètement dépigmentés ; en retournant la bouteille, on fait tomber le dépôt. À exposer sur la cheminée.

Les grands vins rouges sont rarement d'un seul tenant : leur robe est profonde, nuancée, en un mot vivante,

- limpidité et brillance : un vin rouge peut être complètement opaque ou très limpide ; on appréciera l'intensité de la robe selon les exigences des cépages employés : un cabernet très clair est suspect, alors qu'un pinot peut avoir une robe presque orangée qui, de plus, changera dans le temps. Sauf dans le cas d'un vin goûté avant sa mise en bouteilles, il ne doit pas présenter de dépôts filandreux ni de troubles, signes d'accidents. Un dépôt dans le fond de la bouteille est normal chez un bon vin.

La brillance peut être très variable selon que le vin a été collé et filtré plus ou moins fortement. Une filtration forte débarrasse le vin de ses particules les plus grosses (bien qu'invisibles à l'œil nu) et le rend plus brillant ; elle enlève au passage une partie du corps du vin et de sa qualité. Le travail sur la robe du vin s'est beaucoup amélioré, et les accidents se font rares. Mais une robe opaque doit être appréciée comme un stade normal d'évolution.

- la fluidité est plus facile à apprécier que chez un vin blanc. Certains vins « tachent » le verre, d'autres n'y laissent qu'une trace légère ; comme pour les vins blancs, l'examen des larmes est une bonne indication du gras d'un vin rouge, qui ne doit pas être visqueux : ce terme désigne un vin malade.

84.3. EXAMEN VISUEL DES VINS ROSÉS

On suit le même cheminement. Les vins rosés sont presque tous secs et ne « marquent » pas beaucoup le verre. Leurs nuances de couleur sont très variables :

• rose pâle, clair pour de petits vins (gamay, grolleau),

• rose gris ; on nomme gris certains vins rosés, par exemple en Lorraine et dans les coteaux du Loir, issus de pressurage direct comme les vins blancs,

• rose soutenu, œil de perdrix pour des vins plus consistants,

• cerise : vins souvent plus alcoolisés, clairets de bordeaux,

• orangé : de vendange, mûr ou vin plus évolué,

• ambré, tirant sur le roux : signes de vieillissement.

Comme on recherche surtout chez les vins rosés la fraîcheur, leur robe est généralement à l'avenant.

85. LE NEZ

L'odorat est déterminant pour apprécier la qualité d'un vin. On juge et on condamne souvent un vin sur son « nez », ce qui est plus une déformation due à la pratique assidue des dégustations qu'une qualité. Mais un vin qui sent très mauvais ne sera jamais bon ; par contre, un vin qui ne sent rien peut être un grand vin en devenir.

Le jugement olfactif se fait de deux manières : d'abord par l'odorat, en sentant le verre ; ensuite, à la fin de la dégustation en bouche, par la rétro-olfaction que nous aborderons un peu plus loin.

Le parfum d'un vin évolue très vite dans le verre, et d'autant plus vite que le vin est agité. Pour en tirer toutes les informations, il convient de prendre son temps et d'y revenir plusieurs fois.

Dès le service du verre, humez-le : c'est le « premier nez » ; parfois, vous y découvrirez tout de suite un défaut important : nez de bouchon, présence de soufre qui pique les narines, acidité volatile trop élevée qui agresse, etc. Ce sont les particules les plus volatiles qui se dégagent en premier. Vous y découvrirez aussi les arômes dominants, simples dans les vins jeunes, déjà complexes dans un vin évolué. Notez ces premières impressions, car elles seront remplacées par d'autres.

Agitez avec modération le verre pour y faire tournoyer le vin. Les odeurs vont changer rapidement. Un bon vin peut présenter quelques odeurs désagréables à l'ouverture, ce n'est pas bien grave si la suite le corrige. Par le contact avec l'oxygène, le nez « s'ouvre » : le vin libère ses composants aromatiques. Ceux-ci évolueront sans cesse au cours de la dégustation. Dans le cas d'un vin simple et plat, ils seront peu variés et s'éteindront rapidement ; dans le cas d'un grand vin, le nez peut varier pendant un temps important. Il est donc bon d'y revenir plusieurs fois.

On juge de la qualité du nez d'un vin selon deux critères :

- l'intensité : c'est facile à comprendre ; elle peut être discrète ou très forte ; qualitativement, elle ne signifie pas grand-chose si elle n'est pas complétée par la finesse,
- la finesse ou harmonie : c'est l'ensemble des odeurs qui sont dégagées par le vin ; elles peuvent être de tous types, on parle généralement d'arômes pour définir des odeurs qui « rappellent » quelque chose, et on les classe de deux manières :
  - dans le temps, en distinguant les arômes primaires, secondaires et tertiaires ;
  - dans l'étendue, en les classifiant par regroupements.

85.1. ARÔMES PRIMAIRES, SECONDAIRES ET TERTIAIRES

Les arômes primaires sont ceux qui se rapprochent le plus du raisin ; on les appelle aussi arômes variétaux ; le vin a l'odeur du raisin que l'on croque, et l'on reconnaît facilement le cépage : c'est le cas du muscat, de plusieurs vins d'Alsace, du sauvignon, etc. Les arômes secondaires sont ceux qui se forment au cours de la fermentation ; on les appelle aussi arômes fermentaires ; ces arômes sont plus divers, et rappellent souvent la levure. Ils sont destinés à disparaître au cours de l'élevage du vin.

Les arômes tertiaires sont ceux qui se forment lors de l'élevage ou pendant le vieillissement en bouteilles ; on les appelle aussi arômes de vieillissement. En font partie les arômes les plus fins comme les plus exotiques ; leur combinaison forme alors le bouquet d'un vin : comme un beau bouquet est fait de l'assemblage de fleurs différentes, le bouquet d'un vin combine ses arômes pour en donner un parfum unique.

85.2. CLASSIFICATION DES ARÔMES

Pour mieux se repérer dans la complexité du nez d'un vin, il est utile de connaître la classification des arômes qui le composent. Voici la classification courante :

- arômes floraux : des fleurs blanches et légères (aubépine, chèvrefeuille, vigne) aux odeurs lourdes (rose, violette, jasmin),
- arômes fruités : fruits frais ; des fruits acidulés (citron, orange, pomme), aux fruits fins (abricot, pêche), aux fruits rouges (cerise, cassis, framboise), aux fruits noirs (mûre, groseille), enfin aux fruits exotiques (kiwi, fruit de la passion, lychee),
- arômes fruités : fruits secs ; des fruits secs (noisette, amande, noix), aux fruits torréfiés (amande grillée),
- arômes fruités : fruits cuits ; des fruits cuits (compote de pomme, confiture), aux fruits blets (coing écrasé, pomme pourrie),
- arômes végétaux : du plus vert (herbe, rafle), à l'humide (sous-bois, champignons, mousse), au balsamique (pin, résine, encens), et au plus sec (paille sèche, thé, tabac, feuilles mortes),

- arômes épicés : très variés (poivre, cannelle, réglisse, anis, menthe, vanille)...,

- arômes animaux : du plus léger (chien légèrement mouillé) au plus « viandard » (venaison, faisandé, civet), et au plus désagréable (pipi de chat, viande pourrie),

- arômes empyreumatiques : tout ce qui est sec ou fumé, ou grillé (pain grillé, café, cacao, caramel, cuir, goudron, fumée froide, silex, poudre)...,

- arômes chimiques : vernis à ongle, soufre, levure, alcool...,

- d'autres arômes sont plus durs à classer : l'iode, le « minéral », ainsi que tous ceux que votre fantaisie vous dictera. Rien n'est plus ennuyeux que d'entendre son voisin déclamer vingt odeurs différentes, alors que vous ne sentez qu'une vague trace de pain bis moisi. Dans ce cas, adoptez la devise : « Sentir et laisser dire. » On le voit, la palette des arômes d'un vin est infinie, et plus encore (plus qu'infinie ?) leur combinaison. La dégustation est un exercice fascinant car on n'y retrouve jamais exactement la même chose. Les dégustateurs, qui d'un coup de nez peuvent situer un vin dans le temps et l'espace, méritent le plus grand respect. Ils sont rares.

N'oubliez pas ceci : décomposer ne sert qu'à reconstruire. Noter les éléments olfactifs d'un vin, c'est bien mais il faut en tirer une synthèse prenant en compte la puissance, la finesse et l'équilibre du nez d'un vin.

Certaines odeurs sont d'une reconnaissance facile et conduisent à bien noter un vin : ainsi de la vanille, souvent due à un passage en bois neuf. Son omniprésence ne signifie pas que le vin est grand, mais que la barrique est bonne.

Certaines vinifications induisent des odeurs facilement identifiables : le beaujolais au nez de banane est bien connu ; il doit autant à la qualité des levures sélectionnées qui conduisent la fermentation qu'au vin lui-même ; ces parfums simples permettent une bonne approche de la complexité d'un vin.

On sait aujourd'hui extraire des arômes vite développés, ce qui est nécessaire à la reconnaissance et à la commercialisation des vins jeunes ; ces arômes ne sauraient égaler en qualité ceux qui sont issus du vieillissement du vin, qu'il soit de quelques mois ou de quelques années. L'expérience vous apprendra à distinguer les arômes simples, et dont on se lasse vite, des arômes les plus nobles.

86. LA BOUCHE

En bouche, on perçoit des « saveurs » et des « sensations ». Il faut pour cela faire voyager le vin dans la bouche, le « mâcher », tout en le mettant en contact avec l'air : ouvrez la bouche comme pour siffler, mais aspirez au lieu de souffler ; n'ayez pas peur du ridicule, votre voisin ne fait guère mieux ! Une relative aisance vient avec l'expérience. L'examen du vin dans la bouche sert à en apprécier les sensations et les saveurs.

86.1. LES SENSATIONS

On distingue ici :

- les sensations « tactiles » : le vin touche les parois de la bouche et le palais, c'est pourquoi il faut le faire bien tourner dans la bouche. On peut reconnaître l'onctuosité, la fluidité, le « grain » des tanins, etc.,

- les sensations thermiques, liées à la chaleur ou au froid ; elles viennent, bien sûr, de la température effective du vin, mais aussi d'autres éléments : un fort degré d'alcool, par exemple, produit une impression de chaleur (c'est pourquoi les vins alcoolisés de Châteauneuf-du-Pape doivent être servis assez frais),

- les sensations chimiques : un vin peut assécher la bouche et déclencher la salivation ; il peut aussi irriter les gencives s'il est trop acide (et surtout si cette acidité est artificielle et maladroite).

86.2. LES SAVEURS

On attribue la perception du « goût » du vin en bouche à 4 saveurs :

- le sucré, que l'on perçoit sur le bout de la langue ; faites diluer du sucre dans de l'eau, vous reconnaîtrez cette saveur,

- le salé : faites diluer du sel dans de l'eau, vous le percevrez sur les côtés de la langue,

- l'acide : faites diluer le jus d'un citron dans de l'eau, vous le percevrez sur les côtés de la langue,

- l'amer : la Suze est un bon exemple d'amertume ; on la perçoit sur le fond de la langue.

Ce sont là des principes de base ; il existe une certaine solution de continuité entre ces saveurs, et elles sont le plus souvent jugées globalement ; on retient généralement une ou deux saveurs dominantes ; de plus, elles se neutralisent : ainsi, on perçoit moins une forte acidité dans un vin liquoreux si elle est dominée par la saveur sucrée.

Cette analyse permet de juger la principale qualité d'un vin à table : sa capacité à s'exprimer et à accompagner le repas. On peut pousser un peu plus avant, en séparant cette analyse en bouche en 3 stades de la dégustation :

- l'attaque : premier contact avec le vin ; on juge de cette première approche en notant ses caractères principaux : une attaque agressive, ou molle, ou acide…,
- l'examen en bouche : en faisant tournoyer le vin, et en le mettant en contact avec l'air, on le « dissocie » et on augmente les sensations perçues. On jugera ici de l'ensemble des sensations et des saveurs, ainsi que de l' « équilibre » du vin : est-il plein, rond, charpenté ? Est-il sec, boisé, dominé par l'alcool ? Est-il dominé par l'acidité, ou une autre saveur, ou une combinaison de saveurs ? Manque-t-il de quelque chose ? Tout cela s'analyse plus ou moins consciemment. Pour retenir tout ce qu'on perçoit, il faut noter ses sensations au fur et à mesure. On peut le faire de façon très technique ou très simple, ou imagée comme l'excellent Michael Broadbent dont les notes sont un plaisir pour l'esprit.

Un vin acide, tanique, est souvent mal noté : le mot « acide » est souvent péjoratif,

- la finale. Un vin dont on a tout extrait doit être recraché ou avalé. L'avaler, au cours d'une dégustation, n'apporte pas grand-chose de plus à l'examen, et l'on est bien obligé de cracher si l'on doit goûter une cinquantaine de vins à la suite. Après la disparition en bouche du vin, son souvenir reste sous la forme de l'« arrière-bouche ». Ici aussi, on distingue deux composantes : la persistance, qui est la durée pendant laquelle le vin reste présent ; on peut la mesurer en caudalies, unités de secondes ; un grand vin aura une persistance plus longue qu'un petit vin. Mais la persistance doit être de bonne qualité : on comprend aisément que le vinaigre, qui a une persistance très longue, laisse derrière lui plus de dégâts que de bons souvenirs, de même un vin sec et râpeux ; on juge donc de la qualité de cette persistance.

Pour résumer, l'examen en bouche d'un vin c'est :

- l'attaque, première impression,
- la bouche proprement dite, ensemble de sensations (la structure du vin) et de saveurs (le goût du vin),
- la finale (la trace du vin). C'est alors que l'on retrouve d'autres arômes du vin, qui rejoignent le nez par le fond de la bouche : c'est la rétro-olfaction.

La dégustation doit se conclure par un regroupement des éléments séparés et un jugement d'ensemble. Apprendre à décomposer les éléments ne doit pas empêcher de porter une note globale.

87. LA DÉGUSTATION PROFESSIONNELLE

Tout vin jeune est soumis à des dégustations professionnelles ; elles ont pour objet d'accorder au vin le droit à son appellation, de former le jugement des acheteurs ou des critiques, de décerner des récompenses ; mais, préalablement, le vin aura été goûté à maintes reprises par son producteur, à chaque stade de son élaboration, par le maître de chai, par l'œnologue... Il aura été analysé, disséqué, corrigé. Malgré cela, un vin peut se présenter en méforme le jour d'une dégustation professionnelle, fatigué par un soutirage ou une mise récente, par un traitement ou pour une raison inconnue. Les dégustations valent donc ce qu'elles sont : un diagnostic à un état précis de la vie d'un vin.

Comme elles engagent l'avenir d'une production entière, elles doivent être entourées de soins garantissant objectivité et qualité :

- les bouteilles sont généralement présentées à l'aveugle : les dégustateurs connaissent par exemple l'appellation et le millésime mais pas le nom des crus,
- la température de la salle de dégustation et des vins est soigneusement contrôlée,

- chaque vin est noté sur divers critères, puis jugé globalement.

Goûter une grande quantité de vins à la suite n'est pas chose facile : l'attention s'amenuise au cours de la dégustation car, même en crachant, on se fatigue vite.

Une dégustation d'amateurs, qui comprend une dizaine de bouteilles est déjà un bel exercice de concentration.

Après avoir défini quelques ennemis de la dégustation, nous parlerons des notations puis des écoles et des clubs de dégustation.

88. LES ENNEMIS DE LA DÉGUSTATION

Les ennemis de la dégustation sont de deux types :

- les ennemis internes : on peut les corriger ou les contrôler ; ce sont :

    la fatigue,
    le rhume,
    le tabac,
    la cravate ;

- les ennemis externes : il faut bien parfois s'en accommoder ; ce sont :

    la fumée,
    la chaleur,
    les pédants (et les pédantes, me souffle ma femme).

89. LA DÉGUSTATION : LES NOTATIONS

Toutes les notations de qualité des vins reposent sur le même principe : attribuer à chaque vin plusieurs notes pour aboutir à une note d'ensemble. Les échelles sont parfois quasi scientifiques, parfois très lâches ; voici quelques types de notation couramment utilisés :

- Robert Parker : ce journaliste américain exerce sur les prix des grands vins français une influence « Empire State

Buildingesque ». Son échelle de notation va de 50 à 100. Pour simplifier, il accorde 40 % à l'examen en bouche, 30 % au nez, 10 % à l'œil et 20 % à son impression générale. Cette notation, que M. Parker affirme comme lui étant toute personnelle, est reprise par la plupart des membres de la filière du vin et tend à devenir une référence officielle. Sans vouloir critiquer les choix de M. Parker, je remarque l'abondance des vins américains notés à de très hauts degrés de l'échelle dans sa publication. Est-ce qu'on produit vraiment tant de vins exceptionnels en Californie ? Mais ceci n'est qu'anecdote. Voici ce qu'on peut penser de monsieur Robert Parker, qui dispose de gros moyens, puisqu'il affirme acheter la majorité des vins qu'il déguste : une seule personne (lui) dispose à l'heure actuelle d'une influence très importante sur le prix de vente des vins de la planète entière. Il a beau répéter en tête de chacune de ses publications que son avis n'est que personnel, le fait est bien établi. Seul un Américain pouvait ainsi allier la Bible et le Reader's Digest. Nous ne lui en voulons pas, car son intégrité est reconnue et affirmée.

- Bettane et Dessauve : les deux piliers de *La Revue du Vin de France* publient depuis quelques années un guide des meilleurs vins de France. Le modèle semble en être le Guide Michelin. La barre des trois étoiles est placée très haut, puisque seuls une trentaine de vignobles y ont droit. La hiérarchie va de ces trois étoiles (célèbres depuis qu'elles ont été refusées à Petrus et à Château Mouton-Rothschild) à la simple mention qui signale déjà un bon producteur.

- Les organismes officiels comme l'INAO utilisent des fiches en forme de questionnaire : la note vient sanctionner un examen approfondi de tous les caractères du vin.

- De nombreux dégustateurs, comme *la Revue du Vin de France* et Michael Broadbent, utilisent une notation chiffrée pendant leur dégustation, mais en publient le résultat sous forme d'étoiles (de 0 à 5 en général). Pourquoi ? Le vin et l'impression qu'on en tire sont choses si fluctuantes qu'une précision arithmétique est impossible. De plus, le système Parker est tellement dominant qu'il ne permet pas la prise en compte d'un autre système chiffré. Plus généralement, ils préfèrent guider le lecteur plutôt que de le brider.

- La notation personnelle de Michael Broadbent, telle qu'il l'explique dans son ouvrage *les Grands Vins de France*, est : 50 % pour la bouche et l'impression d'ensemble, 35 % pour le nez, 15 % pour l'aspect.

Par ailleurs, les notations n'ayant qu'une valeur ponctuelle, elles n'ont de sens qu'accompagnées d'un commentaire daté, commentant la note et donnant un avis sur le potentiel du vin.

On peut aussi utiliser un ordinateur pour analyser les résultats de jurys importants. Peu importe ! L'essentiel est d'être sincère et de ne pas se laisser dériver au cours d'une dégustation soit vers l'enthousiasme, soit vers la lassitude. Dans une dégustation importante, on ne boit pas le vin mais on doit le recracher ; on peut, par contre, boire autant d'eau que nécessaire (de l'eau pure, pas du chlore dissous), grignoter quelque chose de neutre (du pain, pas des noix !), faire des pauses pour se détendre.

Pour avoir le moindre avenir dans le monde du vin, il est important de savoir cracher : exercez-vous avec de l'eau dans un seau à champagne. Comme il est indélicat de confondre aspiration du vin et gargarisme, il n'est pas recommandé d'éclabousser son voisin, ni de cracher à deux mètres sans une parfaite maîtrise ! On crache simplement, en poussant un peu pour éviter de baver, et c'est tout ! Attention aussi à votre cravate, l'un des ennemis de la dégustation si on la contrôle mal.

90. LA DÉGUSTATION : LES ÉCOLES

Il existe des cours et des écoles de dégustation, surtout à Paris. Ces cours sont donnés par des professionnels et permettent un apprentissage rapide de la dégustation. Préférez ceux qui vous font goûter de bons vins, même s'ils sont plus chers, à ceux qui se cantonnent dans les vins de pays : on progresse plus vite à pas de géants qu'à petits pas.

91. LES CLUBS DE DÉGUSTATION

Le grand vin mérite d'être partagé ; il l'impose aussi parfois, car le prix de certaines bouteilles les interdit à certaines bourses. Pourquoi ne pas se regrouper pour goûter de temps en temps de bons vins en commun ? Des clubs de dégustation, il en existe des centaines. Les bons ont porte close. Mais il est facile d'en créer un si l'on est trois ou quatre ; vous découvrirez alors que le monde du vin passionne des gens de toutes conditions et de tous âges.

Le club de dégustation peut être un club d'achat, qui passe commande pour ses adhérents et leur obtient des remises par quantités. Il peut être une association de loi 1901, ou un regroupement amiable ; il peut se réunir régulièrement ou à l'occasion. Le plus simple est peut-être de vous présenter les deux clubs dont mon épouse et moi faisons partie :

- à Rennes, dans un restaurant ami ; une fois par mois, nous prenons rendez-vous sur un thème précis : par exemple, 10 millésimes de Château Lynch-Bages (c'est une verticale) ou 10 cortons de 1985 (c'est une horizontale). Chacun fournit ce qu'il a dans sa cave, nous achetons le reste. Les bouteilles sont bien entendu masquées ; nous dégustons les vins par groupes de 2 ou 3, et nous les notons de cette façon :

1 note sur 5 pour l'œil,
2 notes sur 5 pour le nez,
3 notes sur 5 pour la bouche,
1 note sur 5 pour l'impression d'ensemble.

Tout cela est agrémenté de commentaires personnels et de supputations sur l'identité du vin. Cela prend du temps, car nous ne le faisons pas « à la muette ». Nous disposons de crachoirs et de pain ou de toasts assez neutres. Nous faisons ensuite la moyenne des notes, et nous découvrons les bouteilles. Les surprises du classement sont nombreuses et instructives. Nous finissons ensuite les bouteilles en mangeant un plat préparé par notre hôte. Les bouteilles qui ne trouvent pas preneur sont, bien sûr, les moins bonnes.

- au centre de la Bretagne ; nous convenons d'un dimanche avec des amis, nous sommes une douzaine là aussi. Cela se passe chez l'un ou chez l'autre. Les bouteilles ont été rassemblées quelques jours auparavant et préparées le matin.

On prépare un bon plat, et chacun amène un dessert, car il y a beaucoup d'enfants. Nous faisons manger les enfants, puis nous commençons la dégustation sous forme d'apéritif roulant. Nous avons le même système de notation des bouteilles. Chacun éprouve une certaine fierté à voir triompher sa bouteille, et je me souviens d'avoir un jour, à ma grande honte, classé dernières, et sans les reconnaître, deux bouteilles de ma cave dont j'avais promis des merveilles !

Ces dégustations sont aussi l'occasion de découvrir des merveilles « retour de vacances » comme récemment de magnifiques vins du Languedoc dont nous avons passé une commande commune. Elles m'ont aussi permis de partager — et d'en tirer des commentaires — quelques bouteilles d'alcool destinées à une vente publique, qui présentaient l'inconvénient de n'avoir plus d'étiquette mais l'avantage de dater du siècle dernier.

On ne goûte pas le vin dans un dé à coudre : je comprends mal qu'on puisse se serrer à trente sur une bouteille, si prestigieuse soit-elle. Une bouteille peut parfaitement être servie à douze dégustateurs, quinze est une limite maximale, surtout si les vins sont vieux et présentent du dépôt. Pour plus d'équité, nous commençons à chaque fois le service par une personne différente. Quant au nombre de vins à déguster, une dizaine me semble bien assez ; nous commençons souvent par une bouteille étalon, qui évite les notes aberrantes souvent données à la bouteille n° 1. Les bouteilles sont parfois décantées en carafes, en particulier pour les bordeaux jeunes et les sauternes. Les verres doivent être fonctionnels, nous prenons d'habitude des verres de type INAO bien propres.

La participation à un club de dégustation donne de grands plaisirs, fait progresser dans ses connaissances, et permet d'aborder rapidement de grands vins pour un prix supportable. Je ne connais personne de normal qui n'ait, dès la première fois, réussi à noter convenablement les vins.

92. LA DÉGUSTATION : LES FEMMES

Ce chapitre ne devrait pas exister, bien entendu ; les femmes participent au monde du vin de la production à la consommation ; je ne leur trouve ni meilleur goût ni moins bon que les hommes, mais leur jeunesse dans la matière les conduit souvent à plus d'humilité ; elles sont par éducation sensibles aux parfums du vin. L'achat et le service du vin sont traditionnellement du ressort des hommes, ce qui permet aux femmes, pour une fois, de se faire servir !

93. LA DÉGUSTATION : LES ENFANTS

Les enfants méritent d'être éduqués tôt dans la connaissance du vin : dans les pays de vignobles, il y peu d'alcooliques, car les enfants apprennent à respecter le vin et n'y touchent que les jours de fête. Le vin, comme les alcools, ne doit pas être le domaine réservé des parents ; je suis stupéfait de voir des adolescents de seize ans qui n'ont pas le droit de goûter aux bons vins de leurs parents. S'ils ne trouvent pas la clé de la cave, ils s'enivreront au premier « cubi » venu !

94. GOÛTER LE VIN AU RESTAURANT

C'est souvent au restaurant que l'on souhaite boire une bonne bouteille. On écrit beaucoup sur le sujet et souvent avec parti pris. Les caves des brasseries sont célèbres pour leur banalité. À Paris, cela peut se comprendre, car on y trouve encore des embouteilleurs-distributeurs, qui peuvent proposer de bons vins génériques ; pour beaucoup de restaurateurs, la carte des vins est un mal nécessaire et rémunérateur. Sachez lire une carte des vins et profiter des bonnes caves.

94.1. LA CARTE DES VINS

Il est indispensable de savoir lire une carte des vins. Une carte claire et précise correspond souvent à une cave bien tenue. On pourrait classer les restaurateurs en 3 catégories :

- ceux qui ne connaissent rien au vin. Ils sont très nombreux. Ils considèrent le vin comme un accessoire de la cuisine, qui permet une marge confortable. La carte est composée au gré des achats de circonstance, ou par le fournisseur de bière. On y trouve des doublons (tous les crus de beaujolais, mais deux bourgognes seulement), des lacunes, des approximations : pas de millésime, pas de nom des propriétaires en Bourgogne (un bourgogne sans nom de producteur ou de négociant, c'est comme si on inscrivait « viande » au lieu de « filet de bœuf »). Les prix sont faits au coefficient traditionnel,

- les amateurs : ils connaissent les vins qu'ils choisissent et peuvent en parler ; ils notent sur la carte, qui est à jour, les millésimes, les noms des producteurs ; ils ne vendent pas de mouton-rothschild 1964, margaux 1969 et autres canards boiteux, mais des petits crus à point. Ils affichent souvent leur prédilection pour une région, qu'ils mettent en valeur ; ils servent quelques vins au verre et un champagne correct. Bref, ce sont de vrais amateurs qu'il faut suivre. Comme ils savent acheter, ils gagnent autant que les précédents en contentant leur clientèle,

- les professionnels : grands restaurateurs, ils accompagnent leur cuisine d'un large éventail de vins ; ils ont parfois embauché un sommelier ; la carte tend à l'éclectisme, on y mentionne même les bouteilles en vieillissement. Le vin est servi à bonne température, les conseils sont pertinents, les verres adaptés. Les prix sont souvent élevés, mais il faut savoir éplucher une carte pour y trouver de bonnes affaires ; et il est rare qu'il n'y en ait aucune.

94.2. LE SERVICE DU VIN AU RESTAURANT

On ne peut demander à un petit restaurateur d'observer la même rigueur qu'un grand établissement. Il y a cependant quelques comportements qui ne sont pas admissibles :

- tromper le consommateur sur la qualité : parmi les fraudes classiques, relevées par les contrôleurs, on trouve par exemple des vins d'appellations satellites de Saint-Émilion vendus comme un saint-émilion, des châteaux-latour qui sont des Latour-Martillac, des châteaux-margaux qui ne sont que des margaux génériques, etc. Le pire est que ces fraudes sont parfois commises de bonne foi par un restaurateur, qui a acheté n'importe quoi, n'importe comment,

- imposer sans explication un autre vin que celui qui a été demandé. On ne remplace pas le poisson par une viande sans en avertir le consommateur,

- apporter la bouteille déjà ouverte : simple règle de confiance ; cette pratique est plus souvent due à l'ignorance qu'à la malhonnêteté,

- servir un vin rouge glacé. Ce n'est pas parce que la coutume est fréquente dans la capitale qu'il faut l'imposer !

- refuser de remplacer une bouteille bouchonnée (sauf si le consommateur est d'une mauvaise foi évidente, ou l'a déjà bue plus qu'à moitié !),

- continuer à imposer sans discernement, au lieu de verres adaptés, ces grandes jattes tulipées au buvant épais,

- agiter le verre au lieu de laisser le client en profiter,

- chauffer le cognac à la bougie (ou alors avec de la cannelle).

On devrait faire goûter le vin à la personne qui l'a commandé. Cela est obligatoire dans les établissements de standing. Le convive goûte, acquiesce et le serveur peut alors, et alors seulement, remplir les autres verres.

On devrait trouver au restaurant des demi-bouteilles en nombre suffisant (pas de très grands vins mais de bons crus) et aussi plus de bouteilles de 50 centilitres, qui se développeront si la profession le demande.

On devrait aussi trouver au verre un vin blanc sec et un vin moelleux, pour remplacer les apéritifs « lourds », qui gâchent le repas et ne sont plus tolérés pour les automobilistes.

Un vin doit être servi à bonne température : ni en paillettes ni en soupe.

Il est d'usage dans un restaurant qui soigne sa carte, d'en afficher une sélection près de son menu extérieur.

Quinze saisons de restauration, et cinq ans de conseils auprès des restaurateurs m'ont fait comprendre tout l'intérêt qu'ils peuvent tirer d'une bonne carte des vins.

94.3. LE PRIX DES VINS AU RESTAURANT

Le prix des vins est librement fixé par le restaurateur. Le « coefficient 3 » autrefois fixé par le fisc pour les restaurants imposés « au forfait » n'existe plus depuis longtemps. Il est d'usage de pratiquer des coefficients plus élevés pour les vins les moins chers. Le prix du vin englobe, bien sûr, les services annexes tels que les verres, le poids du stock en cave, etc. Des coefficients de 5 ou plus sur de grands vins sont tout à fait anormaux, et s'expliquent souvent par des mauvais achats.

Chaque restaurateur est donc pleinement responsable des tarifs de sa carte des vins. Libre à lui d'en faire un atout ou un handicap.

G. SERVIR LE VIN

95. LES ACCORDS DES VINS ET DES METS

Quand ma tendre femme prépare un foie gras, je descends à la cave chercher une bouteille de château-d'yquem pour l'accompagner. Si c'est un foie de canard simplement préparé, nerveux et relevé, je choisirai un 1979, fin, complexe mais pas trop ample. S'il est escalopé aux raisins, j'opterai pour un 1962 : plus d'ampleur, complexe, équilibré ; si c'est un foie d'oie moelleux et débordant d'onctuosité, je prendrai un 1976 gras et direct, ou un 1955 très plein. Malheureusement, je n'ai pas dans ma cave d'yquem 1955 ni un autre millésime d'ailleurs ; je choisirai donc une bonne bouteille de sauternes, et ce n'est déjà pas si mal.

L'accord des vins et des mets, c'est cela ! Il y a la théorie et puis il y a la pratique quotidienne. C'est un domaine que l'on doit aborder avec modestie et ouverture d'esprit.

Le parfait accord des vins et des mets est un art que seuls quelques grands sommeliers possèdent vraiment. Il est facile (et je vais le faire ci-dessous) d'énumérer des listes d'accords qui n'ont pas grande signification : en effet, un même plat sera très différent suivant sa réalisation ; un vin (par exemple un chinon) sera différent suivant le millésime et le propriétaire. La palette des accords est donc infinie.

Une autre difficulté vient du fait qu'on doit choisir entre l'accord et le contrepoint : le vin qui s'accorde au plat présente à peu près les mêmes caractéristiques de saveurs et renforce l'impression procurée par le plat (cela peut être lassant : gras sur gras par exemple) ; le vin qui vient en contrepoint complète les saveurs du plat : il amène de l'acidité là où il n'y en a pas ou du sucre ; ce « contre-accord » n'est pas le monopole de la nouvelle cuisine, nous le pratiquons couramment sans nous en apercevoir.

Vous trouverez ci-dessous la liste des accords classiques, étant entendu qu'aucun ne vaut ceux que vous trouverez vous-mêmes et qui vous donneront satisfaction.

Mais voici tout d'abord ce qu'il vaut mieux éviter :

- les anisés. Aucun vin ne peut leur succéder sans dommages,

- le vinaigre. Aucun vin ne lui convient ; sur une salade fortement assaisonnée, buvez de l'eau,

- le vin avec le chocolat, sauf les vins mutés : porto, banyuls,

- les fruits acides. Là encore, boire de l'eau,

- un petit vin après un grand vin,

- les a priori : pourquoi, entre amis, ne pas ouvrir deux bouteilles à la fois et tester les accords ?

95.1. APÉRITIFS

En apéritif à priori, un vin blanc ; sec ou moelleux ou, bien sûr, mousseux ; il faut profiter de la fraîcheur de la bouche.

95.2. ENTRÉES

Soupe : beaujolais, cahors, tous vins rustiques et aptes à faire chabrot.

Bouillabaisse : vin de Provence de bonne qualité, comme un cassis.

Fruits de mer : gros-plant, muscadet, chablis sec, alsace.

Huîtres de Marennes : aligoté, chablis.

Huîtres de Cancale : muscadet.

Huîtres de Belon : domaine-de-chevalier.

Moules marinière : sylvaner, riesling, sancerre, reuilly.

Écrevisses : condrieu, château-grillet.

Homard en sauce : grand vin blanc, corton-charlemagne, hermitage.

Caviar : champagne de caractère, corton-charlemagne.

Saumon fumé : riesling, gewurztraminer, chablis grand cru.

Artichauts : à la vinaigrette, aucun vin ne leur convient ; sauce blanche, un rosé pas trop sec (?).

Asperges : un muscat d'Alsace, un vouvray demi-sec.

Cuisses de grenouilles : un vin blanc ferme.
Charcuteries : vins rouges friands (beaujolais, touraine).
Escargots : bourgogne aligoté.
Foie gras : grand vin liquoreux (sauternes, barsac, jurançon).
Jambon sec : vins rouges (corbières, beaujolais, graves).
Pâté de gibier, terrines : vins rouges pas trop tanniques (bourgogne, crus du Beaujolais, saint-émilion).
Rillettes du Mans : coteaux-du-Loir.
Andouillettes : chablis.
Œufs meurette (au vin rouge) : tous bons vins rouges.
Truffes : clos-vougeot, pomerol.

95.3. POISSONS

Friture : blanc sec : gros-plant, vin des Charentes.
Sardines grillées : muscadet, aligoté, sylvaner.
Anguille en persillade : muscadet, anjou sec.
Matelote d'anguilles : blaye, saint-émilion, saumur rouge.
Alose à l'oseille : muscadet ou graves boisés, meursault.
Lamproie à la bordelaise : saint-émilion évolué.
Poissons frits : vin blanc bien sec.
Rouget grillé : grand chablis ou grand saint-émilion, morgon.
Thon blanc : vin blanc corsé ou bon graves rouge.
Poisson en sauce : un bon vin blanc ; plus le poisson est noble, plus le vin doit l'être ; si la sauce est au vin, prendre un vin de même type que celui servi, mais qui peut être inférieur.
Brochet beurre blanc : vin de Loire pas trop sec (savennières mûr, vouvray).
Quenelles de brochet : meursault, santenay blanc.
Brandade de morue : l'ail domine. Rosé ou blanc un peu épicé (bandol rosé ?).
Poisson en sauce au vin rouge : même vin, pas trop tannique.

95.4. VOLAILLES

Poulet rôti : bourgogne rouge, bordeaux francs ou, au contraire grand sauternes.
Poulet en sauce : bon bourgogne blanc.
Chapon en sauce : meursault, puligny-montrachet.
Dinde : vins rouges corsés : bordeaux, rhône.

Dinde aux marrons : crozes-hermitage, saint-joseph, collioures.

95.5. VIANDES

Veau de batterie : mauvais rosé !

Veau rôti : chinon, médoc.

Blanquette de veau (aux girolles) : certan-de-may 1981 !

Tête de veau gribiche : tokay d'Alsace, saint-pourçain.

Foie de veau : saint-julien, médoc.

Ris de veau : graves sec, chinon blanc, saint-émilion de côte, hermitage blanc.

Agneau rôti : pauillac, graves, bons vins rouges de Bourgogne.

Agneau grillé aux herbes : gigondas, bandol.

Navarin printanier : médoc, pomerol, champigny.

Curry d'agneau : gewurztraminer, tokay, vacqueyras.

Bœuf bourguignon : santenay, mercurey, rully.

Tournedos : pomerol, graves, médoc.

Pot-au-feu : moulin-à-vent et crus du Beaujolais, côtes-du-forez, chinon.

Côtes de porc : crus du Beaujolais.

Pieds de porc : morgon, juliénas.

Cassoulet : fronton, cahors.

Choucroute : riesling, sylvaner.

95.6. GIBIERS

Salmis de palombes : graves rouge, médoc.

Canard à l'orange : saint-julien, margaux.

Faisan : grand vin de Bordeaux rouge.

Bécasse : margaux, vosne-romanée, corton, musigny.

Lapin à la moutarde : côte-de-nuits, tavel.

Lièvre : nuits-saint-georges, vosne-romanée, châteauneuf-du-pape.

Sanglier : côte-rôtie, cornas.

Cerf : saint-émilion.

Chevreuil : les vins rouges corsés et fins (tâche romanée, grands bandols, médoc).

Chevreuil grand veneur : corton, chambertin.

95.7. LÉGUMES ET CHAMPIGNONS

Gratins dauphinois : beaune, mâcon rouge.

Haricots verts : entre-deux-mers, sancerre.

Morilles : vin jaune, savagnin du Jura, vieux chablis.

Cèpes : saint-émilion, grands graves évolués.

Girolles : pomerol, lalande-de-pomerol.

Mousserons : meursault.

Truffes : les plus grands vins rouges, champagne Bollinger.

95.8. FROMAGES

Pâtes sèches (gruyère, emmental) : blancs secs.

Pâtes pressées (tomme) : vins rouges ou blancs non tanniques.

Bleus (roquefort) : sauternes, jurançon moelleux, vin jaune.

Pâtes molles (camembert) : vins rouges assez corsés.

Époisses : marc de Bourgogne.

Chèvres : vins blancs (sancerre), vins du même terroir que le lait.

Brebis : xérès.

95.9. DESSERTS

Les desserts se marient mal avec les vins ; la règle est de choisir un vin doux ou mousseux, ou de finir le vin rouge, ce qui n'est pas une réussite ; il faut profiter du fromage pour changer de pied, ou boire de l'eau.

Blancs-mangers : sauternes.

95.10. FRUITS

Framboises, fraises : touraine rouge, cabernet d'Anjou.

Poires au vin : saint-émilion, bourgueil.

Far breton : cidre, pineau.

Île flottante : vouvray ou montlouis pétillant.

• Un ordre traditionnel pour un bon repas :

- champagne à l'apéritif ;

- un vin blanc sec s'il y a des fruits de mer ;

- grand vin blanc sur le poisson.

- vin rouge sur la viande, par exemple deux millésimes du même cru ; on commence par le plus jeune, mais le second doit lui être supérieur.

- le reste du vin rouge sur le fromage ; ce n'est en général pas une réussite. On pourrait ouvrir alors un porto vintage ;

- vin liquoreux sur le dessert (mais pas un dessert trop sucré).

• Un repas au champagne :

- commencer par un champagne d'apéritif : blanc de blancs léger ;

- suivre par un champagne strict et droit : salon ;

- finir par un champagne plus vineux : gosset, krug, veuve-clicquot.

96. PRÉPARER UNE BOUTEILLE

Il semble normal d'accorder aux aliments les attentions nécessaires à leur emploi : on ne sert pas une viande de bœuf fraîchement abattue, mais on la laisse rassir ; idem pour le gibier. On n'ouvre pas les huîtres trois heures avant de passer à table ; on ne sert pas le camembert sortant du frigidaire, etc.

Le vin mérite les mêmes égards, qui sont d'ailleurs assez simples :

- Il doit être servi à bonne température.

- Il doit être préparé avant le service, avec d'autant plus de soins qu'il est fragile.

97. TEMPÉRATURES DE SERVICE

Un bon vin mérite d'être servi à bonne température ; un vin trop froid est « bloqué » et n'a pas de nez ; un vin trop chaud n'a que le goût de la chaleur.

6-8° : la température la plus basse que l'on puisse admettre : uniquement pour de petits rosés « de soif ».

8-10° : champagne, vins blancs très secs, vins liquoreux.

10-12° : vins secs (muscadet sur lie, sauvignon, graves) ; rouges sans tanin (beaujolais et vins de gamay).

12-14° : grands vins blancs (coulée-de-serrant, bourgogne, condrieu).

14° : vins rouges alcoolisés (l'alcool provoque une sensation de chaleur supplémentaire) : châteauneuf-du-pape, gigondas, crus du Sud.

15° : vin jaune : on ne doit pas le boire frais, bourgognes rouges.

16° : bordeaux rouges ; ils gagneront vite quelques degrés dans le verre.

18° : bordeaux vieux.

Avec un peu d'habitude, on sait, rien qu'en posant la main sur une bouteille, si la température est bonne. Il est toujours utile d'acheter un thermomètre à vin pour le vérifier ; on trouve aussi des anneaux flexibles que l'on pose sur l'extérieur de la bouteille et qui en affichent la température (il faut, bien sûr, que la température soit égale entre le verre et le vin).

Il vaut mieux servir le vin un peu trop frais et le laisser se réchauffer dans le verre ; on suivra avec intérêt l'ouverture du nez pendant son réchauffement.

98. RAFRAÎCHIR LE VIN

Rafraîchir un vin, c'est l'amener à la température idéale de service.

Frapper un vin, c'est l'amener à une température un peu plus basse, au moyen d'un seau à glace.

Glacer un vin, c'est le refroidir franchement. Les étiquettes de Château Carbonnieux, qui mentionnent « This wine should be served ice », ne signifient pas qu'il faut en faire un sorbet mais seulement le frapper.

Comment rafraîchir un vin :

- si la cave est fraîche, qu'il y reste jusqu'au dernier moment ; c'est le cas pour la plupart des grands vins blancs que l'on sert à température de cave,

- pour gagner quelques degrés de froid, rien ne vaut le

seau à glace : de l'eau fraîche, deux poignées de glaçons ; les meilleurs seaux à glace sont ceux de forme alsacienne : plus hauts, ils refroidissent aussi le col de la bouteille (au restaurant, le premier verre est souvent tiède),

- je ne suis pas contre l'usage du réfrigérateur s'il est à température modérée ; en mi-saison, le bord de la fenêtre est une bonne solution,
- il ne faut pas hésiter à sortir une bouteille du seau à glace si elle devient trop froide ; en l'entourant d'une serviette, elle conservera sa fraîcheur.

99. CHAMBRER LE VIN

Chambrer un vin, c'est l'amener à la température idéale de service. Cette opération doit être progressive :

- si la cave est froide, un vin rouge sera sorti la veille et mis à reposer dans une pièce de température intermédiaire,
- si la cave est à 14° ou 15°, il est inutile d'en sortir la bouteille trop tôt. Le midi pour le soir me semble suffisant,
- de nombreux vins présentent un dépôt, qui n'est pas un défaut mais le résultat de la sédimentation de ses éléments. Avant de servir une bouteille qui a un dépôt, mettez-la debout pendant un jour pour que le dépôt se rassemble dans le fond ; mais si c'est un vieux vin fragile, il est encore mieux de la glisser dans un panier-verseur et de l'ouvrir et la servir ainsi,
- dès qu'il est servi dans le verre, le vin se réchauffe et gagne 1 ou 2°, surtout dans un appartement moderne ; une fois encore, il vaut mieux le servir trop frais que trop chaud. À partir de 20°, tous les vins sont flatteurs et sans nuances.

100. QUAND OUVRIR UNE BOUTEILLE ?

C'est une question sur laquelle les avis sont toujours partagés. Ouvrir une bouteille à l'avance, cela sert à augmenter les contacts entre le vin et l'air, donc à le faire évoluer. Certains vins demandent une aération, d'autres non.

Transvaser un vin dans une carafe, cela sert soit à l'aérer, soit à le décanter pour le séparer de son dépôt.

Quels sont les vins qui ne gagnent rien (ou peuvent perdre) au contact de l'air ?

- les vins blancs secs et faciles, en particulier les vins sur lie, dont le gaz carbonique s'échappe dès l'ouverture,
- les vins mousseux, dont les bulles participent de la qualité,
- les vins rouges frais et légers.

Quels sont les vins qui demandent absolument une aération ?

- les grands bordeaux, jeunes ou mûrs.
- les grands bourgognes blancs,
- les vins de chenin : ce cépage ayant tendance à réduction, il doit être aéré, autant pour dégager ses arômes que pour éliminer le soufre, dont il est trop souvent pourvu,
- les côtes-du-rhône et tous les vins de cépage syrah,
- les vins qui présentent à l'ouverture une forte acidité volatile ou un goût de bouchon ; dans ce dernier cas, l'aération peut les rendre buvables si le défaut est bénin.

Quels sont les vins qui peuvent bénéficier d'une aération, mais qui peuvent aussi en souffrir ?

- les bourgognes dès que leur robe commence à « tuiler »,
- les vins de cépage oxydatif comme le grenache (châteauneuf-du-pape).

L'ouverture d'une bouteille une heure à l'avance n'a que très peu d'influence sur le vin ; elle sert, par contre, à éliminer les faux goûts légers. Le seul moyen d'aérer vraiment le vin est de le mettre en carafe. On appelle cela décanter un vin, mais il s'agit plutôt de l'oxygéner : ouvrez votre bouteille, et sentez le bouchon pour détecter un nez vicié éventuel. Versez un tout petit peu de vin et rincez-en la carafe (on appelle cela aviner la carafe) ; versez doucement le vin en le faisant couler sur les parois pour ne pas le fatiguer. Bouchez, réservez, servez à température idoine. La décantation ajoute à cette opération la séparation du vin d'avec son dépôt. Ce dépôt est rare dans les vins blancs, assez fréquent dans les grands vins rouges, général dans les vins vieux. On procède de la même façon, mais en plaçant la bouteille devant une bougie ou autre source lumineuse ; dès que le vin se trouble, il faut arrêter de servir. Si l'opération est menée sur une bouteille qui n'a pas été bousculée, la quantité perdue est minime. Les portos vintages sont les vins qui présentent le plus de dépôt, c'est pourquoi on doit toujours les décanter. Il existe de beaux décantoirs à crémaillère, qui permettent aussi de servir une vieille bouteille en évitant de la décanter.

Combien de temps faut-il mettre le vin en carafe ? Seule la connaissance du vin que l'on présente permet de le savoir précisément. Vous pouvez goûter la bouteille à l'ouverture pour voir si le vin est robuste ou fragile et oxydatif. Voici quelques indications générales :

- les vins vieux et fragiles seront décantés juste au moment du service ; ils peuvent souffrir de l'aération, et il serait dommage de manquer le premier bouquet, souvent fugitif,
- les vins « normaux » peuvent être décantés une demi-heure, pour qu'ils s'arrondissent,
- les bourgognes rouges de bonne corpulence seront ouverts une demi-heure avant le service,
- les bordeaux rouges récents, ou encore en phase de maturation, gagnent à une heure ou deux de carafe (un château-latour 1966 est encore un vin en maturation),
- les vins du nord du Rhône : côte-rôtie, cornas, hermitage, auront droit à deux ou trois heures d'aération,
- les vins de chenin gagnent nettement à une heure de carafe, surtout les savennières, et encore plus la coulée-de-serrant,
- un grand sauternes jeune mérite deux heures de carafe.
- un vin très réduit, comme le Clos Joliette à Jurançon (qui malheureusement n'existe plus), demande quatre ou cinq heures d'aération,
- enfin, le vin jaune, quasi indestructible, peut être ouvert la veille sans dommages.

N'oubliez pas qu'on peut facilement aérer le vin dans son verre, mais qu'on ne rattrape pas un vin fatigué par l'oxydation.

On peut aussi seulement enlever la valeur d'un verre de la bouteille et la reboucher : le contact avec l'air plus important provoquera une légère oxydation.

101. LE TIRE-BOUCHON

Avant de boire le vin, il faut le tirer. L'art de déboucher une bouteille est très simple si l'on dispose d'un bon instrument. Il existe d'innombrables tire-bouchons. Tous ceux dont la vis se compose d'une tige droite entourée de nervures ne méritent que la poubelle : un tire-bouchon doit avoir une vis tournante et se terminer en pointe. Voici quels types de tire-bouchon vous pouvez rencontrer :

- le plus simple : une queue de cochon avec une poignée au bout. La bouteille s'ouvre entre les cuisses avec un beau « plop ». Le vin est agité, le contact avec l'air est brusque : c'est un tire-bouchon de pique-nique,

- le moins utile : tire-bouchon décapsuleur à ailettes en métal : on visse, puis on rabat les ailettes ; son défaut ne vient pas du système mais de la vis, qui est généralement droite ; de plus, il est souvent trop court pour les bouchons de grands bordeaux,

- le plus professionnel : le limonadier. C'est le tire-bouchon des restaurateurs et des cafetiers. Il tient dans la poche, sa lame est bonne, il prend appui doucement sur le goulot. Il faut souvent visser en deux temps pour extraire les bouchons longs sans les casser ; les meilleurs modèles ont une virole, qui se décentre pour garder la lame droite au-dessus du bouchon. Le plus beau, et le plus cher aussi, est le limonadier Laguiole,

- les plus dangereux : tous ceux qui injectent au moyen d'une aiguille de l'air ou du gaz pour expulser le bouchon de l'intérieur. Le bouchon n'est pas toujours compressé mais le vin, oui !

- le plus monumental : le grand tire-bouchon de comptoir à levier. Cher et encombrant : bon résultat, mais on doit secouer la bouteille,

- le plus vigneron : le tire-bouchon à deux lames souples, l'une plus longue que l'autre ; utile pour les bouchons fragiles qui se désagrègent. Si on en connaît le maniement, il faut enfoncer les lames en les poussant alternativement, puis tirer en tournant. Si le bouchon s'enfonce, arrêtez tout et prenez une queue de cochon bien large,

- le plus à la mode : le Screwpull, qui adopte un système de vis sans fin : il permet d'extraire les bouchons les plus fragiles et les plus longs. Seuls inconvénients : il transperce systématiquement le bas du bouchon, et son plastique est assez fragile,

- le plus technologique : dérivé du précédent, c'est le Screwpull à bras ; beaucoup plus cher, il est utile pour un usage répété.

Les champagnes et autres vins mousseux se débouchent à la main : on y est aidé par la pression dans la bouteille ; dégagez la collerette et le muselet en fil de fer. Poussez doucement des deux pouces vers le haut, puis renouvelez l'opération en faisant tourner la bouteille. Quand le bouchon est presque sorti, prenez-le par le haut, tirez un peu et, dès qu'il sort, rabattez-le quelques instants pour éviter une giclée d'un liquide aussi précieux. Si vous tenez à faire sauter le bouchon, procédez comme précédemment, puis attendez.

Pour sabrer une bouteille : choisissez un sabre de cavalerie, une dague de chasse ou, plus prosaïquement, un gros couteau sans dents ; la bouteille doit être bien fraîche ; n'enlevez ni la capsule ni le muselet ; repérez la ligne de soudure, qui parcourt la bouteille de bas en haut. Inclinez la bouteille devant vous, ne visez personne ! Faites glisser la lame deux ou trois fois jusqu'à la bague du goulot, puis refaites-le jusqu'au bout, d'un coup sec. Il n'est pas nécessaire de frapper fort, mais juste ! La coupure sera nette et sans danger.

Il existe des pinces à champagne, plus décoratives qu'utiles à mon avis ; il existe, par contre, des pinces à porto très utiles pour les vieux vintages, dont le bouchon est fragilisé. Ces pinces se chauffent au feu et, appliquées sur la bouteille, permettent une cassure nette et franche.

102. OUVRIR UNE BOUTEILLE

Avant d'ouvrir une bouteille, il faut en découper la capsule : le vin ne doit pas être en contact avec elle quand on le verse : on trouve avec les Screwpull un anneau très utile qui la découpe ; les limonadiers sont munis d'un petit couteau à cet effet. La capsule doit être découpée sous la première bague du goulot.

Si l'extérieur du bouchon est sale ou moisi, nettoyez-le avec une serviette. Ouvrez la bouteille sans la remuer ; si le bouchon semble fragile, terminez de l'extraire à la main (c'est pourquoi je préfère toujours utiliser un tire-bouchon avec lequel on voit ce qu'on fait). Nettoyez de nouveau le goulot. Sentez le bouchon : si l'odeur est typiquement bouchonnée, il vaut mieux goûter le vin. On attribue au bouchon beaucoup de goûts désagréables, qui peuvent venir de l'élevage du vin. Un vin bouchonné se remarque, souvent tout simplement, parce que le bouchon est traversé d'une veine large que le vin a pénétrée. Avec un très bon bouchon, le vin ne devrait pas pénétrer plus de quelques millimètres. Si vous ouvrez la bouteille hors de la présence des convives, il est d'usage loyal de mettre le bouchon à portée de vue. De petits colliers argentés permettent de le mettre en sautoir de la bouteille.

103. LA CARAFE

Comme nous l'avons vu précédemment, le passage en carafe est très utile pour de nombreux vins. Encore faut-il utiliser une carafe adaptée à ce service. Si une belle carafe en cristal donne de l'agrément, elle n'a pas plus d'action qu'une carafe en verre de taille adéquate.

Une carafe à vin doit être propre et ne présenter aucune mauvaise odeur ; il faut donc la rincer après chaque utilisation et éviter de la reboucher : l'air y resterait confiné et gâcherait votre prochaine bonne bouteille. Le mieux est de la rincer abondamment, de la laisser égoutter et de la boucher avec un tissu. Le bouchon sera gardé à part dans un autre tissu.

Pour nettoyer une carafe salie par les tanins des vins rouges, vous pouvez utiliser une solution d'eau et de vinaigre ou de gros sel, voire de sable si elle est très encrassée. Il va de soi qu'il ne faut jamais la mettre dans un lave vaisselle.

On trouve facilement des carafes à décanter ; elles sont généralement très évasées pour faciliter l'aération ; pour des vins vieux ou fragiles, on préférera une carafe moins large, qui réduira la surface du vin en contact avec l'air, donc l'oxydation.

Les carafes, souvent très jolies, ornées d'un col en étain ou en métal, risquent de donner un mauvais goût au vin (surtout à cause des produits d'entretien). Il faut s'en servir avec prudence.

104. LA TABLE ET LES VERRES

Au sujet de la table, je ne vois que deux recommandations d'importance pour un repas autour de bons vins : une nappe blanche pour admirer la robe, pas de fleurs parfumées pour préserver les parfums.

Les verres doivent être soigneusement choisis : le résultat de la dégustation est très différent selon leur qualité. Voici tout d'abord les principaux verres utilisés dans les dégustations professionnelles :

- le verre INAO. Comme toute production de l'Institut national des appellations d'origine, il ne brille pas par l'humour et la fantaisie ; mais c'est un verre très utile à la plupart des vins et que l'on trouve reproduit à des prix très abordables. Ce verre a une hauteur de 15,5 cm, dont 5,5 cm pour le pied. La plus grande largeur est de 6,5 cm et l'ouverture a un diamètre de 4,6 cm. On le trouve sous différentes fabrications en verre plus ou moins fin ; c'est un excellent verre de travail, qui peut passer à table, même s'il paraît un peu petit,
- le Taster : c'est exclusivement un verre de travail ; plat à l'origine, il a été doté d'un pied, qui ne le rend pas plus joli,mais évite de réchauffer le vin. Il est doté de deux bosses, l'une au fond du verre et l'autre sur le côté, qui permettent à l'agitation de « casser » le vin et de décomposer ses arômes ; c'est un instrument précieux pour détecter les défauts éventuels d'un vin et pour en analyser le nez. La bouche en sort évidemment amoindrie, c'est pourquoi on ne l'emploie pas à table,
- les Impitoyables : ce sont des verres spectaculaires, parfaitement adaptés à la dégustation, où ils ne laissent aucune chance aux vins médiocres. La série de base comporte 4 verres : conique et rétréci au buvant pour les vins blancs ; large puis conique pour les vins rouges jeunes ; plus arrondi pour les vins rouges vieux ; le dernier, destiné aux champagnes, est une flûte aux parois granuleuses : elle emprisonne les bulles et en prolonge le dégagement. Ces beaux verres sont, eux aussi, d'usage professionnel, car le buvant rétréci n'est pas très pratique,
- les Angulo : c'est une autre série de verres de dégustation, un peu analogues aux Impitoyables,

- les verres Riedel : cette verrerie familiale s'est fait une spécialité de verres souvent énormes, et d'un maniement délicat mais remarquablement adaptés à la dégustation des grands vins. Il y a plus de 30 modèles différents. Comme ils sont toujours très beaux, ils peuvent passer à table... alors, passons-y nous aussi !

Les verres doivent être propres et sans traces de détergents. Quelle que soit la qualité actuelle des lave-vaisselle, il vaut mieux laver les beaux verres à la main, les rincer à l'eau très chaude et les essuyer immédiatement. S'ils sont conservés à l'envers, on les sortira quelques heures avant le service, en évitant de les laisser dans une pièce enfumée, près de citrons ou d'oignons.

On dispose les verres de gauche à droite, dans l'ordre du service : champagne (des flûtes), vin blanc, vin rouge et un verre à eau. Dans les services de table, le verre à eau est généralement bien grand et le verre à vin rouge trop petit : il suffit de les inverser. De beaux verres de table doivent être assez grands et adaptés au vin. Il est d'usage qu'ils soient droits et transparents, mais on peut admettre pour leur beauté des verres légèrement biseautés ou ornés d'un filet gravé. Les verres dits « de Bohême » sont lourds, souvent grossiers et bariolés ; ce n'est pas le contenant idéal d'un bon vin.

On sert le vin dans sa bouteille, dans un panier-verseur ou dans une carafe, en observant les règles habituelles du savoir-vivre. Si l'hôte a goûté le vin à l'ouverture, il est dispensé de se servir en premier.

105. LES ACCIDENTS

Quelques accidents possibles lors de l'ouverture ou du service :

- le bouchon tombe dedans : passer immédiatement le vin en carafe,

- le bouchon se désagrège dans la bouteille : on peut essayer de retourner rapidement la bouteille pour vider les morceaux de liège. Sans cela, il faut filtrer doucement le vin dans une petite passoire ou un filtre à café et le laisser reposer,

- il y a un insecte dans la bouteille : cela arrive parfois avec les bouteilles qui sont remplies sans soin, ou qui restent ouvertes sans protection. Faites observer que cette bestiole est un connaisseur.

106. CONSERVER UNE BOUTEILLE ENTAMÉE

Il existe une quantité d'instruments destinés à conserver le vin d'une bouteille entamée :

- par le vide fait dans la bouteille, au moyen d'une pompe aspirante (comme une pompe à vélo) ; si le traitement est un peu dur pour les bouteilles fragiles, il est efficace pour des vins jeunes ; s'il est renouvelé, il extrait à chaque fois les arômes de la bouteille. Bon moyen pour conserver une bouteille deux jours (mais sûrement pas quinze comme le prétendent les publicités) ; attention, les bouchons se « dégonflent » parfois tout seuls,

- en remplaçant l'air par un gaz inerte (azote) ; les modèles vont de la petite pompe munie d'une capsule de gaz (la pompe n'est pas très chère mais le gaz, oui) aux modèles professionnels, avec parfois deux zones de température. Ce système est très utilisé par les bars à vin. Je trouve personnellement que les vins y sont très vite « aplatis » et sans grâce en bouche.

Voici quelques autres moyens plus naturels :

- reboucher la bouteille, évidemment !

- mettre la bouteille au frais dans le cellier, même si c'est du vin rouge,

- à l'ouverture, transvaser doucement la moitié du vin dans une demi-bouteille que l'on rebouche ; ne pas attendre trop longtemps.

Un vin mis en carafe doit être terminé.

Pour conserver une bouteille de champagne, surtout ne pas la boucher avec une pompe aspirante ! Il existe des pompes spéciales mais aussi de simples bouchons hermétiques, qui permettent de tenir d'un repas à l'autre.

107. LE VINAIGRIER

Il est toujours dommage d'offrir à l'évier le fond de bouteilles prestigieuses. Tout amateur peut se fabriquer son vinaigre de vin, qui lui rappellera des moments chaleureux. Le vinaigrier traditionnel est un petit fût en bois, ou un pot de faïence, muni d'un robinet (pas en cuivre, mais en bois) près du fond. On y déverse le restant des vins (rouges, le blanc ne peut être ajouté qu'en très petites quantités de vins secs de grande qualité), et la « mère » fait le travail. Cet agrégat de filaments est d'ailleurs assez inutile, puisqu'un litre de bon vinaigre de vin suffit à amorcer un vinaigrier.

Notre vinaigrier est plus banal, mais tout aussi efficace, sinon plus : un simple jerrycan en plastique.

Quelques conseils supplémentaires :

- ne jamais mettre le vinaigrier dans la cave mais dans un endroit tempéré, à l'abri des grosses chaleurs et du gel,
- ne jamais y verser à la fois plus de 20 % du liquide qu'il contient,
- ne jamais y verser de vins de table, ils sont traités pour être chimiquement stables,
- ne pas y vider, bien sûr, les bouteilles bouchonnées !
- éviter d'y mettre des aromates : il vaut mieux remplir des bouteilles en y rajoutant un brin de thym ou d'autres herbes,
- si le vinaigre est trop faible, on peut en remplir des bouteilles en les renforçant avec un peu de vinaigre d'alcool,
- on fait avec ce vinaigre d'excellents pickles, mais cela dépasse le but de cet ouvrage !

H. VIVRE LE VIN

En guise de conclusion, quelques portraits des hommes qui font le vin, de ceux qui le vendent, de ceux qui l'achètent et le boivent. Tous savent quelle somme de travail il faut pour qu'une bouteille soit bonne, et quel art il faut pour qu'elle soit excellente.

108. LE VIGNERON

Sans lui, rien n'est possible. Il peut parfois être négligent, distrait, cupide, dédaigneux ; il faut lui savoir gré d'exercer un métier difficile, risqué, passionné. Je suis toujours stupéfait de voir un producteur passer deux heures à recevoir un client potentiel, même s'il ne lui vendra rien. Quelle autre profession peut être assez passionnée pour en faire autant ? Rendons-leur donc hommage et respectons-les.

109. LE CHEF DE CULTURE

Dans les grands vignobles, c'est le paysan : il connaît son territoire du bout des ongles et jusqu'à chaque pied de vigne. Comme un forestier, il travaille sur le long terme : une vigne plantée ne donne de bons raisins qu'au bout de cinq ans et pendant longtemps. Bien sûr, il ne fait pas toujours ce qu'il veut : la rotation de la vigne, les amendements et les rendements sont dictés par des impératifs économiques. Mais on ne fait de bons vins qu'avec du beau raisin !

110. L'ŒNOLOGUE

Il est aujourd'hui indispensable à la filière. On le critique souvent à juste titre pour son goût des certitudes, son approche scientifique, la tendance à l'uniformisation des vins.

Les « Wine-Makers » s'envolent aux quatre coins du monde pour surveiller en coup de vent les vinifications et donner leurs directives ; quelque œnologue célèbre, il n'y a pas si longtemps, expulsait les vignerons de leur chai pendant les vinifications.

Mais sans les œnologues (et le premier d'entre eux, Émile Peynaud), il n'y aurait aujourd'hui, comme autrefois, qu'un bon millésime de temps en temps : ils ont permis le développement de vins de qualité générale et, partant, l'accès du plus grand nombre au monde du vin.

111. LE MAÎTRE DE CHAI

Il hantait, sérieux et le sourcil froncé, les anciens chais des grandes maisons du Bordelais. Il connaissait tout des secrets de chaque fût et des vins vieux. Il était souvent le fils de l'ancien maître de chai.

Il est l'interlocuteur des visiteurs, fait visiter les entassements de barriques sur bondes, écoute sans rire les commentaires des ignorants. Il est, au sens propre, la cheville ouvrière de l'entreprise qu'est devenu un grand vignoble. Il faut le connaître et l'écouter, plutôt que de chercher à l'épater !

112. LE COURTIER

Le courtier est l'intermédiaire entre la propriété et le négoce. Il sait mieux que chacun qui « fait bon » et qui néglige ses cuves ; son statut lui dicte la discrétion car ses 2 % de commission il les gagne en menant les négociations entre les deux parties, sans qu'elles en viennent aux mains, en périodes difficiles.

C'est donc un fusible ; mais, sans fusible, le courant ne passerait pas !

113. LE NÉGOCIANT

Il en est de toutes sortes et aussi d'excellents. Parfois, le négoce « tient » la propriété et même l'achète, parfois, mais plus rarement, la propriété « tient » le négoce. S'il joue moins qu'avant un rôle important dans l'élevage des vins, il restera longtemps l'acteur principal de la mise des vins sur le marché.

114. L'ACHETEUR

Il est déjà en aval ; il achète des vins, des grands et des petits, pour les grandes et les petites surfaces ; c'est un commercial, car on lui demande des résultats ; c'est parfois aussi un acteur, qui suggère l'élaboration d'une gamme de vins. Dans le contexte actuel de la distribution, c'est une personne influente.

115. LE CAVISTE

Ils se font rares : le marché des grands bordeaux leur échappe, par la vente en primeur et les foires au vin ; ils prennent la part la plus dure, celle des vins de terroir qu'il faut aller chercher, celle des vins de garde qu'il faut stocker, celle des conseils qu'il faut donner. Leurs clients sont souvent ingrats et les quittent pour gagner trois francs de la bouteille. Parfois, ils intègrent des chaînes, qui vendent à la cuve de petits vins sans vertu. Les meilleurs tiendront le coup, il faut l'espérer. Une ville sans un bon caviste est une bien triste ville !

116. LE SOMMELIER

Le vrai sommelier est un partenaire du cuisinier. Sa cave est un petit empire au sein du restaurant. Il doit connaître à fond l'état de ses bouteilles, et aussi les caractères de la cuisine. Il est aussi un financier : il doit gérer ses stocks pour n'en rien laisser perdre, établir les prix dans un équilibre entre ce que le client peut payer et ce que le restaurant doit gagner. Il voyage souvent, brièvement, pour choisir des vins à la propriété. Enfin, et surtout, il accompagne le service des mets de celui des vins ; il doit être un fin psychologue et conseiller plus qu'imposer.

117. L'EXPERT

J'en suis! Nous ne sommes pas très nombreux ; malgré notre titre, nous ne savons pas tout. Nous estimons l'état de conservation des vins, nous garantissons l'authenticité des vins rares ; nous assurons pour les commissaires-priseurs le suivi des ventes publiques, depuis la visite d'une cave jusqu'à la délivrance des lots aux acheteurs, en passant par l'estimation chiffrée, la rédaction des catalogues, l'exposition et la présentation des vins. Grâce à nous, qui sommes tenus au secret professionnel, se régule le marché « secondaire » des vins, c'est-à-dire le marché principal des vins rares et de collection.

118. LE MÉDECIN

Il intervient, bien sûr, dans les cas critiques où la passion (mais c'est rarement la passion du bon vin) l'emporte sur la raison. Mais, il rappelle aussi que le vin, pris à doses modérées, a une action bénéfique sur l'organisme :

- le bon vin (surtout le vin rouge qui recueille les éléments des peaux de raisin) est chargé en vitamines, en minéraux : fer, calcium, phosphore, magnésium, sodium, potassium, cuivre, manganèse…,

- le vin, à condition qu'il soit très bon et en quantités très modérées, est bénéfique pour les femmes enceintes non américaines,

- le vin est un antiseptique (et un antisceptique…). Les vins botrytisés, en particulier, m'ont toujours paru très efficaces contre les rages de dents,

- le vin est digeste, parfois diurétique,
- enfin, le vin est largement lié au « French paradox » étudié par les Américains : les polyphénols contenus dans les tanins réduisent le mauvais cholestérol et renforcent l'appareil cardio-vasculaire.

Par contre, on ne peut plus prétendre que le vin est la boisson de l'effort, d'autant que nos contemporains n'en font plus beaucoup ; il reste, par contre, la boisson du réconfort !

119. L'AMATEUR

Nous en sommes tous et mon médecin aussi. Grands ou petits amateurs, nous savons que nos bonnes bouteilles ont partagé tous nos secrets. Traitons-les avec les égards dus aux confidents et sachons transmettre les joies qu'elles nous apportent.

L'ABÉCÉDAIRE DU VIN

-A-

ACESCENCE : défaut, perceptible au nez, dû à un excès d'acide acétique ; le vin est piqué, sent le vinaigre.

ACIDE ACÉTIQUE : acide volatil, qui peut entraîner l'acescence du vin.

ACIDE LACTIQUE : résidu de la fermentation malolactique. Acide peu agressif.

ACIDE MALIQUE : acide à forte sensation qui peut être éliminé par la fermentation malolactique. Il est plus présent dans les raisins vendangés tôt.

ACIDITÉ : l'acidité est une des composantes principales du vin. Elle soutient le vin et l'aide à vieillir. Un vin trop acide est agressif ; pas assez acide, il est mou. Voir aussi réacidification, acidité volatile.

ACIDITÉ FIXE : part de l'acidité du vin qui y reste prisonnière ; on peut déterminer son taux par analyse.

ACIDITÉ VOLATILE : la part de l'acidité du vin qui s'en dégage. L'acidité volatile n'est ressentie comme un défaut que lorsqu'elle est en excès ; une aération du vin en réduit l'effet. L'acidité volatile est légalement limitée à un taux que seul dépasse, par tolérance justifiée, le château-yquem.

ACIDULÉ : se dit d'un vin particulièrement acide, comme ces bonbons au citron. Caractère des vins de primeur.

AÉRATION : action de soumettre un vin à l'action de l'oxygène, dans une carafe ou dans un verre.

AGRESSIF : d'un vin qui attaque le palais. Un vin trop acide, trop tannique est agressif. Ce peut être un signe de jeunesse.

AIRE D'APPELLATION : territoire sur lequel le vin récolté bénéficie d'une appellation.

ALCOOL : on le mesure en degrés. L'alcool est le résidu de la fermentation des sucres du raisin et, éventuellement des sucres rajoutés par la chaptalisation. Un vin trop alcoolisé est brûlant en bouche.

ALCOOLEUX : d'un vin trop dominé par l'alcool.

ALIGOTÉ : cépage blanc de Bourgogne. Donne des vins fruités, peu fins. Le kir authentique se prépare avec du bourgogne aligoté et de la crème de cassis de Dijon.

ALTESSE : cépage blanc de Savoie. Donne des vins bouquetés et vifs.

AMBRÉ : d'un vin blanc évolué dont la couleur rappelle celle de l'ambre.

AMENDEMENTS : apports de fumure ou d'engrais à la vigne.

AMER : saveur détectée en bouche, particulièrement sur le fond de la langue. Une amertume légère n'est pas un défaut, même si elle choque des palais modernes. Des moûts mêlés de rafles, des barriques trop vieilles marquent le vin d'amertume.

AMPLEUR : c'est une qualité ; un vin ample s'étale en bouche et donne une impression de plénitude.

ANHYDRIDE SULFUREUX : voir soufre.

APOGÉE : date à laquelle un vin atteint son plein épanouissement. La durée de l'apogée est la période pendant laquelle le vin est à son maximum ; c'est donc la période idéale de consommation.

APPELLATION CONTRÔLÉE ET APPELLATION D'ORIGINE CONTRÔLÉE (AOC) désignent des zones et des conditions de production précises.

ÂPRETÉ : défaut de vins trop tanniques.

AQUEUX : comme son nom l'indique, un vin aqueux n'est que petite eau !

ARAMON : cépage rouge du sud de la France ; gros rendements et petits vins.

ARÔME : caractère olfactif d'un vin jeune ; partie du bouquet d'un vin mûr.

AROMATIQUE : un vin aromatique a un bouquet fort ; un bon vin y ajoute la finesse et la complexité.

ARÔMES : ensemble des odeurs dégagées par le vin. On les perçoit par le nez, mais aussi par rétro-olfaction.

ARÔMES PRIMAIRES : arômes de vin jeune.

ARÔMES SECONDAIRES : arômes de vin en cours de vieillissement.

ARÔMES TERTIAIRES : arômes développés par le vin après vieillissement ; on y trouve les arômes les plus nobles et les plus éloignés du fruit.

ASSEMBLAGE : l'assemblage est l'harmonisation du vin par la sélection des cuves ou des barriques choisies et leur homogénéisation.

ASTRINGENCE : caractère d'un vin qui assèche la bouche et « donne soif » ! Ce peut n'être qu'un défaut de jeunesse.

ATTAQUE : l'attaque en bouche d'un vin est la première impression perçue. Elle peut être présente, souple, agressive, modeste…

-B-

BALSAMIQUE : catégorie d'odeurs puissantes, comme la résine, l'encens, la térébenthine, la vanille.

BÂTONNAGE : le bâtonnage consiste à remettre en suspension les lies du vin pour qu'il s'en « nourrisse » ; il est pratiqué par plusieurs grands viticulteurs de Bourgogne pour leurs vins blancs.

BERNACHE : le tout jeune vin, à peine terminé, que l'on boit dès octobre.

BIODYNAMIE : école de viticulture très contraignante basée sur le respect des cycles de la terre, un peu hermétique mais à l'origine de quelques-uns des meilleurs vins.

BIOLOGIE : la culture biologique respecte la terre et traite le moins possible le raisin. Si elle ne garantit pas un bon vin, elle permet un produit sain ; ce n'est déjà pas si mal.

BLACK-ROT : maladie cryptogamique de la vigne. Se traite par la bouillie bordelaise.

BLANC DE BLANCS : qualifie un champagne issu seulement de raisins blancs (c'est-à-dire de chardonnay).

BLANC DE NOIRS : qualifie un champagne issu seulement de raisins « noirs » (c'est-à-dire de pinot).

BOISÉ : caractère d'un vin ayant séjourné dans le bois ; ce boisé peut dominer ou accompagner, soutenir ou massacrer le vin, c'est selon.

BONDE DE CÔTÉ : une barrique est mise bonde de côté quand le dernier soutirage a été effectué et qu'il n'y plus qu'à attendre la mise.

BOTRYTIS CINEREA : champignon responsable de la pourriture noble.

BOUCHE : la bouche d'un vin est l'ensemble des impressions que l'on y recueille.

BOUCHET : cépage rouge. Appellation libournaise du cabernet franc.

BOUCHONNÉ : voir goût de bouchon.

BOUILLIE BORDELAISE : ce n'est pas une recette de cuisine mais un traitement au sulfate de cuivre utilisé pour la protection de la vigne.

BOUQUET : ensemble d'arômes développés par le vin au cours du vieillissement.

BOURBES : dépôts solides que l'on élimine par le débourbage.

BOURRU : le vin bourru est le vin encore en pleine fermentation.

BRETON : cépage rouge. Appellation, en Loire, du cabernet franc.

BRÛLÉ : catégorie d'arômes incluant tout ce qui sent le brûlé, du bois au caoutchouc ; c'est souvent un parfum secondaire, qui s'atténue au vieillissement.

BUVANT : c'est le bord d'un verre.

-C-

CABERNET FRANC : cépage rouge. Répandu à Bordeaux (saint-émilion surtout), en Loire (chinon, bourgueil). Assez précoce, donne au vin couleur, fruit, charpente.

CABERNET-SAUVIGNON : cépage rouge. Répandu à Bordeaux (médoc), et dans de nombreux vignobles de la planète. Tardif, demande une bonne maturité pour apporter ses qualités de tanin, de charpente et un bouquet complexe.

CAPITEUX : se dit d'un vin lourd, alcoolisé. Parfois un défaut.

CAPSULE : capuchon en métal ou en plastique qui recouvre la bouteille.

CAPSULE (GOÛT DE) : goût caractéristique que l'on attribue souvent au vin de Mouton-Rothschild.

CARIGNAN : cépage du sud de la France. Donne abondamment des vins plus mous que fins.

CARMENÈRE : vieux cépage bordelais de bonne qualité, que l'on ne voit plus que par traces.

CARRASSONS : nom bordelais des piquets tuteurs de la vigne.

CASSE : la casse du vin est due à un excès d'air ou d'un autre élément ; elle se traduit par une robe trouble.

CASSE FERRIQUE : maladie du vin due à un excès de fer.

CAUDALIES : unités de mesure (en secondes) de la persistance aromatique d'un vin en fin de bouche ; le vin est dit court ou long en bouche.

CENTRE : l'impression donnée par le vin pendant son passage en bouche ; sa structure lui permet, ou non, de tapisser le palais et la langue, de manière agréable ou non ; un vin qui manque de centre pourra être très agréable mais ne sera pas un grand vin.

CENTRIFUGATION : en faisant tourner le vin, on peut le séparer de ses particules les plus lourdes (et aussi d'une partie de sa qualité).

CÉPAGE : variété de vigne ; sur des centaines, seules quelques-unes sont aptes à la production de bons vins.

CHAI : le chai est le local où l'on entrepose le vin.

CHAMBRER : chambrer un vin, c'est l'amener à bonne température de consommation.

CHAMPAGNISATION : procédé de fabrication des vins mousseux par double fermentation. Utilisée pour tous les bons vins mousseux mais, l'usage de ce terme est réservé au seul champagne.

CHAPEAU : le chapeau est l'agrégat de matières solides dégagé par la fermentation du moût.

CHAPTALISATION : enrichissement d'un vin par ajout de sucre aux moûts. Modérée, elle apporte un peu de puissance et d'alcool ; abusive, elle déséquilibre le vin et ressort désagréablement au vieillissement.

CHARNU : un vin charnu est bien présent en bouche.

CHARPENTE : ensemble de la chair du vin et de son « squelette » tannique.

CHASSELAS : variété de raisin blanc. Bon raisin de table, il peut être vinifié, et l'est surtout en Suisse. Vin sec et assez neutre.

CHAUSSER : chausser les vignes, c'est en recouvrir les pieds de terre à l'approche de l'hiver pour les protéger du froid. Il faut ensuite les « déchausser ».

CHENIN BLANC : cépage blanc de la Loire. De bonne acidité, donne de bons vins tant secs que doux.

CHOLESTÉROL : à doses modérées, le bon vin rouge freine son développement.

CHROMATOGRAPHIE EN PHASE GAZEUSE : ce procédé permet d'analyser les différentes constituantes aromatiques du vin.

CINSAUT : cépage rouge du Rhône et du Midi. Donne des vins fins et colorés.

CLAIRET : vin de Bordeaux brièvement cuvé : un rosé à la robe soutenue.

CLAIRETTE : cépage blanc du sud de la France. Donne des vins alcoolisés mais fragiles.

CLARET : c'est ainsi qu'on appelle le bordeaux rouge en Grande-Bretagne.

CLARIFICATION : séparation du vin et de ses matières en suspension, par collage, centrifugation, ou par l'action du froid.

CLIMAT : en Bourgogne, le climat est un lieu-dit, une pièce de vigne particulière. Certains climats ont fait l'objet d'un classement en grand ou premier cru, d'autres non. Si l'étiquette mentionne le nom d'un climat, le vin doit en provenir en totalité.

CLONE : variété de raisin fixée génétiquement, reproduite par clonage, dont tous les ceps sont identiques. Contribue à l'« appauvrissement du matériel végétal ».

CLOS : parcelle de vigne, en théorie enclose de murs.

La mention sur l'étiquette est en principe soumise à une reconnaissance. En Alsace, il existe un classement des vignes qui peuvent porter le nom de « clos ». La dénomination de « clos » peut se superposer au classement des terres.

COLLAGE : clarification d'un vin au moyen d'albumine ou de colle.

COLLE : un vin sur colle a été collé mais par encore soutiré. En général, il se goûte mal.

COLLERETTE : petite étiquette sur le col de la bouteille.

CONDITIONS DE PRODUCTION : chaque appellation ou dénomination est soumise à des conditions de production (cépages, rendements, etc.) définies par l'INAO.

CONFRÉRIES : il y en beaucoup, des prestigieuses comme des confidentielles. Au-delà du folklore, elles défendent la solidarité du vignoble.

CONTRE-ÉTIQUETTE : seconde étiquette au dos de la bouteille, apportant des renseignements complémentaires.

CORSÉ : un vin corsé est intense dans tous ses caractères en bouche.

COT : cépage rouge. Appellation, en Touraine, du malbec.

COULURE : accident de maturation de la vigne : la fleur n'est pas fécondée et se dessèche ; elle ne donnera pas de raisin.

CRÉMANT : appellation des vins mousseux vinifiés « à la champenoise » ; en Champagne, s'applique à des vins dont la pression est moindre, donc moins mousseux.

CRÈME DE TÊTE : désigne, particulièrement en Sauternais, un vin liquoreux fait des meilleures tries et avant pressurage du moût.

CRYO-EXTRACTION : ce procédé, employé dans de grands Châteaux de Sauternes, consiste à refroidir la vendange jusqu'au point où les raisins les moins mûrs sont congelés, car ils contiennent plus d'eau. On peut alors presser la vendange pour n'en tirer que le jus des raisins les plus mûrs. Ce procédé, qui permet de sauver une année difficile, ne saurait remplacer le tri des raisins.

CRYPTOGAMES : champignons à l'origine de diverses maladies de la vigne.

CUVAISON, CUVAGE : macération des raisins entiers ou écrasés, parfois avec les rafles, produisant la fermentation.

CUVE : récipient, parfois très grand, qui contient le vin lors de sa fermentation ou de son élevage.

CUVE CLOSE : procédé de fabrication de vins mousseux de bas de gamme.

-D-

DÉBOURBAGE : action de séparer le vin jeune de ses lies par soutirage.

DÉCANTATION : action de verser un vin en carafe pour le séparer de son dépôt.

DÉCLASSÉ : on se voit parfois proposer des vins déclassés, sans étiquette ou avec une étiquette vague ; il peut s'agir d'excédents de production non déclarés ou de simples vins de table maquillés pour un réseau de soi-disant initiés. S'il y a une bonne affaire, elle est toujours pour les relations proches du vigneron.

DÉCLASSEMENT : un vin déclassé perd son droit à son appellation pour un défaut quelconque (ou une surproduction).

DÉGORGEMENT : opération consistant à éliminer le dépôt des vins mousseux après vieillissement en bouteilles. Autrefois manuel, il est le plus souvent fait à l'aide du froid.

DEGRÉ NATUREL : c'est le degré alcoolique potentiel du raisin lors de la vendange, que l'on définit à l'aide d'un pèse-moût. Il donne le degré final du vin (avant chaptalisation) ou le total alcool plus sucre résiduel dans le cas d'un vin doux.

DEMI-MUID : fût d'une contenance de 600 litres environ (en Gironde).

DÉPÔT : résidu de matières solides au fond de la bouteille ; ce n'est absolument pas un défaut pour un vin rouge vieux.

DÉPOUILLÉ : d'un vin qui a perdu son corps, en général trop vieux.

DÉSACIDIFICATION : diminution naturelle du taux d'acidité par la fermentation ou (rarement autorisée) par traitement chimique.

DÉSÉQUILIBRÉ : dominance d'un des constituants du vin : alcool, bois, acidité…

DESSÉCHÉ : d'un vin où l'acidité, les tanins dominent au détriment du fruit.

DISQUE : c'est la surface supérieure du vin dans le verre ; son examen, par-dessus ou de côté, donne des indications sur la qualité d'un vin.

DIURÉTIQUE : action du vin, surtout blanc et sec, sur les fonctions naturelles de l'Homo sapiens.

DOSAGE : pour un vin mousseux, désigne le taux de sucre rajouté au moment du bouchage définitif. Plus le vin est dosé, plus il sera doux.

DOUCEREUX : se dit d'un vin où le sucre domine.

DOUELLES : ce sont les parois concaves d'un fût.

DUR : un vin dur est bloqué en bouche par une dominante tanique ; souvent un défaut de jeunesse.

-E-

ÉCOULAGE : l'écoulage des cuves consiste à laisser couler le jus, qui s'y est formé naturellement, pour recueillir le vin de goutte.

EDELZWICKER : ce n'est pas un cépage d'Alsace, mais un assemblage de différents cépages.

ÉLEVEUR : se dit d'un négociant qui fait vieillir dans son chai des vins achetés à la propriété.

EMPYREUMATIQUES : arômes se rapportant au grillé, au fumé, au torréfié.

ENCÉPAGEMENT : ensemble des cépages cultivés sur un vignoble, leur proportion.

ÉPAIS : désigne un vin enveloppé, parfois lourd en bouche.

ÉPAMPRAGE : épamprer la vigne, c'est ôter des feuilles pour faciliter l'ensoleillement des grappes ; mais les feuilles captent les bienfaits du soleil, c'est pourquoi on n'en retire que ce qui est nécessaire.

ÉQUILIBRE : l'équilibre d'un vin résulte de la combinaison de ses éléments : l'alcool et l'acidité pour les vins blancs secs, plus les tanins pour les vins rouges et le sucre pour les vins moelleux. L'harmonie de ces éléments donne un vin bien équilibré.

ÉQUILIBRE D'UN VIN MOELLEUX : énoncé de son total d'alcool acquis et non transformé ; 14 + 4 signifie 14° d'alcool et 4° potentiels de sucre non transformé.

ÉRAFLAGE : séparation des raisins et de leurs grappes. Pratiqué dans la plupart des vignobles, parfois partiellement, pour garder les tanins des rafles.

ESTAMPILLE : marque imprimée sur le bouchon portant le nom du cru et le millésime. Généralisée pour les bons bordeaux et souhaitée par les amateurs de bourgogne.

ÉTAMPE : marque gravée au feu sur le bout d'une caisse. Alors qu'un bouchon est estampillé, une caisse ou une barrique est étampée.

ÉTOFFE : l'étoffe d'un vin, bien facile à comprendre, est une qualité.

ÉVENTÉ : un vin éventé, ouvert depuis longtemps ou mal conservé, a subi l'attaque de l'air ; c'est une proie de choix pour votre vinaigrier.

EXTRACTION : on extrait d'un moût des tanins, de la texture et de la couleur par divers procédés lors de la cuvaison.

EXTRAIT SEC : c'est ce qui reste d'un vin quand on a tout enlevé ! Un vin riche en extrait sec a de la matière et du corps.

- F -

FAIBLESSE : manque d'intensité d'un ou de plusieurs éléments du vin.

FATIGUE : se dit d'un vin trop vieux, ou seulement troublé par un transport ; prescrivez-lui une cure de sommeil.

FÉMININ : d'un vin tendre et léger. Contrairement à une opinion répandue, le margaux n'est pas spécialement un vin féminin.

FERMÉ : un vin fermé n'exprime pas ses arômes, car il est en cours de vieillissement ; un passage en carafe permet d'accélérer artificiellement ce vieillissement pour juger de ses qualités réelles.

FERMENTATION ALCOOLIQUE : dégradation du sucre en alcool, sous l'action de levures.

FERMENTATION MALOLACTIQUE : dégradation de l'acide malique en acide lactique moins agressif. Non effectuée pour les vins blancs secs du type muscadet.

FILLETTE : appellation de la demi-bouteille en Pays nantais et en Anjou.

FILTRATION : elle consiste à clarifier un vin avant la mise en bouteilles en le faisant traverser des filtres ; suivant son intensité, elle peut être légère, forte ou assassine.

FINALE : impression qui succède à l'absorption, ou au recrachage, du vin. Elle se juge par sa longueur (voir caudalies) et par sa qualité.

FLASH-PASTEURISATION : cette opération consiste à porter le vin à une température de 60° pendant un temps très court, afin de tuer les micro-organismes. Couramment employée pour les vins de table, elle est aussi utilisée pour quelques grands vins de Bourgogne. Je n'ai jamais compris pourquoi, et encore moins comment, il se fait que ces vins soient réellement bons.

FLAVEURS : sensations olfactives d'un vin ; ce terme est couramment employé par un dégustateur américain, le grand Robert Parker, mais reste inconnu de notre Petit Robert à nous. Hé ! Bobby, à quand un nouveau dictionnaire ?

FLORAISON : période pendant laquelle la vigne est en fleurs qui seront fécondées pour donner naissance aux raisins.

FLORAL : les arômes floraux sont très divers et se retrouvent dans tous les types de vin.

FOLLE BLANCHE : cépage blanc, connu sous le nom de Gros-Plant dans le Pays nantais, aussi utilisé pour la distillation. Acidité et fraîcheur.

FONDU : d'un vin dont les composantes sont bien mêlées, après un vieillissement suffisant.

FOUDRE : grand fût de capacité de 1 000 litres environ.

FOULE : un vignoble en foule est planté « en dépit du bon sens » et à très grande densité ; cela interdit toute culture mécanique et, en réduisant le rendement au cep, augmente la qualité. Introuvable de nos jours, sauf chez Marc Angely en Bonnezeaux.

FOXÉ : un vin foxé sent le renard, la venaison pas très saine… Ce n'est pas une qualité mais un défaut dû à une mauvaise vinification.

FRAÎCHEUR : caractère agréable en bouche, soutenu par l'acidité. Certains très vieux vins gardent une grande fraîcheur.

FRANC : un vin franc est net et direct. Ce n'est pas forcément un grand vin.

FRUITÉ : catégorie d'arômes se rapportant aux fruits : fruits frais, secs, mûrs, exotiques, rouges ou noirs, ou des bois…

-G-

GAMAY : cépage rouge du Beaujolais et de beaucoup d'autres vignobles. Donne un vin léger, franc et fruité ; vieillit peu.

GARDE : le potentiel de garde d'un vin est sa capacité à se conserver, et en général, à s'améliorer sous verre.

GEWURZTRAMINER : cépage blanc d'Alsace. Donne des vins parfois gras, très aromatiques.

GOBELET : la taille en gobelet consiste à conduire plusieurs branches en forme de gobelet.

GOULEYANT : d'un vin souple, facile à boire : « Un beaujolais gouleyant. »

GOÛT DE BOUCHON : odeur de moisi, due à un mauvais bouchon. On attribue souvent à ce pauvre bouchon tous les faux goûts, dus notamment à de mauvaises barriques.

GOÛT DE LUMIÈRE : défaut de vins ayant subi la lumière ; fréquent dans les champagnes mal stockés.

GRAND CRU : domaine (à Bordeaux) ou vignoble (en Bourgogne et en Alsace) ayant fait l'objet d'un classement.

C'est un gage de qualité. À Saint-Émilion, la dénomination grand cru est très largement distribuée.

GRAND CRU CLASSÉ : domaine ayant fait l'objet d'un classement officiel ou officieux en Médoc, en Graves, en Sauternais, à Saint-Émilion, en Provence.

GRAND VIN : en Bordelais a le sens très précis de la sélection des meilleures cuvées dignes de porter l'étiquette. Sur une étiquette, grand vin signifie en général vin.

GRAS : le gras d'un vin tient à la glycérine et aussi à l'alcool. C'est généralement une qualité.

GREFFE : action d'implanter un greffon sur un porte-greffe. Opération rendue nécessaire par la vulnérabilité des vignes françaises au phylloxéra.

GRENACHE : cépage rouge du sud de la France. Donne des vins alcoolisés, peu acides et plus ronds que longs.

GRILLÉ : catégorie d'arômes : le pain grillé, la biscotte... souvent issus d'élevage en bois neuf.

GRIS : un vin gris est un vin rosé, comme en Lorraine ou en Touraine.

GROLLEAU : cépage rouge rustique de la Loire. Peu de finesse.

GROS-PLANT : voir folle blanche.

GUYOT : la taille en guyot, qui peut être « simple » ou « double », consiste à conserver une branche de l'année précédente en plus du tronc du cep de vigne.

- H -

HARMONIE : bon équilibre des constituants du vin. Il est plus facile (et souvent plus commercial) de vinifier un vin en puissance qu'en harmonie.

HERBACÉ : caractère aromatique des vins verts, souvent issus de raisins pas assez mûrs.

HYBRIDES : les cépages hybrides, noah, oberlin et d'autres, sont le produit du mélange de vignes indigènes et de vignes américaines. Ils sont aujourd'hui interdits.

-I-

IMPÉRIALE : bouteille de six litres de vin.

INAO ou INSTITUT NATIONAL DES APPELLATIONS D'ORIGINE : cet organisme public définit et contrôle les conditions de production des vignobles de France. Il jouit d'une puissance certaine.

-J-

JACHÈRE : temps de repos laissé à la vigne entre l'arrachage et la plantation de nouveaux pieds.

JAMBE D'UN VERRE : c'est la partie effilée que l'on prend en main, à moins que l'on ne préfère se saisir du pied.

JAMBES : à la dégustation, les jambes d'un vin sont les traces plus ou moins grasses qu'il laisse sur les parois du verre.

JAUNE (VIN) : vin soumis à une lente oxydation ; spécialité du Jura.

JOURNAL : unité de mesure de terrain en Bourgogne. Le journal est la superficie qu'un ouvrier peut travailler en un jour, et fait environ 3 000 m^2.

-L-

LARMES : traces laissées par le vin dans un verre incliné ; permet à l'examen visuel de noter le gras du vin ; les larmes dépendent aussi de la chaleur et de la qualité du verre.

LATTES : un vin sur lattes est une bouteille de champagne ou d'autre mousseux en cours de vieillissement.

LEVURES : les levures sont des champignons qui conduisent la fermentation alcoolique.

LEVURES INDIGÈNES : levures propres au vignoble, par opposition aux levures « du commerce ».

LIES : dépôts au fond de la cuve ou de la barrique au cours de l'élevage du vin.

LIMPIDITÉ : qualité d'un vin clair et sans éléments en suspension.

LIQUEUR : caractéristique des vins chargés en sucre résiduel, dits liquoreux.

LIQUEUR D'EXPÉDITION : après dégorgement, le champagne est additionné d'une liqueur (avec du sucre de canne), qui comble le vide et détermine le dosage du champagne.

LONGUEUR : longueur en bouche ; voir caudalies.

LOURDEUR : caractère d'un vin alcoolisé, peu acide, bref… lourd !

- M -

MACÉRATION CARBONIQUE : procédé de macération pré-fermentaire : les raisins entiers sont placés dans une cuve saturée de gaz carbonique. Donne des arômes plus fruités, au détriment de la longévité du vin.

MACÉRATION PELLICULAIRE : pour les vins blancs, elle consiste à retarder le pressurage en laissant fermenter les raisins sous atmosphère inerte. Extrait des arômes flatteurs mais ne favorise pas la garde des vins.

MÂCHE : un vin qui a de la mâche se mange autant qu'il se boit. Comme toute nourriture, ce peut être bon ou mauvais.

MADÉRISÉ : un vin madérisé est oxydé ; il présente des goûts évolués, qui ne sont pas de sa nature.

MAIGREUR : manque de matière. Une maigreur relative peut donner un vin fin et élancé ; un terroir maigre est plutôt favorable à la vigne.

MALADIE DE BOUTEILLE : le vin juste embouteillé se goûte mal ; il doit se reposer quelque temps.

MALBEC : cépage rouge du Bordelais et de Cahors. Donne du charnu et de la rondeur, sans finesse excessive.

MARC : c'est le résidu solide du pressurage des raisins. On peut le distiller.

MARSANNE : cépage blanc du Rhône. Donne de bons vins fruités mais peu acides.

MÉCHAGE : mécher un fût, c'est y faire brûler une mèche de soufre pour le purifier.

MERCAPTAN : arôme de réduction, rappelant les œufs pourris. Ce n'est pas très agréable !

MERLOT : cépage rouge du Bordelais et d'autres régions. Assez précoce, donne de l'alcool et du cachet.

MERRAINS : pièces de bois, tranchées et non sciées, destinées à la fabrication des barriques.

MÉTHODE CHAMPENOISE : procédé d'élaboration du champagne par seconde fermentation en bouteilles.

MÉTHODE RURALE : procédé d'élaboration des vins mousseux par fermentation simple en bouteilles : embouteillage hâtif.

MÉTHODE TRADITIONNELLE : nom donné à la méthode champenoise dans l'élaboration des vins mousseux d'autres régions.

MILDIOU : maladie cryptogamique de la vigne que l'on prévient, grâce à la bouillie bordelaise.

MILIEU DE BOUCHE : voir centre.

MILLERANDAGE : disparité dans la maturité des raisins. Un tri des raisins sera nécessaire.

MISE : mise en bouteilles. Un vin peut être mis en bouteilles au château, à la propriété ou autres…

MOELLEUX : caractère d'un vin gras en bouche ; se dit d'un vin blanc doux.

MOISI : le nez ou le goût de moisi caractérise un vin gâté par des barriques ou des cuves malsaines, ou par un mauvais bouchon.

MONDEUSE : cépage rouge de Savoie. Donne des vins secs, parfois durs.

MONOPOLE : se dit d'un vignoble appartenant en totalité au même propriétaire ; cas de certains clos ou crus de Bourgogne.

MOURVÈDRE : cépage rouge du sud des Côtes du Rhône. Donne des vins structurés et très bouquetés.

MOÛT : c'est le jus de raisin qui n'a pas été pressé ; il est donc mêlé aux peaux et aux pépins.

MUSCADELLE : cépage blanc de Bordeaux. Donne en appoint des vins délicats ; c'est une vigne fragile et sensible aux maladies.

MUSCADET : cépage blanc du Pays nantais. Donne sous son nom un vin sec, vif, frais.

MUSCAT : cépage blanc cultivé sous de nombreuses variétés. En Alsace, donne des vins « de dentelle » fragiles et parfumés.

MUSQUÉ : arôme qui rappelle, généralement de très loin, le musc. Odeur de qualité si elle n'est pas dominante.

MUTAGE : un vin muté a vu sa fermentation alcoolique stoppée par ajout d'alcool ou passage au froid.

-N-

NATUREL : vin doux naturel se dit d'un vin qui ne l'est pas, puisqu'il a été muté.

NÉGRETTE : cépage rouge de Fronton. Donne un vin souple et assez aromatique.

NOBLE-JOUE : il faut le citer, car il a fait « sécher » des centaines de participants à un concours ; c'est un vin gris d'AOC Touraine produit aux portes de Tours.

NON-CULTURE : entretien des vignes par désherbage chimique ; a remplacé la culture en labours traditionnels dans de nombreux vignobles.

-O-

OÏDIUM : maladie cryptogamique de la vigne. Redoutable, elle se combat par aspersion de soufre.

OSMOSE INVERSE : le procédé de ce nom consiste à concentrer le moût en le séparant d'une certaine part de son eau. Conçu pour « sauver » de petits millésimes, il serait dommage qu'il se substitue au nécessaire tri de la vendange.

OUILLAGE : action de compenser par du vin l'évaporation qui se produit durant l'élevage en barriques.

OUVERTURE : un vin s'ouvre lorsqu'il libère ses arômes, après quelques instants dans le verre ou quelque temps en bouteilles.

OUVRÉE : unité de superficie bourguignonne. Il y a 24 ouvrées dans 1 hectare.

OXYDATION : processus chimique par lequel le vin perd de l'hydrogène et fixe de l'oxygène. Ce n'est pas un mal en soi, car le vin est un corps vivant qui doit respirer ; les œnologues me pardonneront cette simplification. Voir aussi oxydé.

OXYDÉ : un vin oxydé a été soumis à une trop forte influence de l'air, il en perd ses qualités et ses arômes.

-P-

PAILLON : les grands vins étaient autrefois expédiés en paillons, fourreaux de paille enserrés dans du carton. L'emballage s'est aujourd'hui simplifié : caisses bois et, de plus en plus, cartons de 12 bouteilles. Mais les vins de Château d'Yquem sont toujours emballés dans des paillons.

PALISSAGE : c'est l'action de soutenir et de guider les sarments de vigne par des fils de fer, que l'on remonte en suivant leur croissance.

PALUS : les terres de palus sont, en Gironde, les terres qui bordent les fleuves ; d'origine alluvionnaire, elles ne peuvent donner de grands vins et n'ont pas droit aux appellations contrôlées.

PARAISON : le corps d'un verre, au-dessus du pied.

PASSERILLAGE : désigne des raisins desséchés par le soleil et la sécheresse. Donne des vins blancs moelleux, sans forcément action du botrytis ; c'est le cas des sauternes en 1978 et en 1985.

PASTEURISATION : s'agissant de vins, voir Flash-pasteurisation.

PÂTEUX : d'un vin qui empâte la bouche, par exemple un vin doux manquant d'acidité.

PERSISTANCE AROMATIQUE : voir longueur, caudalies.

PÉTILLANT : caractère d'un vin très légèrement mousseux ; on en trouve à Vouvray.

PETIT VERDOT : cépage rouge de Bordeaux. En appoint,

donne aux grands crus du Médoc de l'acidité et un cachet supplémentaire.

PHYLLOXÉRA : espèce de pou originaire d'Amérique. Après avoir détruit la vigne française à la fin du XIXe siècle, il est retourné ravager les vignobles de Californie.

PIED (ACHAT SUR) : vente de la récolte avant vendange. N'est plus guère pratiquée, car il y a généralement un gagnant et un perdant.

PIED DE CUVE : premier lot fermenté, naturellement ou par apport de levures, qui sert à ensemencer les lots suivants.

PIED D'UN VERRE : ce n'est pas la partie que l'on tient qui est la jambe mais celle qui repose sur le sol.

PIERRE À FUSIL : arôme caractéristique de silex se traduisant par une certaine dureté. Fréquent à Chablis.

PIGEAGE : action de casser le chapeau de marc dans une cuve en fermentation pour le mêler au jus.

PINEAU D'AUNIS : cépage rouge de la Loire. Donne des vins rouges rustiques ou des rosés légers au nez de poivre.

PINOT BLANC : cépage blanc légèrement aromatique, en Alsace surtout.

PINOT CHARDONNAY : cépage blanc de Bourgogne et d'ailleurs. Donne de l'alcool, du gras et des arômes complexes ; vieillit bien ; sur des terrains moins adaptés, devient gras, mou et commercial.

PINOT GRIS : cépage blanc d'Alsace. Précoce, donne des vins ronds et élégants et de beaux vins liquoreux.

PINOT MEUNIER : cépage rouge de Champagne. Cousin du pinot noir, utilisé en assemblage pour le champagne.

PINOT NOIR : cépage rouge de Bourgogne. Précoce, donne un vin d'une grande finesse et d'un beau bouquet ; supporte mal les années froides et les vinifications maladroites.

PLAT : un vin plat manque de relief…

PLEIN : un vin plein est complet et équilibré.

POMMADÉ : un vin pommadé est trop riche en sucre, voire fardé.

PORTE-GREFFE : variété de vigne que l'on plante et sur laquelle on greffe une autre variété du cépage désiré. À cause du phylloxéra, les variétés françaises doivent être greffées sur des porte-greffes d'origine américaine qui n'y sont pas sensibles.

POULSARD : raisin rouge (ou rosé ?) du Jura. Donne des vins fermes et fruités.

POURRITURE GRISE : maladie du raisin ; s'ils ne sont pas éliminés, ces raisins communiquent au vin des odeurs de moisi.

POURRITURE NOBLE : maladie du raisin, qui devient une qualité pour les vins liquoreux.

PRÉCOCE : d'un cépage ; qu'il mûrit relativement tôt.

PREMIER CRU : à Bordeaux, désigne ordinairement les Châteaux Margaux, Lafite, Latour, Mouton-Rothschild, Haut-Brion, Cheval-Blanc, Ausone, d'Yquem, Petrus et, dans une acception littérale, les premiers crus classés de Sauternes et Barsac. En Bourgogne, désigne les climats classés en premiers crus et inférieurs aux grands crus.

PRESSURAGE : action de presser le raisin.

PRIMEUR : vin primeur, vin vite récolté, vite vinifié et vite bu. À l'exemple du beaujolais, cette mode s'est étendue dans d'autres vignobles.

PRIMEUR : la vente en primeur consiste pour les viticulteurs à négocier, dès l'année suivant la récolte, des vins qu'ils élèveront jusqu'à la mise en bouteilles.

PRIX-FAIT : mode de rémunération du travail d'un ouvrier de vigne en Gironde ; c'est un travail à tâche.

-Q-

QUEUE DE PAON : terme signalant un vin, dont la fin de bouche est très longue et harmonieuse.

-R-

RANCIO : ensemble de parfums et de saveurs communs aux vins oxydés (xérès, banyuls) ; pour un vin non muté, c'est le signe d'un vieillissement rapide.

RÉACIDIFICATION : correction de l'acidité d'un vin qui en manque ; permet de corriger les effets d'une vendange trop abondante ou provenant de vignobles trop riches ; le vin n'en sort pas grandi.

RÉDUCTION : voir réduit.

RÉDUIT : un vin qui a manqué d'oxygène a un nez de réduit. Dans les cas bénins, une bonne aération ouvre le vin.

REFERMENTATION : fermentation en bouteilles d'un vin mal stabilisé avant la mise. Accident rare de nos jours, ne mérite que l'évier.

REMONTAGE : le remontage consiste à puiser le vin au fond d'une cuve en fermentation pour en arroser le chapeau et augmenter l'extraction.

REMUAGE : le remuage est l'action de secouer légèrement les bouteilles de champagne sur lattes pour rassembler le dépôt près du bouchon. Autrefois manuel, il est presque toujours mécanisé de nos jours.

RENDEMENT : production moyenne de la vigne en hectolitres par hectare, sauf en Champagne où on la compte en kilos.

RENDEMENT AUTORISÉ : rendement théoriquement autorisé à l'hectare selon les conditions de production. Est généralement dépassé.

RENDEMENT DE BASE : rendement théorique des appellations, réglementairement et généralement dépassé.

REPLI : c'est la possibilité pour un vin d'abandonner son appellation pour être déclaré sous une appellation inférieure ; parfois volontaire, le plus souvent forcé.

RÉSONANCE MAGNÉTO-NUCLÉAIRE, que nous appellerons familièrement RMN : méthode d'analyse des composants du raisin ; permet, entre autres, de dépister une chaptalisation abusive.

RETOUR DES INDES : se disait d'un vin qui avait voyagé dans les cales de navires.

RÉTRO-OLFACTION : processus de restitution au nez des arômes du vin par l'arrière-bouche, après que l'on ait bu ou craché le vin ; c'est un critère fondamental du jugement de qualité.

RICHE : un vin riche donne plus de saveurs qu'un vin pauvre.

RIESLING : cépage blanc d'Alsace. Donne un vin corsé, sec, élégant ; vieillit très bien.

ROBE : la robe du vin est son aspect. Elle permet de juger de son état, de son âge, de sa qualité. C'est le premier stade de la dégustation.

ROGNAGE : opération de viticulture consistant à limiter la pousse des jeunes rameaux pour concentrer l'effort de la vigne sur ses fruits.

ROSÉ : un vin rosé n'est pas un mélange de vin rouge et de vin blanc (sauf parfois dans le cas du champagne) mais un vin issu de raisins rouges brièvement cuvés.

ROSÉ DE SAIGNÉE : voir saignée.

RÔTI : se dit des raisins surmûris destinés aux vins liquoreux.

ROUSSANE : cépage blanc de Rhône, assez tardif. Donne des vins très aromatiques et complexes.

-S-

SAIGNÉE : écoulage précoce d'une part du jus d'une cuve pour d'une part concentrer le restant, d'autre part produire un vin « facile », souvent rosé.

SAUVIGNON : cépage blanc répandu dans le monde entier. Se prête à toutes les utilisations, des sauternes au sancerre. Donne le meilleur et le pire !

SAVAGNIN : cépage blanc du Jura. Donne un vin aux arômes marqués de terroir, et surtout l'inimitable vin jaune.

SEC : un vin sec ne contient pas de sucre résiduel. Pour un vin rouge, la sécheresse est un défaut.

SECOND VIN : c'est le produit des jeunes vignes et de lots écartés du grand vin, qui participe de la sélection des grands vignobles. Il vaut, en plus modeste, ce que vaut le grand vin.

SÉLECTION DE GRAINS NOBLES : mention réservée à des vins d'Alsace et du Layon récoltés en certaines conditions de surmaturité.

SÉMILLON : cépage blanc de Bordeaux. Donne des vins secs gras et fins, ou des vins liquoreux de grande complexité.

SÈVE, SÉVEUX : un vin a de la sève quand il est concentré. Un vieux vin devient séveux, quand il s'éloigne du vin jeune pour acquérir une complexité de grand nectar.

SOUFRAGE : action de traiter par le soufre le vin ou ses contenants.

SOUFRE : le soufre détruit les levures indésirables et protège le vin. En doses trop fortes, il donne une odeur désagréable… et des migraines.

SOUPLE : vin facile, de peu d'acidité.

SOUTIRAGE : action de transvaser le vin d'un contenant à un autre, pour l'aérer et surtout le séparer de ses lies.

SUCRE RÉSIDUEL : quantité de sucre non transformée en alcool.

SULFITAGE : ajout de soufre au vin. Les bouteilles destinées aux États-Unis doivent porter la mention « contains sulfites » (ainsi qu'un avertissement sur les graves dangers encourus par les femmes américaines à la fois enceintes et œnophiles).

SURET : un vin suret est aigre ; appellation désuète.

SUR LIE : se dit d'un vin mis en bouteilles alors qu'il est légèrement saturé en gaz carbonique, ce qui provoque un léger perlant. L'exemple le plus connu est celui du muscadet.

SURMATURATION : caractère de raisins plus que mûrs, permettant l'obtention de vins liquoreux.

SYLVANER : cépage blanc d'Alsace semi-tardif. Donne des vins francs et bouquetés ; vieillit mal.

SYRAH : cépage rouge du Rhône. Donne des vins alcoolisés, charpentés, très bouquetés.

-T-

TANINS : les tanins sont extraits par le cuvage et le pressage de la peau des raisins. Les tanins forment le squelette des vins rouges ; ils s'adoucissent normalement au vieillissement.

TANNAT : cépage rouge du Sud-Ouest ; donne aux madirans leur couleur sombre et une forte charpente.

TANNIQUE : d'un vin chargé en tanin, qualité pour un vin jeune et gage de vieillissement.

TARDIF : d'un cépage ; qu'il mûrit relativement tard.

TARTRE : dépôt (cristaux blancs) dû à la précipitation de l'acide tartrique. Fréquent dans les vins liquoreux, ce n'est pas vraiment un défaut.

TASTE-VIN : coupelle de préférence en argent servant à mirer la robe d'un vin ; plutôt un handicap pour la dégustation.

TASTEVINAGE : label octroyé par la confrérie des Chevaliers du Tastevin aux vins de Bourgogne, qui en font la demande et satisfont à une dégustation.

TOKAY D'ALSACE : cépage. Voir pinot gris.

TONNELLERIE : atelier de fabrique des tonneaux. Quelques grands domaines comme Château Margaux entretiennent leur propre tonnelier.

TORRÉFIÉ : catégorie d'arômes (café), souvent en relation avec l'élevage en barriques et avec le brûlage de ces barriques.

TRIES : désigne, lors de vendanges manuelles, la cueillette sélective des raisins les plus mûrs. On vendange par tries dans tous les vignobles de vins liquoreux. De leur soin et de leur nombre dépend la qualité du vin.

TROUBLE : un vin trouble manque de limpidité. Il a pu subir un accident en bouteilles.

TROUSSEAU : rare cépage rouge du Jura. Donne des vins de belle couleur.

-U-

UGNI BLANC : cépage blanc très répandu. Donne des vins sans trop de caractère.

-V-

VANILLE : cet arôme mérite une rubrique. Arôme balsamique ou condiment, la vanille est présente dans de nombreux vins, et surtout dans les vins élevés en bois neuf, ce parfois au point de gâcher les arômes plus nobles. L'influence américaine n'est pas étrangère à la multiplication des élevages en bois neuf pour des vins qui n'en ont nul besoin.

VÉGÉTAL : catégorie d'arômes se rapportant aux végétaux, parfois un défaut.

VENDANGES TARDIVES : désigne des vendanges... tardives ! Ce label est accordé après vérification à des vins d'Alsace ; le degré naturel exigé est moindre que pour les sélections de grains nobles.

VÉRAISON : apparition de la pigmentation des raisins ; c'est une indication importante de l'état du millésime.

VERJUS (1) : raisin issu d'une seconde floraison de la vigne, que l'on élimine à la vendange, car il n'est pas mûr mais très acide.

VERJUS (2) : jus de raisins non mûrs utilisé en cuisine.

VERMOUTHÉ : se dit d'un vin madérisé.

VERT : un vin vert est marqué par l'acidité.

VIF : un vin vif va de l'avant. Il est généralement jeune et plutôt acide.

VIN DE LA COMÈTE : se dit de l'excellent millésime 1811 marqué par la comète de Halley. Elle est revenue récemment (si l'on en croit les étiquettes : en 1985 à Lafitte et en 1986 à Siran, ce qui ne fait que 4 kilomètres en un an).

VIN DE GOUTTE : pour un vin rouge, le jus de raisin qui s'écoule seul pendant le cuvage ; c'est le meilleur.

VIN DÉLIMITÉ DE QUALITÉ SUPÉRIEURE (VDQS) : cette appellation regroupe des vignobles inférieurs aux appellations contrôlées. Il en est de très bons.

VIN DE PAILLE : vin produit à partir de raisins desséchés sur de la paille, dans le Jura et quelques pays d'Europe centrale.

VIN DE PAYS : dénomination de vins produits sur des zones délimitées, supérieurs aux vins de table. Il en est de très simples comme de très bons.

VIN DE PRESSE : pour les vins rouges, vin issu du pressage du marc après l'écoulement des cuves. Plus tannique que le vin de goutte, il lui est assemblé dans des proportions variables.

VIN DE TABLE : dénomination des vins les plus modestes, d'assemblage et de marque.

VINIFICATION : action de vinifier le vin ; suit la viticulture.

VIN JAUNE : produit uniquement dans le Jura, c'est un des vins les plus originaux de la galaxie.

VIN NATURE : dans une région de vins mousseux désigne un vin tranquille, non encore mousseux. Les coteaux champenois sont des vins nature.

VIN TRANQUILLE : voir vin nature.

VIOGNIER : cépage blanc du Rhône à petit rendement. Fragile ; donne à son meilleur des vins riches et floraux, au pire un ersatz de parfum bon marché.

VITICULTURE : action de cultiver la vigne ; précède la vinification.

BIBLIOGRAPHIE

BETTANE ET DESSEAUVE, *le Classement des Vins et Domaines de France*, Éditions de la Revue du Vin de France, annuel.

BROADBENT, Michael, *le Livre des millésimes, les grands vins de France*, Scala, 1993.

DOVAZ, Michel, *Encyclopédie des crus bourgeois du Bordelais*, Éditions de Fallois, 1988.

FÉRET, *Bordeaux et ses vins*, Éditions Féret, quatorzième édition, 1991.

FRIBOURG, SARFATI, *la Dégustation*, Édisud, 1989.

GINESTET, Bernard (sous la direction de), *le Grand Bernard des vins de France*, 28 volumes, Jacques Legrand.

LECOUTY, Chantal, *le Porto*, Robert Laffont, 1989.

LEPRE, Georges, *le Ritz, magie d'un palace et de ses vins*, Olivier Orban, 1991.

LICHINE, Alexis, *Encyclopédie des vins et alcools*, Robert Laffont, 1982.

OLNEY, Richard, *Yquem*, Flammarion, 1985.

PARKER, Robert, *les Vins de Bourgogne et du Beaujolais*, Solar, 1993.

PEYNAUD, Émile, *le Vin et les jours*, Dunod, 1988.

RENVOISE, Guy, *le Monde du vin, art ou bluff*, Éditions du Rouergue, 1994.

WOUTAZ, DE MONZA, SELLIER, *l'Atlas des Vins de France*, De Monza, 1992.

CARTE DES MILLÉSIMES

Ce tableau ci-après présente la qualité des vins des différentes régions depuis 1959 ; il n'est bien sûr qu'une moyenne, car les variations sont nombreuses entre les crus.

A : millésime exceptionnel	4 lettres : à garder
B : millésime excellent	3 lettres : à goûter
C : bon millésime	2 lettres : à boire
D : millésime médiocre	1 lettres : devrait être bu
E : petit millésime	

BORDEAUX

	MÉDOC-GRAVES	LIBOURNAIS	GRAVES SECS	LIQUOREUX
1998	CCCC	BBBB	BBB	BBBB
1997	CCC-DDD	BBBB	DDD	AAAA
1996	BBBB	BBBB	CCC	BBBB
1995	BBBB	BBBB	BBBB	BBBB
1994	CCCC	BBBB	AAAA	CCCC
1993	CCCC	BBB	BBB	DDD
1992	CCC	DD	CC	EEE
1991	CC	DD	CC	CCC
1990	AAAA	AAA	AAA	AAAA
1989	AAA	AAAA	AAAA	AAAA
1988	BBBB	CCC	CCC	AAAA
1987	CC	CC	CC	DDD
1986	AAAA	BBBB	BBBB	AAAA
1985	BBB	AAA	AAA	CCCC
1984	CC	DD	D	DD
1983	BBB-DD	AAA-DD	BBB	AAA
1982	AAA	AAA	BB	BBB
1981	CC	CC	CC	CCC
1980	DD	D	CC	BBB
1979	CCC	CC	CC	BB
1978	BBB	BBB	BB	AA
1977	D	E	D	D
1976	B	B	BB	AA
1975	AA-DD	AAA-DD	BB	BBB
1974	D	DD	D	E
1973	C	CC	C	DD
1972	EE	EE	E	E
1971	CC	BB	CC	BBB
1970	AAA	BB	BB	BBB
1969	C	D	E	CC
1968	EE	E	E	E
1967	CC	BB	D	AAA
1966	BB	CC	BB	CC
1965	E	E	E	E
1964	BB-DD	AA	BB	D
1963	E	E	E	E
1962	BB	BB	BB	BB
1961	AAA	AAA	BB	AA
1960	D	D	D	D
1959	AAA	BB	BB	AA

	BOURGOGNE		RHONE	
	ROUGES	BLANCS	NORD	SUD
1998	CCCC	BBBB	AAAA	BBBB
1997	CCC	BBB	QQQ	DDD
1996	BBBB	AAAA	CCC	CCC
1995	CCCC	BBBB	CCC	BBBB
1994	CCCC	CCCC	BBBB	CCCC
1993	BBB	DDD	CCC	BBBB
1992	CC	AAAA	DD	DD
1991	CC	BBB	BBB	CCC
1990	AAAA	BBB	AAAA	AAAA
1989	BBB	AAA	BBB	AAAA-CCC
1988	AAA	CCC	AAA	AAA
1987	CC	DD	CC	DD
1986	CC	BB	CC	BB-DD
1985	AAA	BB	BB	AAA
1984	D	DD	DD	CC
1983	CCC-D	BBB-CC	AAA	BB
1982	CC	BB-BB	CC	DD
1981	DD	DD	CC	CC
1980	CC	B	CC	CC
1979	BB	BB	BB	BB
1978	BB	BBB	AAA	AA
1977	EE	D	DD	D
1976	BBB	CC-D	BB	DD
1975	E	D	D	E
1974	D	D	D	D
1973	D	BB-D	D	D
1972	CC	C	CC	C
1971	BBB	BB	CC	BB
1970	CC	CC	BB	BB
1969	BB	BB	BB	BB
1968	E	E	E	E
1967	CC	CC	AA	BB
1966	BB	AA	BB	BB
1965	E	E	E	E
1964	AA	C	BB	BB
1963	D	C	E	E
1962	AA	AA	BB	BB
1961	CC	B	AA	AA
1960	D	D	D	D
1959	AA	BB	AA	BB

	SUD-OUEST	LOIRE		ALSACE
		BLANCS	ROUGES	
1998	BBB	BBB	BBB	BBB
1997	CCC	BBB	CCC	CCC
1996	BBB	BBBB	BBBB	CCCC
1995	BBB	AAAA	BBB	CC-DD
1994	BBB	CCC-DDD	DDD	BBB-DD
1993	CC	CCC	CCC	BB-DD
1992	CC	DDD	DD	CC
1991	DD	CC	DD	CC
1990	BBB	AAAA	BBB	AAA
1989	AAA	AAAA	AAA	AAA-BB
1988	BBB	BBB	BBB	BBB
1987	DD	DD	DD	CC
1986	BB	BBB	AA	BB
1985	BB	BBB	AA	BB
1984	D	D	D	CC
1983	AA	CC	BB-C	AA
1982	BB	CC	CC	DD
1981		CC	CC	BB
1980		CC	D	D
1979		CC	BB	C
1978		BB	BB-D	BB-D
1977		D		D
1976		BB	AA	AA
1975		BB		C
1974				C-D
1973		CC		CC
1972				D
1971		BB		AA
1970		CC		C
1969		BB		C
1968				D
1967				BB
1966		B		C
1965		E		E
1964		BB	AA	B
1963				D
1962		BB		C
1961		C		BB
1960		D		C
1659		AA	AA	AA

TABLE DES MATIÈRES

B. CHOISIR LE VIN

C. LE TOUR DES VINS DE FRANCE

D. CONSERVER LE VIN

G. SERVIR LE VIN

G. VIVRE LE VIN

Imprimé en France par Brodard et Taupin, La Flèche (Sarthe)
I.S.B.N. : 2 7373 2515 1 - Dépôt légal : mai 1999
N° d'éditeur : 3903.01.12.05.99